心一堂彭措佛緣叢書・索達吉堪布仁波切譯著文集

大圓滿前行廣釋（八）
附大圓滿前行實修法

華智(巴珠)仁波切　原著

索達吉堪布仁波切　漢譯及講解

Śūnyatā

書名：大圓滿前行廣釋（八）附大圓滿前行實修法
系列：心一堂彭措佛緣叢書・索達吉堪布仁波切譯著文集
原著：華智（巴珠）仁波切
漢譯及講解：索達吉堪布仁波切
責任編輯：陳劍聰

出版：心一堂有限公司
地址/門市：香港九龍尖沙咀東麼地道六十三號好時中心LG六十一室
電話號碼：+852-6715-0840　+852-3466-1112
網址：www.sunyata.cc　publish.sunyata.cc
電郵：sunyatabook@gmail.com
心一堂 彭措佛緣叢書論壇：http://bbs.sunyata.cc
心一堂 彭措佛緣閣：http://buddhism.sunyata.cc
網上書店：http://book.sunyata.cc

香港及海外發行：香港聯合書刊物流有限公司
地址：香港新界大埔汀麗路三十六號中華商務印刷大廈三樓
電話號碼：+852-2150-2100
傳真號碼：+852-2407-3062
電郵：info@suplogistics.com.hk

台灣發行：秀威資訊科技股份有限公司
地址：台灣台北市內湖區瑞光路七十六巷六十五號一樓
電話號碼：+886-2-2796-3638
傳真號碼：+886-2-2796-1377
網絡書店：www.bodbooks.com.tw
台灣讀者服務中心：國家書店
地址：台灣台北市中山區松江路二〇九號一樓
電話號碼：+886-2-2518-0207
傳真號碼：+886-2-2518-0778
網絡網址：http://www.govbooks.com.tw/

中國大陸發行・零售：心一堂・彭措佛緣閣
深圳地址：中國深圳羅湖立新路六號東門博雅負一層零零八號
電話號碼：+86-755-8222-4934
北京流通處：中國北京東城區雍和宮大街四十號
心一店淘寶網：http://sunyatacc.taobao.com/

版次：二零一五年五月初版，平裝

定價：　港幣　　　一百五十八元正
　　　　新台幣　　六百二十八元正

國際書號 ISBN 978-988-8316-53-3

目録

大圓滿前行廣釋

目
錄

第一百二十六節課

《大圓滿前行》中，人身難得、壽命無常、輪迴過患、因果不虛、解脫利益、依止上師，這些共同加行已經講完了；不共加行中，皈依、發心、修金剛薩埵、積累資糧也講完了。從今天開始，講上師瑜伽。

五、上師瑜伽

首先，是華智仁波切對上師的頂禮句：
首先依止勝師如教行，中間百般苦行而實修，
最後密意無二得師傳，無等上師足下我敬禮。

華智仁波切的上師如來芽尊者，首先觀察、依止極為殊勝之上師，並依教而行；在中間依止上師的過程中，又百般苦行，一一實修上師所傳的法要；到了最後，自己的心識與上師的智慧成為無二無別，盡得上師的密意與傳承。就是在這樣的無等上師足下，作者恭敬頂禮。

與作者一樣頂禮上師

在座各位中，很多人也有好的緣分，自己依止的上

---

①上師瑜伽：瑜伽就是相應的意思，所謂的上師瑜伽，就是與上師相應的修法。

1

師，也是真正的善知識。這些善知識，就像如來芽尊者一樣，在依止上師時，也是依教奉行、百般苦行、盡得密意，不愧為上師的親傳上座弟子。能依止到這樣的善知識，當然是自己的福分。福分淺的人，也許是不同因緣所致，他依止的上師，不一定有前輩上師們的依師歷程，最多只能說「依止過」而已。

說到這裡，有些話我不得不說：在依止上師方面，現在的漢地有點亂！微博上我也講過了。有些「上師」別有用心，打著「某某佛菩薩轉世」的旗號，謀取私利；而有些佛教徒也很迷茫，容易生「信心」，所以盲目依止，最終導致了違越教規、教義的不良後果，而這也是二者共同的過失。

因此，在依止方面，一定要像「依止上師」章節中所講的，首先是認真觀察，之後是如理依止。所謂如理依止，就是在依止以後，至少不再尋找上師的過失了。

那現在，我們也應該像華智仁波切一樣，在所有的傳承上師足下，滿懷信心，恭敬頂禮。

丙五（自相續中生起證悟智慧之究竟方便——上師瑜伽）分三：一、上師瑜伽之重要性；二、上師瑜伽實修法；三、傳承上師簡歷。

丁一、上師瑜伽之重要性：

不管你修什麼法，只要是正法，由修上師瑜伽的加

持，便能以強迫方式，令你的相續中生起真實的出世間智慧。

要尋找真正的善知識

當然，你首先必須尋找一位具足一切法相的真正善知識，這在你學佛修法的歷程中，是最重要的一環。

善財童子依止善知識的故事，可以說人人皆知，他最初在文殊菩薩面前發起菩提心，那時雖已通達許多內外法門，但在修持上還需要指點。所以，儘管是利根，文殊菩薩還是讓他參訪、依止善知識。於是他一路南行，相繼依止了五十三位上師。

這些上師都是具相上師，我們要依止的話，也應該依止這樣的上師。當然，上師所應具的法相，其界定標準是很嚴格的。如果你認為，這位上師很好看、很可愛、很慈祥，所以是真上師，其實這是不對的，因為這些都不是法相；如果你是憑感覺，「我覺得這個上師跟我好有緣」，這樣憑著「有緣」、「無緣」的分別念，也不能判定；或者，你根據別人的介紹、上師的自我介紹，就認定他是真正的上師，這也不見得合理。

你應該觀察：這位上師來自哪裡？他曾經依止過哪些上師？他是否具有經論中所講的上師的法相……

可見，要找一位具相善知識，也並非易事。不過，這種謹慎的態度是值得的。就算你要找個生意上的合作

大圓滿前行廣釋

3

夥伴，他的實力如何、人際關係如何，也都要考察，不可能路上隨便抓一個就是，就跟他合作，創辦什麼什麼項目。世間的普通合作尚且如此，更何況出世間的師徒因緣，怎麼能不慎重呢？

因此，在尋找善知識方面，一定要用智慧觀察，不能太愚笨。

視師如佛

在找到具相善知識以後，你應該依教奉行，對上師生起真佛之想，誠心誠意祈禱上師，這一點十分重要。

不過，對某些人而言，要視某些上師為佛，好像也很難：「我對這個上師，實在生不起『佛陀想』。不說『佛陀想』，就連『菩薩想』也不行。上師的言行，我現在越來越不理解了，越來越覺得他有問題，您一定要多加持我，不然我馬上要生邪見了……」

實際上，這就是先前不觀察的結果。如果你觀察過，也決定依止他了，那無論如何，都應該這樣觀想。也就是說，依止以後，要視師如佛，將上師作真佛想。

有人認為，「視師如佛」是藏傳佛教獨有的修法，漢傳佛教裡沒有。其實不是，漢傳佛教裡也有。如《金剛頂經》②云：「恭敬阿闍黎，等同一切佛，所有言教

②《金剛頂經》：又名《大教王經》、《教王經》，全稱《金剛頂一切如來真實攝大乘現證大教王經》（唐不空譯）、《佛說一切如來真實攝大乘現證三昧大教王經》（趙宋施護譯）。

誨，皆當盡奉行。」經文指出，真正的阿闍黎，與一切佛陀無二無別。而這個道理，《華嚴經》裡更是處處提及。因此，不能認為這只是藏傳佛教的教義。

當然，藏傳佛教確實讓這種教義成為了傳統。像我個人的話，從有緣依止法王如意寶那天起，直到今天為止，從未想過上師是凡夫。不過常常會有的感覺是，上師的密意我確實不懂，這是常有的現象。但在所有的時候，我對上師只有一種理解：上師與佛陀無二無別。

與佛無別的大成就者，他的行為，一般人無法企及；而他的威德，也不是來自於自我標榜。但有些上師常對弟子施壓：「你怎麼能這樣對我？我就是佛！你不能對我生邪見，否則你破誓言！」

但佛的話，可能也不必這麼說。釋迦牟尼佛不會為了維護自我，去對弟子們說：「你們一定要恭敬我，否則你們會墮落……」

視上師為凡夫不得加持

不過，從修行人自身的利益來講，將上師視作凡夫，的確是得不到加持的。

以前，仲敦巴尊者請問阿底峽尊者：「藏地有好多人在修行，但並沒有獲得殊勝成就，原因是什麼呢？」

尊者說：「大乘功德的成就，完全依賴於上師才能生起，你們藏地的人把上師看作凡夫，這樣怎麼能得到加持？怎麼能獲得殊勝成就呢？」

從這些歷史來看，藏地修行人最初也不太懂如何依止，對上師的信心、恭敬心都不足。但因為阿底峽尊者等眾多大善知識的教化，在密法的修持傳統中，弟子對上師開始有了信心和恭敬，甚至「視師如佛」也成了最基本的依止標準。直到今天都是如此。

相對而言，漢地現在的修行人，應該說還是缺乏這種意識。一個佛教徒，他對自己的皈依師表面上是有些恭敬，但如果讓他將師父當作佛，或者至少是出世間的大成就者，那可能誰都生不起這種信心。

這邊也常有道友說：「我的師父病了，沒有我的話，肯定照顧不了自己。您可不可以准我個假，讓我回去照顧師父。師父太可憐了！這兩天我一直在對他生悲心。」

如果你的上師真是佛，那也不需要你對他生悲心。要知道，上師生病或圓寂，不過是示現而已，是對我們凡夫開示無常或生老病死之苦的道理。

因此，在依止上師方面，「視師如佛」是非常重要的修行。

如理依止善知識

如果真能視師如佛，那不僅能得加持，就連證悟也能獲得，如經中說：「勝義諦是依靠信心而證悟的。」所以，我們一定要如理依止上師善知識。

依止 聞法 報恩

阿底峽尊者曾說：「諸位法友，在沒有獲得菩提之前需要依止上師，因此要依止殊勝善知識；在沒有證悟實相之前需要聞法，因此要諦聽上師的教授；一切安樂均是上師的加持，因此要報答上師的恩德。」

尊者的這段話非常重要。首先，一個修行人在成佛之前，都應該依止善知識。所謂「善知識」，不一定非是個有名氣的大上師，也不必分別民族或地位，只要能為你傳講四句以上的佛法，就是你的善知識。

而在未證悟實相之前，你還應該聽聞佛法。聽聞佛法，可以說這是學院最重要的傳統，一天聽幾堂課是正常的，哪天不聞法，反而會覺得空落落，覺得日子過得沒意義。但城裡的人正好相反，他們一聞法就苦惱，一天一堂課都成了壓力，想方設法推脫：身體不好、心情不好，家庭、工作、瑣事……其實，如果你了解聞法的重要性，就會去推別的事情，而不是佛法。

你們看看《華嚴經》，三地菩薩是何等渴求佛法，又是如何依止善知識。為什麼會這樣呢？就是因為他們知道依止與聞法的利益。如果我們也知道的話，就應該發願：在有生之年，乃至生生世世中，依止善知識，精進聞法。

能這樣做，相信你一定能獲得世出世間、暫時究竟的一切安樂。而這些，也都是來自上師的加持。所以，

大圓滿前行廣釋

要時時感恩上師，想著報答上師的恩德。

上師是一切成就之作者

噶當派的喀喇共穹格西說：「必須認識到，上師是世間、出世間一切成就的作者。」

我們一般認為，出世間的修行靠上師，但實際上，即使是世間法，離開向上引導你的善知識，恐怕除了造業以外，也很難圓滿。所以，世出世間的一切成就，都要靠上師。如省庵大師云：「若無世間師長，則不知禮義；若無出世師長，則不解佛法。」世間的禮義，要由善知識傳授；出世間的佛法，更要經由上師講解才能悟入。

讀過《六祖壇經》的都知道，永嘉大師看《維摩詰經》開悟以後，還要六祖來印證。所以，即使是出世間的開悟，離開世間師承的話，也不圓滿。

當時，永嘉大師開悟以後遇到玄策，一席深談之下，玄策問：「請問仁者，你的上師是誰？」

大師說：「我聽聞方等經論時，都有師承，但我是在後來讀《維摩詰經》時，自己開悟的，不過還沒有人為我印證。」

玄策說：「無師自悟，是天然外道。」

大師說：「願仁者為我印證。」

玄策說：「我的話分量不夠。曹溪有一位六祖大師，四方求法者雲集，你要去的話，我和你一起。」

於是，永嘉大師與玄策同去參拜六祖。經過一番對話以後，六祖為其印證，並讓他留住一宿，從此人稱「一宿覺」。後來永嘉大師著有《證道歌》，盛行於世。

可見，漢傳佛教歷來也都重視師承，這種師承，並非像某些學者所說的那樣，是多餘的事情。有些人天真地認為，自己多看書、多研究就能開悟，其實這是不現實的。要知道，在證悟方面，來自傳承的加持始終是決定性的因素。

也正因為如此，依止上師的傳統在藏傳佛教中一直倍受重視，而且已成為這一教法的不共特點。

不敬上師則無所收益

喀喇共穹格西又說：「即使精通三藏，但如果不恭敬上師，對上師沒有誠信及感恩戴德之心，也不會有所收益。」

《水木格言》中也說：「不敬上師之人，縱通百論無義，水中枯樹百年，不會生出綠葉。」意思是，枯木即使沉落水中百年，也絕不會生出綠葉，同樣，心存傲慢、不敬上師的人，即使精通百部論典，也毫無實義。有些人就是這樣，學了點知識就遠走高飛，對有過法恩的上師也不屑一顧，其實這種人是得不到真學問的。

不過在末法時代，這種現象太多了：求法時心很迫切：「您老人家與真佛無別……」但一旦有了成功，稍

微有點財富和眷屬時，連一句「我曾在某某法師面前得過什麼傳承」，都說不出口了。這種人心高氣傲，不懂飲水思源，恐怕很難有大出息。但可惜的是，藏地、漢地都有很多。

年輕的漢僧，因為年輕，有些增上的機緣和趨勢，也不難理解。比如，一個人曾在某個班裡聞思，幾年以後成了輔導員，慢慢地又成了法師，成了法師以後，也許眷屬的數量也超過以前的法師了。那時候，我會跟他們說：「對於有過法恩的上師，不要覺得你已經超過他了，不要心存傲慢，不要不恭敬，否則，你的行為本身就說明你不懂佛法。在這方面，以後一定要注意。」

當然，我本人也是一樣。一方面才疏學淺，很難有出眾的地方；一方面，就算表面上稍微超越了某些上師，特別是有過恩德的上師，我都會立即告誡自己：「千萬不要傲慢！否則，這種心態不符合佛法教義不說，眼前暫時的成功，也會因此而迅速消失的。」

你們法師們也都想想，不管男眾法師、女眾法師，在你求學的過程中，哪些法師曾對你有過恩德？不要忘了他們。他們也許沒有名聲，也沒有財富，但從佛教的傳統及價值觀來看，師承的確是我們獲得佛法的基礎。如果把這一點推廣來看，就算是給我們世間學問的老師，小學的、中學的、大學的，任何一位老師，也都應該恭敬。

在我讀小學三年級時，有一位老師只給我講過一堂課，但現在一說到我，他總是「我的學生、我的學生」。這個，我也不得不承認。（眾笑）

上師瑜伽是最深的修法

尤其是，在密宗金剛乘的一切道法中，唯獨上師占有舉足輕重的位置，因而，所有續部都講述了上師瑜伽的修法。

我也再再講過，不管你是閉關，還是平時修法，最好能每天不間斷地修上師瑜伽。早上起來念一遍上師瑜伽，中午、下午以及晚上睡前，也都各念一遍。如果是修行好的人，除了這些規律性的念誦以外，平常生活中也會時時祈禱上師，甚至像前輩大德一樣，一切所見所聞、所思所想，都觀為上師的加持。這樣的話，在上師的幻變遊舞中行持下去，自然而然會現前證悟的。

但如果對此缺乏認識，絲毫也不知祈禱、觀想上師，僅憑自己的智慧、學問，想通過研究與分別實現證悟，將是非常非常困難的！

上師瑜伽超勝一切生圓次第

其實，上師瑜伽這一修法，比觀修一切生圓次第都更為殊勝。如續部中云：「何人俱胝劫，修十萬本尊，不如一剎那，憶念上師勝。」

祈禱佛陀、修持本尊的功德，這是誰都知道的。文

大圓滿前行廣釋

殊、觀音、大勢至，任何佛陀、本尊、空行、護法，如果你能修一年、十年、千年、萬年，那功德是無法想像的。但即使你在千萬劫中修十萬本尊，也不如在極短的一剎那中，憶念你的根本上師殊勝。比方說，你就念一聲「喇嘛欽」，同時心裡也作意、觀想並祈禱你的根本上師，就這麼一個簡短修法，已經勝過你修十萬本尊的功德。

這個道理雖然不可思議，但的確是續部的教義。不信佛法教理的人另當別論，你信的話，這些金剛乘續部的教言，就是最殊勝的竅訣。

因此，我們都應該將「上師瑜伽」當作最重要的修行法門。雖然有時依靠這一修法要頂禮、懺悔等，稍微累一點，但功德特別大，所以修的時候一定要堅持。

大圓滿依上師瑜伽而證悟

按寧提（心滴）金剛藏乘自性大圓滿的觀點，依靠上師瑜伽，便可獲得證悟。

在下乘宗派③中，要憑藉因明、中觀的伺察推理等方式，來抉擇甚深意義；

在下續部④中，要先獲得共同八種悉地之後，才能取證究竟的殊勝佛果悉地；

在其他的上續部⑤中，則要通過第三灌頂⑥的喻智慧

---

③指顯宗聲聞乘、緣覺乘、菩薩乘。
④指事部、行部、瑜伽部。
⑤指瑪哈約嘎、阿努約嘎、阿底約嘎。
⑥智慧灌頂。

來直指義智慧；

但自宗大圓滿的觀點認為，唯一依止一位傳承如純金絲線未沾染破誓言之鏽一般、具有殊勝證悟的上師，並將這位上師看成真佛，以堅定不移的虔誠信心與恭敬心猛烈祈禱，使自己的凡夫心與上師的智慧成為無二無別，也就是說，依靠上師的加持力，就能使自相續中生起證悟。

這是自宗大圓滿的不共特點。在我們的傳承上師中，像華智仁波切、麥彭仁波切以及法王如意寶等，他們在傳法時常講：「我的傳承清淨無垢，在我的傳承上師與我之間，從未被破誓言的晦氣所染。」

能依止這樣一位上師，傳承及誓言清淨，又具有證悟，是件非常榮幸的事情，一定要如理依止。如果不具有證悟，只要傳承未被破壞，在他面前聽法也是可以的。但最好是具有證悟的上師，依止這樣的上師，視其為佛陀，通過上師瑜伽的修法一心祈禱，自然會現前證悟的。

就如前面所引用的：「當知勝義俱生智，唯依積資淨障力，具證上師之加持，依止他法誠愚癡。」

勝義俱生智慧，依兩點而證悟：

第一、積累資糧、淨除罪障；

第二、具有證悟之上師的加持。

這兩者都很重要。很多修行人重視積資淨障，常修

大圓滿前行廣釋

懺悔、念經行善等，這是非常好的。但這裡尤其要強調的是，在積資淨障的同時，還要依止具有證悟的上師，依教奉行，依靠上師的加持便可證悟。除了這兩者之外，依止其他方法想獲得證悟，是非常愚癡的。

師言入心如見手中寶

薩屙哈尊者也說：「師言入於何人心，猶如現見手中寶。」上師的教言入於何者的心裡，那他就像將如意寶掌握在手裡一樣，何時求取悉地都隨欲自在。

一個「視師如佛」的弟子，自然會珍視上師的每一句教言，用於自己的修行。而與此同時，他也知道，上師的某些教言是有密意的，是為攝受不同眾生宣講的。因此，《如意寶藏論》、《大圓滿心性休息》中都講過，了解上師的密意是很重要的。

但具有邪見的弟子正好相反，上師的每一句話他都看不慣，常常生一些不好的分別心，甚至放棄甚深教言，這就是一種魔障。在你的修行中，如果出現這種現象，一定要注意，要立即改正！

而真正具有善緣的弟子，他會知道一些上師的意趣和密意。比如，當上師針對小乘根基宣說一部法要時，他知道，上師是為攝受這種弟子而說的；當上師宣說大乘顯宗法門時，他在歡喜接受的同時，也會跟隨發願「我也應當掌握這些教理，以便將來攝受顯宗根基者」；而當上師針對密乘或最利根的法器，宣說更高的

見解或境界時，那他對此也是了然於心。當然，上師的密意很深，表現在語言或行為上也是多種多樣，因此，智慧淺薄者是無法通達的。

不過，所謂密意，也是那些行為如法、並具有真實智慧的上師才有的。自己本身糊裡糊塗，卻別有用心地裝「如意寶」，那他的胡言亂語，有智慧的人，也不會當作「密意」來接受的。所以，對於真和假，一定要有辨別的能力。

總之，在依止善知識的過程中，要想方設第一百二十六節課法讓上師的教言入心。入心以後，像薩屙哈尊者所說的，你就可以「現見手中寶」了。

直接觀上師的形象

此外，全知法王無垢光尊者，也在《虛幻休息》中說：「依靠觀修生圓次第（修本尊等）各道本體不能解脫，因為它們還需要依靠行為及助緣等。唯以此上師瑜伽自道本體，才能使自相續中生起實相的證悟，而得解脫。所以說，一切聖道中，上師瑜伽最為甚深。」

而且，按《虛幻休息妙車疏》的觀點，修上師瑜伽時，一定要觀想上師的形象，上師的形象不能改變。這樣觀修，可以迅速獲得解脫。所以，在修法王如意寶的「上師瑜伽」時，直接觀法王的形象就可以了。

當然，這是具信弟子的修法。如果對上師的信心不足，轉變成佛菩薩的形象也可以，否則，你觀想上師

時，不一定能生起到量的信心。

這些教言很深，對每一個道友來講，在你一生的修行中如何運用，要看自己的緣分，以及修行的意樂。當然，這些最關鍵的問題，有些人聽得再多，也把握不到，但有智慧的人，哪怕只聽一次，也能永遠銘記於心。

像《大圓滿前行》，有些人只得過一次傳承，但他會修一輩子。有些人雖然得了很多次，但每一次都只有三分鐘「熱氣」，修個兩三天就放棄了。這樣修，法是不會入心的。雖說這也跟前世的福德、今生的緣分有關，但就我個人的觀點，還是希望你們能珍惜這些甚深法要，得法以後，最好終生受用，不要變來變去、換來換去。

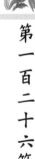

現在很多人不穩重，今天修這個法，明天修那個法；今天依止這個上師，明天依止那個上師……當然，如果每次都有到量的殊勝境界，那你修多少法門、依止多少上師，都是可以的，但如果只是喜新厭舊，稍有外緣觸動的時候，心就動了，那這是不穩重的表現。可以說，這種「不穩重」，在你的修行中是最麻煩、最不合理的地方。

如果在二十年前修這部法，二十年後、三十年後還在修這部法，那這種穩重的人，他的相續一定會得到改變的。

祈禱上師一遍功德無比

尤其是，如果能常年如一日地修上師瑜伽，那必定獲得解脫。其實不說長久地修持，就是祈禱上師一遍，功德也是無可比擬的。如《誓言莊嚴續》云：「十萬劫中勤觀修，具相隨好之本尊，不如剎那念師勝，念咒修法千萬遍，不如祈師一遍勝。」

如果你能在十萬劫中，精進觀修具有三十二相、八十隨好的本尊，這個功德太大了。不說十萬劫，就是在一百年，甚至僅僅一百天中，觀修釋迦牟尼佛、阿彌陀佛或觀音菩薩等，功德也是不可思議。但就算是十萬劫的觀修，也不如一剎那中憶念上師殊勝；就算是念咒、修法千萬遍，也不如祈禱上師一遍殊勝。

強調上師瑜伽的重要性，也不是排斥其他法門，再再品味一下這些教證，相信很多人會引生定解的。

念大成就者的祈禱文

那麼，我們平時修上師瑜伽時，應該念誰的祈禱文呢？

很多人講：「我的上師是這位，我只念他的祈禱文。」當然，你祈禱哪一位上師都很好，但如果是一位大成就者，像法王如意寶那樣，你修他的上師瑜伽，加持一定是不共的。

一聽說有人念我的祈禱文，我就不高興，不是裝的，是真的不高興。明明有法王如意寶的祈禱文，為什

大圓滿前行廣釋

麼不念呢？法王如意寶是各宗各派公認的大成就者，他所攝受的弟子的證悟境界，他的弘法利生事業……方方面面，從我們凡夫「眼見為實」的角度衡量，也絕對是大成就者。

祈禱大成就者，與祈禱一般的上師，這種差別，就像對如意寶和對普通寶物祈禱一樣，效果是完全不相同的。

有人說：「我有我的上師，我不祈禱別的上師。」一說「我的」，就很執著，甚至不肯接納更加殊勝的利益。不過這也沒關係，開放一點來看，我也理解。但從為你著想的角度，能念誦一位真正的上師的祈禱文，對你是最有意義的。

有人說：「我不是法王如意寶的傳承，念他的祈禱文會有利益嗎？」

其實，就上師的加持本面而言，傳承不是障礙。就像天空中的月亮，不論水器放在哪兒，它的影像自然會映現其中。同樣，釋迦牟尼佛雖然生於印度，但是漢地、藏地，乃至世界任何一個國家的人祈禱他，他都不會拒絕，都會以不可思議的神變力住於祈禱者面前，賜予加持。佛陀不會說：「你是藏族人，不是我們印度的，所以我不去你那兒。」其實大成就者也是如此，他也不會像凡夫一樣說：「你是我法脈的弟子，我加持你；你不是，所以我不加持你……」哪會有這樣的分

別？

　　法王如意寶應弟子的請求，曾作了他的上師瑜伽
——《上師瑜伽速賜加持》，幾年以前，我也勸菩提學
會的人念修這個祈禱文。勸大家修這個，不是要自我弘
揚：「這是我的上師，所以你們一定要修。」不是這
樣。但憑我的智慧來觀察，這樣對大家絕對有利！

　　所以，希望大家共同祈禱法王如意寶，從我本人的
體會來講，不敢說有什麼境界，但感應的確是很多很多
的。

　　修上師瑜伽一生成佛

　　從前，藏地有一位大成就者說：「每天至少作十幾
次祈禱上師，若無感應，就算我胡說。」這一點我深信
不疑！以恭敬心及猛厲信心常常祈禱上師的人，修行是
很容易的。如果斷了這種祈禱，依靠自力修行，是很難
行得通的。

　　第四世班禪大師曾說過：「一生成佛法，具相上師
尊，一心誠祈禱，是深密法集。」意思是，一生成佛的
方法，唯一就是對具有法相的上師，一心一意地誠摯祈
禱。這種祈禱，其實就是最甚深的密法總集。

　　祈禱上師的修法，顯宗裡也有，但密宗的修法是不
共的。因此，想要成為一個真正的修行人，常常祈禱上
師至關重要。

　　《阿底莊嚴續》中也說：「觀具恩上師，於頭頂心

大圓滿前行廣釋

間，或於手掌中，千佛之成就，彼人亦可得。」如果觀想對你具有恩德的上師，在頭頂、在喉間、在心間、在肩膀上、在自己面前及周圍，或者就像捧如意寶一樣，觀想將上師恭敬地捧在手掌中，那千佛的成就，此人也有機緣獲得。

此外，修上師瑜伽時，還要常常觀想上師放光融入自心，自心與上師無二無別；如果在後得位，能了知一切現象均是上師的遊舞幻變，並在行住坐臥中以此攝持，那的確是一種殊勝的境界。

因此，對於這個可以一生成佛的法門，大家一定要重視！

第一百二十七節課

下面繼續講「上師瑜伽是最深的修法」。

修上師瑜伽盡除一切過患

至尊果倉巴⑦曾親口說過：「若修上師瑜伽法，盡除過患德圓滿。」意思是，如果長期修持上師瑜伽法，將能盡除你的貪嗔癡等一切煩惱及過患，而與此同時，聞思修、大悲菩提心等善法功德，也會與日俱增、自在圓滿。

這一點，多多少少很多道友都有體會：不修上師瑜伽，自相續與佛法很難相應；一旦修了上師瑜伽，不管再修什麼法，一修就能相應。其實，這就是上師瑜伽的加持。

不過也有人認為：「只修上師瑜伽就夠了，共同加行、不共加行都不必修持。」

這種觀點，如果是針對某些利根者，或有特殊因緣的修行人，我也不否認。對他們而言，只修上師瑜伽，的確能圓滿前面的一切功德。但如果說這對所有人都適合，那也不盡然，果真如此的話，那前輩大德們就不必造論闡釋加行，而我們也不必修百日共同加行及五加行了。

---

⑦果倉巴：噶舉派非常卓越的大德。他一生聞思，在喜瑪拉雅山和匝日神山苦行，弘揚竹巴噶舉派佛法，攝受了眾多弟子，藏文著作有四大函，主要涉及出離心、菩提心、依止寂靜地等修心竅訣。

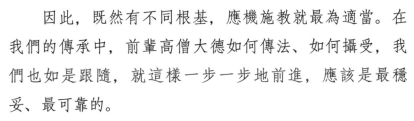

辨別這個道理，其實與辨別「只念一句佛號」是一樣的。從一個角度來講，一句「南無阿彌陀佛」，確實包括了八萬四千法門，對某些人而言，只念這句佛號就足夠了。但是，所有的人都行嗎？恐怕不行。大乘佛教廣設無邊法門，肯定不是虛設的。

因此，既然有不同根基，應機施教就最為適當。在我們的傳承中，前輩高僧大德如何傳法、如何攝受，我們也如是跟隨，就這樣一步一步地前進，應該是最穩妥、最可靠的。

修上師瑜伽最無上

果倉巴尊者又說：「雖多修持生次第，然修上師為無上，雖多修持圓次第，然誠依師為無上。」

現在很多人喜歡修本尊、護法，這種生起次第的修法是很好，但最主要的，還是修上師瑜伽，因為上師瑜伽在一切修行中最為無上；很多人也喜歡修圓滿次第，風脈、明點等，這也很好，然而尊者還是勸誡說，以誠摯信心依止上師是最無上的。

說到這裡，我也順便提醒一句：不修上師瑜伽的話，天天觀風脈明點，很可能會出問題。因為沒有上師瑜伽的加持，氣脈明點修得不好，會導致精神失常，出現種種可怕的迷亂現象。

而上師瑜伽，前輩大德都說，是最安全的修法。一般來講，你觀修上師是不會有任何魔障的，不會出違

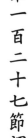

緣，也不會修錯；即使你觀得不好，大概地觀一觀自己的根本上師，也有極大的利益。

當然，你所觀的上師，應該是有功德的，而不是憑著執著或感覺來判定。前面我建議大家觀法王如意寶，但有個別人說，那不是他的傳承，他要觀自己的上師。我想這也可以。以前我說過，《大圓滿前行》的譯文，有些人把教證變來變去，也「譯」出了一些法本。而且，「傳承上師」那段也改了，這樣做我能理解：同樣源於佛陀的教法與證法，對於自己的傳承上師，弟子是會有些執著。所以，你觀自己的上師，也很好。

不過，我還是要明確地指出：你所觀的上師，一定要有功德。不能憑執著，更不能憑感覺。尤其是一些女眾，「我覺得這個上師好，我覺得這個上師很可愛，我覺得這個上師跟我很有緣……所以他就是我的根本上師。」其實你的這種「感覺」，在尋找上師的層面，是很不適合的。

作為能引導你解脫的上師，確實需要一些資格。換句話說，只有具備一定功德的上師，你才可以依止，才可以觀修。如果你找不到的話，那就找一位公認的大德，觀修他的上師瑜伽。剛才說了，這種觀修勝過生圓次第，是最無上的修法。

以前在藏傳佛教中，有一位偉大的修行者，叫梅覺巴。梅覺巴尊者說過：「觀音白就讓他白，度母綠就讓

她綠，喜金剛黑就讓他黑，反正我在任何時候心中都沒有離開過上師的形象，因此，離成佛大概不會遠。」他日日夜夜觀修上師，並因此獲得了成就。

其實我們也可以這樣修。修得好，所有本尊都能觀為上師：由上師賜予我灌頂，賜予我悉地，賜予我一切佛法。就是在這個層面上，根本上師的恩德，的確超越了佛陀。

有人認為：「這種說法不合理，怎麼會超過佛陀呢？」

其實，用個世間的比喻，也能說明這一點。比如，你的世間學問，是父母、老師教的，不是他們的話，試問你這一生，從小到大跟旁生有何差別？也不過是活著而已。因此，對你而言，他們絕對超過了任何人。同樣，你現在學佛了，如果不是善知識一點一滴開導，引領你趣入，那你對出世間的學問，也必將一無所知，更不要說修持和解脫了。

因此，當我們細細觀察自身的成長，以及這一切的因因緣緣，就會明白，所謂「上師的功德等佛、恩德勝佛」，絕不是空談。

若無敬信則不得加持

另外，哲貢炯巴仁波切⑧也曾說：「上師四身雪山

第一百二十七節課

---

⑧哲貢炯巴仁波切：哲貢噶舉派的創始者，建造了帕智寺，被譽為第二龍猛菩薩，在73歲時攝受了18萬僧眾，在各地弘揚噶舉派的佛法。

上，敬信之日若未升，不降加持之水流，故當勤修敬信心。」

意思是，上師是四身——化身、報身、法身、本性身的總集體，這一總集體好比一座雪山，而弟子對上師的恭敬與信心，好比日輪。如果日輪沒有升起並照射雪山，雪就不會融化，水也就不會流淌下來。同樣，如果對上師沒有真誠的恭敬，沒有清淨的信心，那也不可能感應到上師的加持之流入於心田。因此，想要修行大乘佛法的人，一定要首先精勤地提升自己對上師的恭敬與信心。

這種敬信心，其實是內心謙卑、調柔的狀態，傲慢的人是做不到的。有些人說：「我是很傲慢，不想恭敬誰，誰都看不慣……」但是你誰都看不慣的話，大德們再有加持，佛法再有加持，你也是得不到的。

有些人對個別有名氣的上師，還比較恭敬，但其他的，即使有法恩，也只是聞法時有點恭敬，平常就不放在眼裡。其實這是錯的，是人格上的一種缺失。所謂「一日為師，終生為父」，不論你在誰那裡聽過佛法，如果能對他終生保持恭敬，那你的相續中自然會流入加持，這是規律。

而一旦得到上師加持以後，修行是不難的，違緣也會自然遣除。因此，修行人一定要恭敬上師、祈禱上師。

其實不說修行，常常念上師瑜伽、持上師心咒的人，一定感受過一種力量——令心靈平靜的力量。在我感到心情煩亂、不太舒服時，會放下手中的事務，供上香、念念課誦，然後祈禱上師。這樣慢慢地，煩心事就消失了，心也入於佛法的境界中了。

不祈禱上師不得無分別智

至尊讓熱日巴說：「若不祈禱上師尊，求無分別之智慧，如朝北洞中待日，彼無境心融合時。」

如果不祈禱上師，想求得無分別智慧，以及種種功德與成就，是不可能的。就像一個洞口朝北的山洞，太陽從東升到西落，光始終照射不進去。同樣，一個對上師沒有信心、不祈禱上師的人，即使精通五部大論乃至十明，甚至顯密法要都倒背如流，但那種外境與心識融匯一體的修行境界，在這種人的相續中，是永遠也不可能現前的。

其實，這種修行境界，是顯密佛法中共同希求的究竟目標。當境、心融匯為一時，山河大地乃至萬事萬物，也都成了覺性的妙用，都成了開悟心的顯相。除此之外，別無其他。

記得《補續高僧傳》裡，有一位小壽禪師，五代時期人，本名洪壽。他與永明延壽禪師是師兄弟，為了將他與師兄區別開來，人稱小壽禪師。禪宗大德開悟時，多半都因為一件事，小壽禪師也不例外。一次擔柴時，

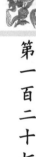

柴落到地上，他當下開悟。

開悟後他作了一偈：「撲落非他物，縱橫不是塵，山河及大地，全露法王身。」意思是，掉落地上的並非他物，天地間不論橫的豎的，也不是外境中真實的塵埃，山河大地乃至一切的一切無非自性妙用，而所顯露的，也全都是法王之身，與明覺法身無二無別。證悟之後，德韶國師（他的上師）為其印證。

當然，在得到這種境心融為一體的開悟之前，對上師的祈禱是不能離開的。而且在你的祈禱中，一定要視師如佛。

漢傳佛教中，有些人始終有點疑惑：「『四皈依』到底是怎麼來的？『視師如佛』只是密宗的說法吧？」

其實不是。最近我在看《佛說瑜伽大教王經》。這是一部非常殊勝的經典，內容與《大幻化網》等密續一致，是大遍照金剛如來對阿閦佛、大寶生佛、無量壽佛、不空成就佛，以及無量菩薩等眷屬宣說的經典。

經云：「佛言，善男子汝今諦聽，此阿闍梨，所有十方諸佛及諸菩薩現在說法者，一日三時來詣阿闍梨所，獻大供養如佛無異。」

「彼諸如來所有三業積聚無量福德，是等阿闍梨一毛孔福德。」

「此金剛阿闍梨，即是一切如來。」

這個道理，值得思維！如果你覺得上師與佛陀有差

大圓滿前行廣釋

別，可以翻翻這些漢譯經典。翻閱之後，你一定會相信：上師，尤其是作灌頂及傳授教言的上師，的確與十方諸佛無二無別。不承認經典另當別論，承認的話，這不僅是藏傳佛教有，漢傳經典中也有。

我剛才講的《佛說瑜伽大教王經》，蕅益大師的《閱藏知津》裡有一個提綱，你們沒有時間的話，簡單看一下這個也可以。

還有，《華嚴經》中也說：「善知識者即是如來，善知識者一切法雲，善知識者諸功德藏……」

依靠上師方可證悟無偽實相

總之，上師善知識就是佛、法、僧三寶的總集，而無偽實相的證悟，也唯有依靠以恭敬誠信之心修上師瑜伽，才可以在自相續中生起。除此之外，依靠其他任何方法都無法證悟。

當然，聞思也重要。你們正在學五部大論——戒律、俱舍、中觀、因明、現觀，這些我本人也很有興趣。昨天有些道友講考，講得很好！這樣聞思很有意義。不過，有些心不穩重的人，一學不動就換班，這樣不好。從明天開始，任何人不准換班！即使你一個字不懂，也要學完這一年。否則，換來換去的，今天因明班，明天俱舍班，後天戒律班……都參觀一遍也沒有用，哪一部論也學不懂。有信心的話，漸漸會懂的。

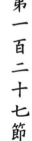

作為佛教徒，這種理論的學習是很有必要的，應該以此培養自身的綜合素質。尤其是深一點的知識，像俱舍的觀點、因明的觀點、中觀的觀點，這些懂了，淺的也就容易了。像《大圓滿前行》，以前我剛學的時候覺得很難，好多教證不懂，但一學《俱舍論》，全都迎刃而解。再一學《量理寶藏論》，《解義慧劍》也簡單了。

因此，不要一學不動就換班。即使你學《前行》，不還是有難的地方嗎？

當然，學五部大論的同時，還要修上師瑜伽，要念誦、要磕頭，要修世俗的善根。否則，只通理論，就成了學者。可能你們也知道，在現在的很多大學裡，即使是佛教的博士後、博導，口頭上很會講，但在他們的心裡，對三寶從來都沒有信心。

因此，學五部大論的人，可以是佛教的「學者」，但你最重要的角色，還應該是修行人。是修行人，就應該希求實相的證悟。下面通過幾則大成就者的公案，說明依靠上師而證悟的道理：

那若巴

那若巴尊者儘管是精通三乘的班智達，能折服一切外道，曾於布扎瑪希拉寺⑨擔任守護北門的班智達。

大圓滿前行廣釋

⑨布扎瑪希拉寺：又名吉祥戒香寺，昔日印度最著名的兩大寺院，就是那爛陀寺、吉祥戒香寺。

有一天，他在一個寂靜地方研讀五明時，來了一個具有三十七種醜相的老女人，頭髮、眼睛、鼻子、耳朵……渾身上下都奇醜無比。

她問那若巴：「你在研究什麼？」

那若巴說：「我在研究因明及顯宗的教法。」

「那你懂嗎？」

「詞句上懂。」

老女人一聽高興壞了，歡天喜地地跳起舞來。那若巴心想：我說詞句懂，她都這麼高興，如果說意義也懂，那她肯定更高興了。於是他說：「不僅是詞句，意義也懂。」老女人一聽，不笑了，竟然顫抖地哭了起來。

班智達不解，問她：「為什麼我說詞句懂，你就笑，而我說意義懂，你卻哭了呢？」

她說：「你這個班智達啊，你說詞句上懂，我知道你在說實話，所以很高興；但當你說意義也懂的時候，是在說妄語，所以我很傷心。」

班智達不好意思了，問她：「那誰懂意義呢？」

「我哥哥懂，他在某某地方，你應該去依止他。」說完，老女人便消失於空中。其實她是空行母的化身。

（你們以後在路上見到醜陋怪異的人，一定要小心！說不定是佛菩薩的化現。我去外面的時候，凡是見到乞丐，尤其是很嚴重的殘疾病人，我都會格外注意：「是不是金剛瑜伽母？也許是文殊菩

薩的化現吧……」所以，即便是假裝，也要對他供養。

1987年，上師如意寶帶我們去五台山時講過：「文殊菩薩是
千變萬化的，見到乞丐及神神道道的人，一定要注意。」從那時候
起，每個人都留意了。

以前有一次，我也遇到過一個極醜的人，頭髮蓬亂著跪在地
上，一直不抬頭。那時我心裡就嘀咕：「這個人，是不是佛菩薩的
化現啊？」）

當時，那若巴得到幻化空行母的指點以後，就去依
止帝洛巴尊者。在依止過程中，就像以前講過的，他感
受了種種的苦行。

有一次，上師突然對他說：「我給你作了這般開
示，你還不了達！」說完，用鞋底猛擊他的額頭。結
果，那若巴尊者的相續中，頓時生起了實相證悟，達到
了與上師的智慧密意平等一味的境界。這就是上師以
「滿瓶傾泄」的方式作的加持。

當然，這是真正成就者上師的行徑。有些弟子很著
急：「上師啊，您也用鞋底狠狠打我一頓吧，就像帝洛
巴打那若巴那樣。」但如果上師真的認為自己和尊者一
樣，也用鞋底、棍棒「加持」弟子，卻不一定有什麼意
義。

瑪爾巴羅扎曾對米拉日巴尊者說過：「像我這樣的
大成就上師很少，像你這樣具有清淨信心的弟子也很
少，因此，以後你攝受弟子時，不要再用我的方式，應

大圖滿前行廣釋

該以平凡的行為攝受，比如講經說法等，這樣才是最穩妥的。」

龍菩提

龍菩提，據龍猛菩薩的略傳記載，他是尊者四大弟子之一，成就虹身。他的這一成就，有些說是依靠上師的一句竅訣，有些則說，是聖者龍猛菩薩丟了一把鼻涕，他全部拾起來吃了，依此而獲得的。

當然，作為普通上師，很難有龍猛菩薩那樣的加持，而作為普通弟子，也很難有龍菩提那樣的信心。因此，我們在依止上師時，行為一定要適當，傳承上師們怎麼做，我們也那樣做，這樣才合理。對有些弟子來講，只要能觀清淨心，不說上師的過失，就已經很好了。

不說上師的過失，是為人弟子的重要品質。宗喀巴大師的《事師五十頌釋》，引《戒律根本論》⑩等教證說明，如果上師有過失，比如宣說了非法，可以恰當地指出。但《善恭敬經》卻說：「師實有過尚不得說，況當無也。」即使上師真有過失，都不能說，更何況沒有呢？因此，任何時候都不該說上師的過失。但有些人喜歡添枝加葉：「上師這裡錯了、那裡不對……」其實，這樣過失非常大！

這個教證很有啟發性，希望大家都看看《善恭敬

⑩《戒律根本論》云：「若說非法當制止。」

經》。《善恭敬經》，是隋朝時天竺三藏闍那崛多譯的；前面講的《瑜伽大教王經》，是宋朝時法賢譯的，這些經典都出自於漢地《大藏經》。看過以後，相信你一定會了解：在依止善知識方面，其實藏、漢佛教是一致的。

說到《大藏經》，我認為很值得一閱。在去年海口的一次演講中，我就提倡「閱藏」。在我看來，來到這個世界，又入了佛門的人，對《大藏經》毫不知曉是很可惜的。我個人很想在有生之年圓滿地閱讀一遍，但是否有機緣還不好說。不過在當時的講話中，我講了我的認識，他們整理成文字，收在《夢中佛事》裡了⑪。有興趣的話，可以看一下。

總之，作為佛教徒，對佛教的基本理念應該有正確的了解。當然，這種了解，也應該建立在可靠的依據之上。像剛才的那個教證——「師實有過尚不得說，況當無也」，這個教證很有說服力，對做弟子的來講，是非常重要的修行準則。不懂的人，再再找上師的過失，修行、證悟都會出障礙。而懂的人，不僅能以此約束自己，而且能對上師生起感恩及非常清淨的信心，就像龍菩提一樣。那這樣修行，就一定能獲得成就。

龍菩提是大成就者。在第四世班禪大師為扎什倫布寺和合塔開光時，龍菩提與法金剛曾以智慧身現前於塔

大圓滿前行廣釋

⑪詳見《夢中佛事》之《聞思修行深入經藏》。

頂，為佛塔開光。這是有歷史記載的。

持明無畏洲

此外，持明無畏洲（智悲光尊者）也曾親口講道：「我也是因為拜讀了第二大佛⑫的論著後，相續中認為他老人家就是真佛的想法油然而生，一心一意地虔誠祈禱，承蒙尊者的智慧身攝受，從而自相續中生起了自然本智。從此以後，我才開始引導數以百計的求法者。其中，具精進者獲得了出世間禪定，有智慧者不入分別伺察的歧途，他們都真正地意識到：勝義諦的證悟，完全依靠對上師萬分的恭敬和堅定的誠信這條途徑。」

智悲光尊者很小的時候，就開始修大悲心了。他說：「我用了七年時間專門修習大悲心，以此功德，我的法脈及法本肯定能利益無量有情。」後來，尊者又在桑耶青浦閉關三年。閉關期間，他一邊閱讀《七寶藏》、《四心滴》，一邊祈禱全知無垢光尊者，並三次得到全知的智慧身攝受。當傳講伏藏教法的因緣成熟時，他廣攝徒眾，廣講密法竅訣。而他的這一法脈，

就稱為龍欽寧提派。也就是說，龍欽寧提派的開創者，就是智悲光尊者。

在上面兩位尊者之間，有幾百年的間隔，因此，上師的攝受不是親自攝受，是智慧身的攝受。而得到這種攝受，是因為尊者看了全知的教言以後，對全知生起真

---

⑫第二大佛：即全知無垢光尊者。

佛之想，並虔誠祈禱的結果。

對於歷史上的大德，在拜讀他的教言之後，如見其面，這種經驗，我想很多人是有的。我本人也是如此。幾百年、上千年以前的論著，也會讓我無比感動，有時不禁自言自語：「真是位佛陀啊！他的智慧、悲心，實在無與倫比。」從此也經常祈禱。

按照噶舉派某些大德的說法，其實這樣的大德，也可以說是你的根本上師。比如龍猛菩薩，我從未見過他，在我跟他之間也是時隔久遠，但每次拜讀《中論》等論典時，就會生起強烈的信心。因此，我自己也認為：我就是龍猛菩薩的弟子！他的法恩，與我現在的親傳上師們，是沒有差別的。

同樣，在這個信息時代裡，有的上師在網絡上傳授佛法時，如果你也從中獲得了極大利益，那麼對這位上師，即使你今生無緣拜見，無緣在座下依止，也可以視其為根本上師。

這些道理都出自《前行》。我以前也講過多次，《前行》是最好的修行竅訣，它的每一個公案、每一個教證、每一段文字都是金剛語，都有外、內、密的眾多意義。因此，一定要記在心裡，並如理受持、依止。

邦甘麥彭滾波

據《蓮花生大士全傳》記載：大譯師貝若扎那曾被流放甲摩擦瓦絨，後來他與玉扎釀波一起返回西藏，途

35

中遇到名叫邦甘麥彭滾波的老人，並借宿老人家中。當時的邦甘麥彭滾波，據說是一百多歲，也有說是八十來歲，總之是非常老邁了。

老人問：「請問兩位從何處來，又要往何處去？」

玉扎釀波回答說：「我們從甲摩擦瓦絨來，準備到西藏去。」

老人說：「你們兩位一定是搞錯了！既然從甲摩擦瓦絨來，就應該知道，那裡有一位偉大的佛教尊者叫貝若扎那，他與佛陀無二無別。這麼了不起的尊者，你們不去求法太可惜了！到他面前求法，才能修行成就啊！雖然我有無比的信心，但我太老了，去不了，即生也肯定見不到他了。」

這時，貝若扎那說道：「我就是貝若扎那。」

老人聽後嚇了一大跳，仔細地看著尊者。看完之後，他感動不已，突然抱住尊者。一邊抱著，一邊痛哭流涕地向尊者求法。

於是尊者將禪帶繫在他的身上，禪杖靠在他的腰間，對他傳講了上師瑜伽的修法。結果在他的相續中，生起了直斷本來清淨的真正密意，當下開悟。後來，他的身體散為塵埃而成佛。而他的傳承弟子中，七代都是虹身成就，《密宗虹身成就略記》中有記載。當然，他們的成就，也都是依靠對上師的信心而實現的。

當時師徒二人見面的地點，有說在道孚，是一座神

第一百二十七節課

山，以前我去朝拜過；有說在爐霍縣境內，等等，有很多說法。具體在何處，我也不清楚。

但不管怎樣，當時的邦甘麥彭滾波，就是依靠上師瑜伽而獲得成就的。因此，不論年齡大小，只要有信心，依上師瑜伽獲得成就並不困難。

上師瑜伽是一切正行道之究竟要訣

從以上幾則公案可以看出，一切成就都來自上師瑜伽。所以說，在所有九乘次第的法門當中，再找不到比這一上師瑜伽更為殊勝的深道了，雖然把它命名為「加行」，但實際上，一切「正行」道的究竟要訣就是它。

如金厄瓦尊者曾說：「身體的核心是心臟，如果沒有心臟，人就成了一堆血淋淋的肉。同樣的道理，修法的核心是上師瑜伽，若沒有上師瑜伽，所有的法只不過是一紙文字而已。」

因此，在我們的修行中，一定要重視上師瑜伽的修法。現在我們修的是法王如意寶的上師瑜伽，一方面，這個儀軌很簡略，不像其他的那麼廣，所以修起來很容易；另一方面，能值遇這樣的傳承上師，的確難得，所以希望大家珍惜。當然，如果你有自己可靠的、清淨的傳承上師，修他的上師瑜伽也可以。但不管怎樣，想成為一名真正的修行人，每天都應不間斷地修上師瑜伽。

現在人工作忙、煩惱多，修行特別困難。有時一煩

大圓滿前行廣釋

起來，幾天都不想看書，不想讀經，也不想念咒……可能也是前世的煩惱習氣所致，一直迷迷糊糊的，什麼善法都不想做，就這麼傻傻地待著。這時候，你應該祈禱上師，早上、晚上、走路、做事，多祈禱以後，就像水器顯現月影一樣，上師的加持自然融入心中。

上師是無處不在的，關鍵看我們的信心如何。如果我們能隨時隨地、始終如一地將上師瑜伽作為修行的核心，即使沒有任何其他修行也可以。如藏巴嘉熱曾說：「只要不離憶念上師，不誦經也可以，不參禪也可以。」

當然，不是說所有人都要這樣修。否則，華智仁波切也不必要求修五十萬加行了。這裡強調上師瑜伽，是要說明它很關鍵，而並不是用它取代所有修法。因此要善於理解，善加辨別。真正有智慧的人，他不會斷章取義，即使是最關鍵的教義，也不會因為自己喜歡，就將它作為依據來否認其他所有教義。就像《經莊嚴論》裡講的，唯有智者，才善於了解佛陀及傳承上師的密意。因此，對所有人而言，不能說只修上師瑜伽就一切圓滿了。

但儘管如此，我們還是要知道，在所有的修法當中，上師瑜伽的確是最最關鍵的。它是加行，同時也是一切正行的究竟要訣，所以，誠心誠意、盡心盡力地修上師瑜伽，非常非常重要！

第一百二十八節課

《大圓滿前行》中，「上師瑜伽之重要性」講完了，現在要講「上師瑜伽實修法」。

實修法中的觀想、作意及思維，很多人都重視聽受，但聽受以後，能長期觀修的人卻很少。聞思也是一樣，比如學五部大論，剛開始很多人興致勃勃，很想學好、學透，可是前世的業力加上即生的煩惱，種種干擾湧現的時候，心力便提不起來了，不得不半途而廢。這就是凡夫修行中最致命的障礙：心力不夠。

而要提起心力，我認為，祈禱上師三寶、常供護法是最重要、最有效的。因此，平時自己供供護法，或在集體供護法時，作意祈禱護法神加持，再念些蓮師心咒以及遣除違緣的偈頌等，這樣一來，當無形的加持一融入心，不論是你的聞思還是修行，都會善始善終的。

做佛教的「專業人士」

剛才說到五部大論，學五部大論是很有必要的。

從整個社會的佛教信仰來看，一般人學佛都不深入，《前行》、《淨土》還能接受，故事、公案也喜歡聽，但一說到五部大論，如俱舍、中觀、現觀……除了個別知識分子以外，多數人都興味索然。可以說，百分之六七十以上的人，仍舊停留在求福報以及簡單念修的

層面上。因此，佛教徒的整體素質並不理想。

外面的人學得簡單，那我們是否也簡單地學呢？絕對不是。要求大家學五部大論，是想讓你們對佛教的甚深意義有所了解。你們是佛教的「專業人士」，既然是專業的，就不能太膚淺，應該掌握到那些細微層面的道理。所以，學五部大論，學深一點的佛法，非常有必要。當然，城市裡的年輕人，也不應甘心落後，應當往「專業」上靠近。

現在人喜歡簡單的東西，我在用博客、微博介紹佛法的過程中發現，一涉及深一點的內容，就沒人看了。即使看了，可能也沒人懂吧。在這個浮躁的社會中，大多數人只是對《心靈雞湯》那樣的簡單文字有感覺，恐怕這也是現狀了。

但儘管如此，「專業人士」們還是不能學得太淺。依靠上師三寶的加持，各位有了學法的機緣，有了機緣，就應該修學智慧，穩固信心、出離心以及菩提心等，昇華它們，讓這些在更深的層面上，越來越成熟！

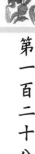

長期聽聞
當然，這需要長期的系統聞思。

像現在講的上師瑜伽，以及任何顯密的修法，其實都有理論的剖析與實修的串習兩種途徑，都有完整的體系。要想從中有所收穫，用短暫的一生不斷學習，是有

必要的。

學院裡有少數道友對聽聞很有意樂，可以說十年如一日。剛才念誦時我看了一下，男眾、女眾中都有，他們十年前喜歡聽課，現在也還是如此。雖然沒有參加高級班，進行辯論、講考，但這種自願的態度，這種對聽聞的歡喜心如此穩固，我個人而言，是非常隨喜的，當然也很歡喜。

這樣聽法才是對的！不要把聽法當作看電影、看節目，偶爾想聽的時候才聽一聽。其實作為佛教徒，以正法為依處，每天了解一段佛法的道理，就像充電一樣持續自己的修行，是很重要的。

丁二（上師瑜伽實修法）分三：一、明觀福田；二、七支供；三、專心祈禱。

戊一、明觀福田：

在不同修法中，所明觀的福田也不同：修皈依時，明觀的福田是皈依境；修金剛薩埵時，明觀的福田是金剛薩埵；而現在修上師瑜伽，所明觀的福田，則是蓮花生大士及其廣大剎土等。

要觀修佛的剎土，實際上是廣大心力的境界。心力不大的人，觀修時觀不起來，想發心發不下去，聞思也聞思不動……可以說，在行持善法方面，樣樣都不行。所以說，修行人一定要提升心力！

明觀蓮花光宮殿

有心力的人，在修上師瑜伽時，首先要觀想蓮花光宮殿。蓮花光宮殿也叫蓮花宮，是蓮花生大士的居所，它圓滿具足一切莊嚴，光明遍照十方。

很多寺院都修有蓮花宮，畫像中也有描繪。它的莊嚴景象，《一世敦珠法王自傳》中有一段描寫，《蓮師剎土雲遊記》中也有。

在修上師瑜伽時，觀想自己就居於這樣的宮殿中。雖然自己現在住的是一個小木屋、水泥房，或者娑婆世界中的一般居室，但修法時不能這麼想，只要心力跟得上，應當盡力觀想為清淨莊嚴的蓮花光宮殿，就像念佛人明觀極樂世界一樣。

修行者對自己的觀想方法

自己的本體觀為益西措嘉空行母

在這座蓮花宮的中央，將自己的本體觀為益西措嘉空行母。

為什麼這樣觀呢？有三個原因：

一、堪為灌頂法器。當年，蓮花生大士傳授《上師心滴》等所有甚深密法時，就是傳給以益西措嘉為主，堪為法器、合格以及具緣的弟子們。

二、生起空樂智慧。按照密宗灌頂的意義，自己觀為明妃，上師觀為蓮師，能自在生起不可思議的空樂智慧。

三、令上師歡喜攝受。在蓮師的弟子中，益西措嘉空行母、金剛降魔等大弟子，都是被上師作為心子攝受的，所以這樣觀想，也會令上師歡喜。

因為具有這三種殊勝緣起，所以修上師瑜伽時，要將自己的本體觀為益西措嘉空行母。

自己的形象觀為金剛瑜伽母

自己的形象，要觀想成至尊金剛瑜伽母，身色鮮紅，一面二臂三目，以急切專注的眼神盯著上師心間。所謂「急切的表情」，指的是就像一見到上師無比歡喜、十分匆忙的神態。很多人最初見到上師時就是如此，十分歡喜，而且充滿信心與恭敬。

這樣觀想好以後，再觀想金剛瑜伽母的右手在空中搖動能喚醒無明愚癡睡眠的髏鼓（即手鼓），而左手則在腰際部位執著根除三毒的彎刀，周身赤裸，佩帶六種骨飾、花鬘懸垂。就這樣，將自己的身相觀想成一個顯而無自性、宛如空中出現的彩虹一樣、莊嚴的金剛瑜伽母形象。

這是龍欽寧提派的觀想方法。《開顯解脫道》中修上師瑜伽時也是一樣，也是將自己觀成金剛瑜伽母，不論男、女，都可以這樣觀想。

這是自身的觀想方法。

主尊是蓮花生大士

本體是上師　形象是蓮師

接著再觀想，在金剛瑜伽母的頭頂一箭（或一肘）左右的上方虛空中，有一個由奇珍異寶組成的十萬瓣的蓮花墊，它的上面是日輪，日輪的上面是月輪，在月輪上面安坐的，本體是三世諸佛的總集、無等大悲寶藏具德根本上師（你最有信心的上師），形象為鄔金大金剛持蓮花生大士。

在其他的上師瑜伽中，像法王如意寶的上師瑜伽，要求直接觀想自己的根本上師，形象不改變。但在此處，修寧提派的這個修法時，本體觀為三世諸佛的化現——自己的根本上師，但形象一定要觀想為蓮花生大士。

蓮師的穿著

蓮花生大士的身色白裡透紅、光滑潤澤，一面二臂，雙足以國王遊舞式而坐，身著大氅、法衣和咒士衣。

蓮師所穿著的「大氅」，是他以前在薩霍國示現神通時，薩霍國王賜給他的。這個大氅表示，懷柔攝受世間的國王、各種人及非人等。

「法衣」，也就是袈裟，表示別解脫戒律絲毫無染。世間有些人一入密宗，就破壞別解脫戒，而蓮花生大士雖然顯現的是在家形象，但小乘別解脫戒清淨無垢。

「咒士衣」，表示密乘戒律極為清淨。

在其他修法儀軌中還講
到「內衣」，內衣表示菩薩
戒圓滿。

有邪見的人，認為蓮師的穿著很複雜。包括護法
神、忿怒金剛以及漢傳佛教中的菩薩像，一般人不知道
這些裝束表示什麼。

其實這都是有意義的。要知道，佛菩薩的任何形
象，都是利益眾生的顯現，絕非凡夫所想像的那樣。我
們穿個什麼、戴個什麼，都是圍繞自我，白的、紅的，
無非是憑自己的喜好，或者模仿誰而穿的。但聖者們的
裝束，卻有甚深的密意。所以，缺乏佛教基礎的人，沒
有研究過的人，千萬不要誤解或曲解。

不說佛菩薩，就是古代的國王，他們的裝束也不能
輕易詆毀。這些裝束，在古代戲劇或歷史圖片中可以看
到，從世間法的角度來看，其中的每一件，也都是有所
象徵和表示的。因此，不能因為不符合現在的著裝，就
認為毫無意義。應該觀清淨心，並嘗試了解其中的意
義。了解了，就不會有什麼分別了。

這裡蓮師的裝束，以前我譯《大圓滿前行》時，也

找人畫了個圖，都標出來了。當時覺得不好懂的地方，也請教過一些畫家；有不同說法的地方，也親自請示了上師。所以，這些圖的描繪、說明，是比較圓滿的。

蓮師的冠冕

接下來是蓮師的冠冕：蓮師頭戴蓮花帽。

蓮師的冠冕有三種不同類型：

一、蓮花苞帽。鄔金第二佛不是胎生，既不是由父因所生，也不是由母緣所成，而是在西南具乳海（今阿富汗一帶）中的蓮花花蕊間化生。當時，鄔金國王恩扎布德正前往取寶，見到花蕊中的童子，便帶回立為太子。其實，蓮師是於頓生覺性中誕生，並證悟了現有本基圓成。當時，諸位空行母賜予作為他部主標幟的冠冕，就叫做「蓮花苞帽」。

二、鹿耳帽。蓮花生大士曾於印度八大尸陀林行持密宗禁行，無取無捨，行為遠離善惡之邊。當時，諸位空行母賜給作為他功德標幟的冠冕，則名為「鹿耳帽」。

畫鹿耳帽時，我請教了很多專業人士，也參考了根登群佩的《遊國記》，但說法不一。許多堪布、法師，也不知道鹿耳帽到底是什麼樣子，因為現在也不常見。

後來我又向上師請示，並遵照上師的說法畫了下來，現在圖片裡的就是。

三、蓮花見解脫帽。蓮師在薩霍國[13]被國王哲拉活活燃燒時，他的金剛身不受火大災害的侵襲，全身赤裸，顯得涼涼爽爽，如如安坐在蓮花中央。當時國王驚奇不已，生起信心，於是下令：「打開新錦緞寶庫的門，取出我所有的衣冠！」這位薩霍國王將一切妙衣、服飾，連同國政、眷屬一併供養給了蓮師。當時國王所敬獻的那頂冠冕，就稱為「蓮花見解脫帽」。

以前，上師如意寶灌頂時，就常戴這種見解脫帽。印度、藏地的很多大德也都有。

所謂「見解脫」，就是無論誰見到這頂帽子，都會在相續中種下解脫的種子，因此有非常大的功德。今天我也帶來一頂，給你們看一下。它的五種顏色、金剛杵、太陽、月亮……下面有解釋。

大概在1986年，我曾去阿壩州一個縣裡的小寺院安居。安居時寺院要求，安居堪布必須戴堪布帽，所以我也就戴了。但戴了以後，有人給我照了相，去年我看到這張照片了。當時很不好意思，「燒了！燒了！」讓他們燒了。因為我一直認為：人小帽子大，不好！

不過，在行持密宗行為時，比如灌頂、修法時，應該戴這種帽子，也值得發願。因為密宗的某些行為是不

⑬薩霍國：藏史記載，是古印度東部一小國地名，在今孟加拉地區。

共的，確實具有非常大的加持力。不過，暫時我還不敢戴，怕別人開玩笑。

那麼在這裡，蓮師所戴的冠冕，就是這頂蓮花見解脫帽，或者叫做具瓣五部帽。這頂冠冕內外雙層，表示生圓次第雙運；頂端三尖，表示法、報、化三身；五種顏色，表示以五身來利益眾生；日、月，表示智慧與方便；藍邊裝飾，表示三昧耶無邊無際；金剛寶頂，表示三摩地如如不動；鷹鷲的頂翎裝飾，表示見解證悟到極點、修行已達究竟。

蓮師的手印及裝飾

蓮師右手在胸前，以契克印持著純金的金剛杵；左手平托著裝滿無死智慧甘露的長壽寶瓶，瓶口用如意樹嚴飾。

蓮師的左腋下，明妃曼達繞瓦空行佛母以隱蔽式持著卡張嘎⑭。卡張嘎的頂端三尖，表示本體空性、自性光明、大悲周遍三者；乾濕舊三種頭骨，表示法、報、化三身；九個鐵環⑮，表示九乘次第；五種彩綢，表示大圓鏡智等五智；裝飾著死人與活人頭髮，表示在八大尸林中以禁行來攝受所

⑭卡張嘎：指天杖。
⑮現在尼泊爾製的佛像，有些有九種鐵環，但有些是以花紋來表示。

49

有鬼女、空行母。

蓮師周圍

接下來，明觀蓮師的周圍五光網眼的範圍當中彩虹旋繞，中央有印度八大持明、藏地君臣二十五尊等，浩瀚如海的三根本、護法神。他們都是超凡入聖的形象。

上師瑜伽的三種觀修方法

總的來說，修上師瑜伽有三種不同的觀修方法：

一、在皈依時，將皈依境中的上師觀想成重樓式，也就是在蓮師頭頂上，明觀一切大圓滿傳承上師以重樓式而坐。

二、念修金剛薩埵時，觀想為總集珍寶式，也就是一切根本傳承上師集於上師金剛薩埵一身中。

三、修上師瑜伽時，觀想成罍環式，也就是，大圓滿諸位傳承上師以及一切浩瀚如海的三根本護法神，全部圍繞在鄔金蓮師周圍，猶如眾人集會般安坐。

念修上師瑜伽

這樣觀想完畢之後，念誦下文（下面頌詞的意義，上面已經解釋得很清楚了，我用藏文念，你們隨意義觀想就可以）：

 རང་སྣང་ལྷུན་གྲུབ་དག་པ་རབ་འབྱམས་ཞིང༔

讓 囊 恨 哲 大 巴 繞 加 揚

自現自成清淨無邊剎

བཀོད་པ་རབ་རྫོགས་ཟངས་མདོག་དཔལ་རིའི་དབུས༔

夠 巴 繞 奏 藏 門 花 熱 威

莊嚴銅色吉祥山中央

རང་ཉིད་རྗེ་བཙུན་རྡོ་རྗེ་རྣལ་འབྱོར་མ༔

讓 涅傑 珍多吉那 久 瑪

自身觀為金剛瑜伽母

ཞལ་གཅིག་ཕྱག་གཉིས་དམར་གསལ་གྱི་ཐོད་འཛིན༔

呀 戒 夏 逆 瑪 薩 這托 怎

一面二臂紅亮持刀蓋（托巴）

ཞབས་གཉིས་དོར་སྟབས་སྤྱན་གསུམ་ནམ་མཁར་གཟིགས༔

呀 逆 鬥 達 現 色 那 卡 則

雙足舞式三目視虛空

སྤྱི་བོར་པདྨ་འབུམ་བདལ་ཉི་ཟླའི་སྟེང༔

謝窩班瑪 簸 大 涅 得蕩

頭頂十萬瓣蓮日月上

སྐྱབས་གནས་ཀུན་འདུས་རྩ་བའི་བླ་མ་དང༔

加 內 根 地 匝哦喇嘛蕩

總集皈處根本上師尊

དབྱེར་མེད་མཚོ་སྐྱེས་རྡོ་རྗེ་སྤྲུལ་པའི་སྐུ༔

瑞 美 措 吉多吉哲 波哥

無別海生金剛幻化身

དགར་དམར་མདངས་ལྡན་གཞོན་ནུའི་ག་ཆུགས་ཅན༔

嘎 瑪 蕩 旦 雲 逆 夏 側 堅

白裡透紅亮澤童子相

ཕོད་ཁ་ཆོས་གོས་ཟ་བེར་འདུངས་མ་གསོལ༔

抛 卡 秋 故 匜 為 洞 瑪 索

身著大氅內法咒士衣

ཞལ་གཅིག་ཕྱག་གཉིས་རྒྱལ་པོ་རོལ་པའི་སྟབས༔

壓 戒 夏 逆 加 波 弱 波 達

一面二臂國王遊舞式

ཕྱག་གཡས་རྡོ་རྗེ་གཡོན་པས་ཐོད་ཁྲམ་བསྣམས༔

夏 意 多 吉 雲 貝 托 哦 那

右手金剛左持托巴瓶

དབུ་ལ་འདབ་ལྡན་པདྨའི་མཉེན་ཞུ་གསོལ༔

哦 拉 達 旦 班 米 年 葉 索

頭戴具瓣蓮花鹿耳帽

མཆན་ཁུང་གཡོན་ན་བདེ་སྟོང་ཡུམ་མཆོག་མ༔

千 空 雲 那 得 洞 葉 秋 瑪

左腋之下殊勝空樂母

སྦས་པའི་ཚུལ་གྱིས་ཁ་ཊྭཾ་རྩེ་གསུམ་བསྣམས༔

為 波 策 記 卡 張 賊 色 那

以隱式持三尖卡張嘎

འཇའ་ཟེར་ཐིག་ལེའི་འོད་ཕུང་ཀློང་ན་བཞུགས༔

加 賽 特 利 慪 彭 龍 那 耶

住於彩虹明點光蘊中

ཁྱི་དགོར་འོད་ལྭ་དུ་བས་མཛེས་པའི་ཀྱོང༔

謝 扣 慪 昂 扎 為 賊 波 龍

外旋絢爛五光莊嚴界

སྒྱུལ་པའི་རྗེ་འབངས་ཉི་ཤུ་རྩ་ལྔ་དང་༔

哲 波 吉 邦 涅 謝 匝 昂 蕩

化現君臣二十五尊者

རྒྱ་བོད་པཉ་གྲུབ་རིག་འཛིན་ཡི་དམ་ལྷ༔

加 窩 班 智 熱 怎 耶 達 拉

印藏成就持明諸聖眾

མཁའ་འགྲོ་ཆོས་སྐྱོང་དམ་ཅན་སྲིན་ལྷར་གཏིབས༔

卡 卓 秋 炯 達 堅 真 達 的

一切空行護法如雲聚

གསལ་སྟོང་མཉམ་གནས་ཆེན་པོའི་དང་དུ་གསལ༔

薩 洞 年 內 親 波 昂 德 薩

住於明空大平等性中

　　聯想句義而明觀，並以猛烈誠信恭敬之心而念誦
《蓮師祈禱文》：

ཧཱུྃ༔　　ཨོ་རྒྱན་ཡུལ་གྱི་ནུབ་བྱང་མཚམས༔

吽！　　鷗 堅 耶 戒 訥 向 參

吽！　　鄔金剎土西北隅

53

པད་མ་གེ་སར་སྡོང་པོ་ལ༔

班瑪給薩　東波拉

蓮莖花蕊之座上

ཡ་མཚན་མཆོག་གི་དངོས་གྲུབ་བརྙེས༔

雅參　秋革　愵哲　尼

稀有殊勝成就者

པདྨ་འབྱུང་གནས་ཞེས་སུ་གྲགས༔

班瑪炯　內　意色扎

世稱名號蓮花生

འཁོར་དུ་མཁའ་འགྲོ་མང་པོས་བསྐོར༔

扣　德　卡　畫　忙　布　夠

空行眷屬眾圍繞

ཁྱེད་ཀྱི་རྗེས་སུ་བདག་བསྒྲུབ་ཀྱིས༔

切　戒吉色　達折吉

我隨汝尊而修持

བྱིན་གྱིས་རློབས་ཕྱིར་གཤེགས་སུ་གསོལ༔

新吉漏些　謝色索

為賜加持祈降臨

གུ་རུ་པདྨ་སིདྡྷི་ཧཱུྂ༔

格日班瑪思德吽

格日巴瑪思德吽

念誦完以後，緊接著觀想銅色吉祥山蓮花光宮殿一切所依及能依尊眾（即所有智慧尊者）真實降臨，就像水注入水中一樣融入自身——所觀想的誓言尊者（金剛瑜伽母）中，成為一體。

無畏盔甲依蓮師法而成就

智悲光尊者有一位弟子，叫無畏盔甲，他就是依靠祈禱蓮花生大士，而獲得了成就。

小的時候，無畏盔甲在噶陀的傑美仁真上師前，聽受了蓮花生大士的修法灌頂，並對蓮師生起不共信心。

後來有一次放羊，他來到一座巨大的岩山前。他知道山上有蓮師曾經修行過的山洞，便對著神山猛厲祈禱蓮師。祈禱不多久，在他的境界中，整座山突然變成了蓮花生大士的莊嚴身相，手中以契克印持著金剛。他更加恭敬地祈禱，並念誦《七句祈禱文》和蓮師心咒。後來蓮師像消失，他也當下體認了心性的本體。

在四十多歲時，他回憶這段經歷並在道歌中說：「兒時曾親見過蓮師，並獲證悟；從那時起，自己在修道及弘法利生事業中，就沒有出現過違緣。」

希望在座的也能常常祈禱蓮花生大士。去年我們講了《七句祈禱文》，很多道友也都對蓮師生起了極大信心。

那麼這裡修上師瑜伽時，我們應該在頭頂上方觀想

自己的根本上師，並將上師的形象觀為蓮花生大士，自己觀為金剛瑜伽母而誠心祈禱。

若按生起次第的修法，也可以從吉祥山迎請蓮花生大士，融入於自己頂上的蓮師。祈禱之後，再觀想蓮師等全部化光，融入自己的身體。

這個上師瑜伽的修法，顯宗根基一般很難修成，因為他有很多分別念的障礙，相續還未成熟。但有信心、有因緣的道友，應該努力修持，因為這的確是最重要的修法！

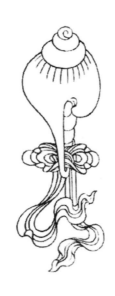

第一百二十九節課

在上師瑜伽的修法中，「上師瑜伽之重要性」已經講了，現在正在講「上師瑜伽實修法」。實修法中，今天講「七支供」。

戊二（七支供）分七：一、頂禮支；二、供養支；三、懺悔支；四、隨喜支；五、請轉法輪支；六、祈請不入涅槃支；七、迴向支。

金剛乘道的方便可謂多之又多，加上無需歷經艱難困苦，完全是利根——信根、精進根、慧根等堅固者的行境。所以，具有廣大心力者通過積累資糧、不斷修學，在一剎那中也可以圓滿顯宗在一大劫中所積累的資糧，依此即生便能獲得成就。

簡單來說，為什麼密宗能即身成就呢？就是因為有很多方便，而這些方便，又是顯宗所不具備的。

金剛大乘攝一切乘

有人認為：密宗只是藏傳佛教的獨特修法，藏地的所有教法都是密宗，而漢傳佛教的教法全是顯宗。

實際上絕非如此。詳閱經藏的人都知道，密宗在漢傳佛教中也有，而且經典中處處有稱讚的詞句。有一部經典叫《最上大乘金剛大教寶王經》[16]，宋朝中印度譯師

法天譯，上下合卷。此經云：「一切如來，悉皆稱讚作如是言，彼金剛大乘即攝一切乘，乃至過去未來現在亦復如是，彼金剛大乘即攝一切乘。」意思是，一切如來都讚歎密宗金剛乘，稱其能攝一切乘（一切乘，當然包括顯宗的聲聞與菩薩乘），而且是在一切時中——過去、未來、現在，都是如此。

可見，密宗——「金剛大乘」，並非藏地獨有的教法，它能攝一切乘，並且為十方如來所稱讚。

這一教法如此殊勝，具有眾多方便，又能令行者即身成就，本是恭敬、希求的對境，但有人略懂一點顯宗教義就大肆誹謗，不僅顯出自己的孤陋寡聞，還造下了彌天大罪，既幼稚，又可怕。但可悲的是，淺慧之人往往以這種方式造下謗法重罪。

我之所以引用這些經義，就是想讓大家在漢地本有的經教中，了解到密宗是漢藏都有的，而且的確非常殊勝。而在這一無上密宗的福田中，金剛阿闍黎，可以說是獨一無二，堪為之最。在顯宗經典裡，像《華嚴經》、《妙法蓮華經》等，也都對上師作了種種讚歎。所以，

七支供也附在上師瑜伽的後面來講。

前面講「明觀福田」時，已經介紹了觀修的對境

---

⑯《閱藏知津》中撮略說《最上大乘金剛大教寶王經》義：佛在廣嚴城，口放光明，印撚羅部帝天子請法，佛先為說往緣，次敕金剛手菩薩授以秘法，兼說弟子八事，及二諦等。

——本體為根本上師、形象為蓮花生大士。那麼，七支供就是在這樣的對境面前，修頂禮、供養、懺悔、隨喜……這樣的善根無與倫比，超勝任何其他修法。

既要實修　又要廣聞

「上師瑜伽」，也許你們以前聽過，也許沒有聽過，但哪怕是一堂課聽下來，也應該有一些改變。什麼改變呢？當你聽了這一引導以後，修行上就不再舉棋不定，不再轉來轉去，而是從此定下一個方向：一生著重修持這一法要。為什麼呢？因為這個修法的確太殊勝了。

你們有機緣的話，多多求法也未嘗不可。但如果缺乏機緣，單單這一上師瑜伽的修法，也已經足夠了。學佛法一定要重視實修，光是聽聞這部論、那部論，一輩子不實修，的確沒有意義。

那這樣，是否就放棄廣聞博學呢？也不是。現在人的疑心重，信心不夠，尤其是年輕人，不斷除增益分別，就很難有深入的機會。再加上，那麼嚴重的煩惱與習氣，一兩堂課是消不掉的。因此，一定要廣泛聞思，而且要長期聞思。聽法、不聽法確實有天壤之別，這一點，你們應該感覺得到，而且慢慢地，行為上也會體現出來。

有人說：「好像不是吧！我怎麼越聽越糟糕呢？聽法前還有點清淨心，但現在聽了法，怎麼相續反而越來

越難調化了？」

其實，以前是你不懂得觀察，那時候覺得自己還可以。但現在學了佛法，用佛法的鏡子一照，就發現自己處處是毛病了，甚至覺得罪大惡極。這樣一來，便對自己生起了厭惡心。

儘管對某些人而言，這也是一種規律，但你要知道，這並不是聞法的過失，是自己的毛病突顯了而已。所以，此時更要聞法，而且要修上師瑜伽，積累資糧，以期迅速轉變自己的相續。

無量法門包括於七支供

積累資糧有無量法門，而無量法門又全部包括在七支供中。尤其是，以上師為對境來修持的話，剛才說了，功德是不可思議的。

為什麼每一個修法中都有七支供呢？就是因為它很關鍵、很重要。全知無垢光尊者在《大圓滿心性休息大車疏》中說，密宗是具有大精進、大智慧、大善巧者的行境。因此，這種修法是真正的善巧方便，懂的人一定要修持。

在世間你們也知道，有智慧、精進又有善巧方便的人，做任何事都能快速圓滿。而同樣的事情，讓一個愚蠢、懈怠又不會做事的人去做，事情做不好不說，還處處得罪人。

因此，要修持密宗，一定要具有智慧，同時還要具有善巧方便。

己一、頂禮支：

化身無數與眾生共同頂禮

頂禮時，觀想自身化現為成百上千無數無量剎土的微塵數，天邊無際的一切眾生也與自己一同頂禮。

這是最起碼的觀想。能這樣觀想，功德是非常大的。作為大乘行人，如果只觀想自己一個人頂禮，其他眾生一概不理，這　樣不對。當然，實在不能觀想的話，一個人頂禮，也有一個人頂禮的功德。但萬法唯心造，既有智慧又有善巧的人，自然能積累起不共的資糧。

一邊頂禮，一邊念誦下文：

ཧྲཱིཿ　བདག་ལུས་ཞིང་གི་རྡུལ་སྙེད་དུཿ
舍　　大　利　揚各德　逆德

舍　我身化為盡剎塵

རྣམ་པར་སྤྲུལ་བས་ཕྱག་འཚལ་ལོཿ
那　巴　這　為　夏　擦　漏

無邊無數而頂禮

念此偈頌的同時，也隨文入觀。所頂禮的對境，就是上師本體的蓮花生大士以及三世諸佛菩薩等，在他們面前，我與一切眾生三門恭敬而頂禮。

頂禮與上師瑜伽合修

一般來說，修行引導沒有完成五十萬遍的人，頂禮與皈依偈合修，口念皈依偈，身體作頂禮，這樣也可以，以前很多大德是有這種傳統。但儘管如此，在這裡，作為真實頂禮的引導，與上師瑜伽合在一起來修，是最為適宜的。

法王如意寶也認同後一種做法，他老人家說：「修皈依時就一心一意皈依，專注持續地念誦，著力引發這顆皈依的心；而修頂禮時，則以上師及諸佛菩薩為對境，調整好身口意，一心頂禮。」

因此，皈依與頂禮，雖然同是以蓮師為對境，合修未嘗不可，但最好是分開。這樣分開修，皈依就讓皈依到量，修的時候，盡量讓相續中生起「我從今日起，乃至生生世世皈依上師三寶」的決定意念；而在頂禮時，也是身口意集中精力來行持，這樣的結果，應該是有一些不同的。

按照世間的規矩，在國王面前行禮、讚歎、供養，是合乎禮法的。同樣，修行人在最殊勝的福田——上師面前，頂禮、供養、隨喜、讚歎，作七支供修法，不僅合乎規矩，而且功德也是最大的。

這樣頂禮時，以前上師如意寶也說過：「如果有單獨的頂禮句，可以邊念誦邊頂禮；如果沒有，也可以念《普賢行願品》的偈頌：『所有禮讚供養福，請佛住世

轉法輪，隨喜懺悔諸善根，迴向眾生及佛道。』」

身口意三門頂禮

頂禮的時候，身頂禮，就是指身體作禮拜；語頂禮，是指口中念誦頂禮句或祈禱文；意頂禮，是指滿懷誠摯恭敬的心意念：「上師您無所不知，在這個世間，除您以外，我不尋找任何指望處，我全心全意依賴您、依止您。」

這裡至關重要的是：觀想自己與一切眾生一同頂禮，而且身語意三門都要如理行持、集中精力。

《法苑珠林》云：「為對佛眼故須身禮，為對天耳故須口唱，為對他心故須意念……」講了許多三門頂禮的功德。《大智度論》亦云：「禮有三種：一者口禮；二者屈膝頭不至地；三者頭至地，是為上禮。人之一身，頭為最上，足為最下，以頭禮足恭敬之至。」

所以，應該常以三門恭敬而頂禮，不僅在修加行時，在有生之年乃至成佛之前，都是應該修的。

這樣頂禮，從修行的角度，能摧毀相續中的傲慢；從世間的角度，也是鍛煉身體的最好方法。尤其是磕長頭，這種全身性的運動，常常行持的話，對我們這個「臭皮囊」的健康，是最好的維護。當然，我們是修行人，以求解脫為主，所以，頂禮時應當專心致力於此。

專心致志頂禮

專心致志是很重要的。否則，一邊頂禮一邊東張西望，甚至胡言亂語、心不在焉，這樣就不合理了。

但有些人散亂慣了，當右方有人來來往往、說話交談時，他的眼睛與心思便轉向右方，結果雙手也就合十到左臉頰上了；當左方出現類似的情況，眼睛心思又轉到左方，這樣一來，雙手又合十到右臉頰上了。這是很不如法的。我們一定要認識到：像這樣思想渙散、隨境所轉，只是身體在那裡東倒西歪地頂禮，除了白白受累以外，沒有任何實義。

所謂「沒有任何實義」，以前上師如意寶也講過，這是嚴格的講法，說明功德不大。如果按照《妙法蓮華經》⑰等經典的教義，一個人以「散亂心」乃至「舉一手」、「小低頭」，也必將漸次見到無量諸佛，終成佛果。所以，只要頂禮，肯定有功德。但是與如法行持相比，不如法頂禮的功德很小，因為太小，所以說沒有實義。就像有人去做生意，賺錢不多，回來時就說：「這次白去了，沒賺到錢。」其實他的意思，是說沒賺到大錢，不過小錢還是有一點的。因此，在不同語境中，對某些字句，也應該有相應的解釋或理解。

---

⑰《大乘妙法蓮華經》云：「若人散亂心，乃至以一華，供養於畫像，漸見無數佛。或有人禮拜，或復但合掌，乃至舉一手，或復小低頭，以此供養像，漸見無量佛。自成無上道，廣度無數眾，入無餘涅槃，如薪盡火滅。若人散亂心，入於塔廟中，一稱南無佛，皆已成佛道。」

合掌的方式

不僅如此，頂禮時雙手必須宛如含苞待放的蓮花一般空心合攏，不可以掌心毫無空隙地併攏，或者僅以指尖接觸等。圖裡有兩種形式：一種是蓮花苞形象，一種是嘎烏盒形象。應該採用這兩種合掌方式。

如《大解脫經》云：「如蓮花待放，合掌於頂上，無量身雲聚，敬禮十方佛。」應如蓮花待放一樣，雙手合掌於頭頂、喉間、心間，並觀想自身幻化出無量

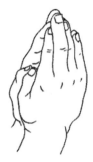

無邊的身體，與一切眾生一起，敬禮十方諸佛如來。（這個教證，在藏文中有，但漢文中我沒找到，也許是不同譯本吧。）

智悲光尊者在《功德藏》中也說：「並非隨意身頂禮，心間合十恭敬相，合掌當如蓮花苞，或如嘎烏盒之形。」這裡也提到了如嘎烏盒的形狀。

不過，漢地某些大德要求，合掌時掌心要併攏，其實也有出處。在唐代善無畏講說、一行禪師筆錄的《大毗盧遮那成佛經疏》中，就講了十二種合掌方法，其中第一個叫「堅實心合掌」。這種合掌方式要求：兩個手掌心要堅實併攏，而十指微微分開。其實，這就是掌心併攏的合掌，也有很多寺院的修行人採用。

《疏》中還提到「虛心合掌」，要求十指齊而指尖

相合，掌心微微分開；「未敷蓮合掌」，也是十指齊而指尖相合，但掌心要空，使掌背稍隆起，就像剛才說的「蓮花待放」或「蓮花苞」；還有「初割蓮合掌」、「歸命合掌」等，總共十二種合掌方式。

當然，在修上師瑜伽七支供的頂禮支時，我們就用「蓮花苞」或「嘎烏盒」的合掌方式，因為這是我們的傳統。如果是按漢傳佛教的某些儀軌念修，採用「堅實心合掌」，也是符合傳統的。因此，兩者都合理。

從這裡我們也可以認識一點：了解各個宗派的傳統是有必要的。否則，只了解一方面，只認一位上師的教言，其他的全部否認，這樣就難免有些偏執了。

五體投地頂禮

接著依次下來，合掌在頭頂，清淨殺生、邪淫、偷盜等身障；合掌在喉間，清淨妄語、離間語、粗語、綺語等語障；合掌在心間，清淨貪心、嗔心、邪見等意障，然後五體投地。所謂的五體，是指前額、兩手掌與雙膝，這些部位一定要接觸到地。

自己頂禮　也弘揚頂禮

這些道理，我想大家也都懂，但為了形成習慣，還是要再三串習，要實地行持。否則，光是明白，卻做不到、做不好的話，這對長期學佛的人而言，是說不過去的。

更何況，我們還有弘揚的責任。你們也看得到，現在有很多佛教徒是不會頂禮的。不光是頂禮，很多行為、語言也不如法。我沒有他心通，不知道別人想什麼，但從形象上還是能推出來，可能心裡也不見得如法。當然，如果是非佛教徒，我們也理解，但作為學佛多年的佛教徒，處處不如法的話，那就太遺憾了。

因此，對於佛教的行為，我們自己應該身體力行。與此同時，也應該在利他心的推動下，將這些看似簡單的行持，以及淺的教言、深的道理，一一傳授給別人。

要如法頂禮

那麼，五體投地而頂禮有什麼功德呢？簡單地講，以此可清淨五毒煩惱的障礙，獲得身、語、意、功德、事業五種加持等。因為有這些必要，所以要這樣做。

頂禮以後，站起身時腰應該挺直，身體站立雙手合掌。之後再像前面一樣，重新匍匐頂禮。

但有些人不是這樣，還沒站起來就甩手，一看就不恭敬。因為雙手沒有按照要求認真合掌，只是甩動一下，膝蓋及額頭不接觸地面，僅僅彎一下身，站起來時腰也不是端端正正地挺直，這樣彎彎曲曲地作頂禮，是大不恭敬的表現，所以絕對不允許。

嚴格來講，每次頂禮都要如法。即使接近結束時磕最後幾個頭，或者平時只磕三個頭的時候，也一定要先站直，然後再接著磕。每次都很認真、正式、如法，這

大圓滿前行廣釋

是很重要的！否則，就會有不好的果報，如佛經中說：以彎曲頂禮的異熟果，將來轉生為駝背者，也就是背上長大瘤的侏儒佝僂之人。我們頂禮，是希望獲得功德的，如果轉成這樣奇形怪狀的醜陋身體，頂禮也就大可不必了。

所以，頂禮的數目不在多，最重要的是，每做一次禮拜，都要盡力做到正規、如法、準確。如果為了輕鬆省力，在陡峭的山坡或者某種依靠物的上面頂禮，沒有少許實義。

以前我見到一個出家人在護法神山那邊頂禮，山坡很陡，所以基本不用彎腰，頭磕得很輕鬆。但這樣不合理。當時我還想：肯定是剛來的，如果聽過《大圓滿前行》，法師是不會允許的。還有的人，也是為了不彎腰，就在前面堆些被子、枕頭，高高的，磕多少都不費力。但這也不對。最好在地板上磕，什麼都不放，這樣才如法。

此處已經講得夠細了。對末法時代的人來說，不講清楚，只是大概說一下可能也不懂。所以，重要的地方，要細緻地講一下。

還有一點要注意的是：在以前的藏地，有人前去拜見上師等時，首先做一稍微如理的頂禮後，再屈身問訊兩次，據說這是對重要人物的恭敬禮節，沒有智慧的大多數人居然也跟著學，這是很荒唐的行為。

以前上師如意寶也講過，路上見到上師時，不必彎腰，內心存有恭敬就可以了，其他形象上的不重要。但是頂禮一定要如法，而且要常常行持。作為求法者，尤其是剛入門的，對頂禮的方式不懂，就一定要到上師面前聽聞了知，懂了以後，要做到念念不忘而實地行持。

要實地行持

頂禮雖然簡單，但如果只是口頭上「萬法空性」、「萬法唯心造」，而不去修持，那麼求得佛法也沒有任何實義。下面講一則唐宣宗作沙彌時的故事。

唐光王李忱（即後來之唐宣宗）本是太子，武宗為爭奪王位，想殺死他，但他被一宦官搭救，逃出了皇宮。

光王到寺院作了沙彌。有一次，黃檗禪師到浙江鹽官參加法會，在大殿中禮佛。這位沙彌見禪師禮佛，因早已見識過他的開示法語，也知道「萬法空性」、「無所求」的道理，便上前刁難道：「不向佛求，不向法求，不向僧求，請問長老您這樣禮拜，到底求什麼呢？」

禪師答道：「我不求佛、法、僧，只是常常禮拜如是事。」

沙彌說：「既然您什麼都不求，為何還要禮拜呢？」

黃檗禪師打了他一巴掌。他馬上說：「太粗魯了！」

大圓滿前行廣釋

禪師說：「這裡是什麼地方？說粗說細的！」然後
又打他。

禪師的意思，就是天天口頭上「空」、「不求」地
說些口頭禪，實際行為中卻不肯頂禮，只是傲慢而已，
打他也是為了摧毀他的傲慢。

當時唐武宗滅佛，有歷史說就是為了尋找他，所以
一座寺院一座寺院地摧毀。但三年以後，武宗就死了，
宣宗即位。他即位以後，便重興佛教，因為畢竟在寺院
作過沙彌。

（堪布問下面：「他受過戒吧？」「受過。」

「嗯，那是沙彌啊！但後來還俗了，是吧？」下面無人應答。

「有什麼不敢說的？說嘛，反正皇上現在也不在。」眾笑。）

這裡的意思，是說佛法一定要行持。

求法者要隨學上師行儀

身為求法學法者，包括做一次頂禮在內的一切行
為，都要遠遠超過那些不懂正法的人。

不懂正法的人，因為沒有受過正法的教育，就像世
間的文盲不懂知識一樣，很多語言和行為都不如法。有
人說：「到上師面前，來的時候頂禮，去的時候不能頂
禮，這是佛經裡說的。」其實佛經裡倒沒這麼說，是他
們自己不懂，還把某些說法用佛經作依據了。

米拉日巴的如法頂禮

以前，米拉日巴尊者來到鄂巴上師面前求法，當時鄂巴上師正在為眾多僧人傳講《二觀察續》（喜金剛法）。正講到「說法是我法亦我，聽法諸眾亦是我……我即俱生歡喜大自在」時，米拉日巴尊者從遠處參拜。鄂巴上師也滿面笑容脫帽還禮，並且說：「傳法間歇的緣起也很不錯，看樣子，那邊的人作禮的風格，是南岩瑪爾巴羅扎尊者傳承的頂禮方式，去問一下他是誰？」

　　像這樣，如法的佛教行為，誰都會承許的。我們也不是誇自己，學院的出家人一出去，人們看到了都說：「應該是佛學院的僧人吧，你看，披單、僧裝樣樣如法……」當然，也不敢說「所有的人」，但說「大多數」是可以的。學院大多數的人，和沒受過正規寺院教育的僧人相比，的確是不同：學過戒律，學過正法，威儀也清淨如法，所以到哪裡都受歡迎。

　　受歡迎的原因，首先就是威儀，好的威儀的確讓人生信心。當然，對個人而言，行為如不如法，可能也無利無害，但從代表佛教的層面來看，一個出家人的行為如果不如法，確實會讓人有看法，甚至生邪見。

　　前段時間，我提到過北京那邊的兩個和尚，當時影響很壞。後來發現，他們全是假冒的。原因是他們被一個所謂的佛教徒騙了錢，所以就以這種方式敗壞佛教。聽說在那段時間，好多和尚都不敢出門上街了。

　　按理說，一兩個人的行為，也代表不了所有的人，

但人往往就是這樣：以少論多、以偏概全。所以，不管你們以後是出門，還是去哪裡弘法利生，隨時隨地要注意威儀和行為。尤其是剛出家的人，不要認為管家看不到，上師看不到，就放鬆了，這樣很容易敗壞佛教的名聲。所以一定要注意，一定要如法！

如法的行為，像米拉日巴尊者的頂禮，一看就是瑪爾巴羅扎的傳承，所以令鄂巴上師很歡喜。

依止上師應如毪毹染色

不僅是頂禮，在依止上師求法以後，應該像毪毹染色一樣，各方面都要與以前截然不同。

毪毹在染色前是白色的，一染色就變成紅的了。求法者也是一樣，可能以前是個惡人，稍微話不投機就會吵架、打架，但學法以後就變了。是應該有種改變！否則，天天聽法也只是種下善根而已，沒有多大的意義。所以，既然依止上師求法，那麼殊勝上師的行為如何，做弟子的也應該原原本本地隨學。

當然，所謂「隨學」，應該隨學如法的地方。但有些弟子不是這樣。上師相續中的大悲心、智慧不學，顯現上不太如法的地方，比如吃肉（也許上師有密意），卻學得很好。可能上師流露這樣的「竅訣」，也不一定妥當，但作為弟子，你還是應該隨學上師的功德，比如，上師賢善的人格、清淨的戒律、廣大的智慧和悲心、勇猛的精進……我相信，很多上師是具有這些功德的。

第一百二十九節課

因此，相對而言，弟子是否會依止，才是個大的問題。有些人把上師當凡夫：「他跟我也差不多吧？是運氣好才成了我的上師，不然，就某些方面而言，我是超過他的……」這樣「依止」，是得不到任何利益的。

當你真正依止隨學的時候，應該像氆氌放在染料中一樣，雖然所染成的色彩可能有好壞之別，但與先前未放入時相比，怎麼可能沒有改變呢？同樣，真正依止過上師的人，也一定會有改變的。

在這方面，我經常想到法王如意寶對托嘎如意寶的依止歷程。雖僅六年，但法王卻獲得了滿瓶傾瀉般的全部功德。可是想想自己，依止上師那麼久，說沒得到吧，上師的加持確實不可思議，也得到一部分；但說得到了吧，因為前世的業力，再加上身處末法時代等眾多因緣，跟前輩的傳承上師們相比，實在是慚愧。

但不管怎樣，每個人在依止上師以後，應該像氆氌被染過一樣，多多少少有一些改變。

切莫成為「法油子」

當然，還是有例外的。像某些人，法倒是求了不下百次，可是自相續與從前比較起來，沒有一絲一毫的改善，所作所為和世間俗人無有一點一滴的差距，這種人就叫做「佛教油子」，或「法油子」，也是失毀誓言之因。

對這種法油子而言，法是從來不會入心的。再怎麼聽法，聽再怎麼殊勝的法，像《入菩薩行論》的「安忍

大圓滿前行廣釋

品」、「正知正念品」，聽過這些法以後，有心的人一定會改變，但法油子不行，好像一點一滴都未染過的氆氌一樣，聽多少也不會有絲毫改變。這一點，一看說話、做事，就一清二楚了。

更可悲的是，有些法油子雖然廣聞博學，講起來也是滔滔不絕，但從來不知道調伏自己的相續，也從來沒有修行增上的跡象。如《大莊嚴論經》云：「雖多聞博達，不獲道跡者，譬如盲執燈，照彼自不睹。」因此，佛法可以調伏惡人，卻無法調伏法油子。就像酥油可以軟化堅硬的皮革，卻不能軟化裝酥油的皮殼一樣。

新來的人聽法，往往如飲甘露，但個別人待久了以後，反倒疲厭了。一聽《入行論》、《前行》，「噢，得過得過；下一個科判是這個，知道知道」，聽得越多越沒感覺，根本不當作是有益的正法，這就是「法油子」。聽也聽多了，講也能講，就是調伏不了。而且，就算死後變成餓鬼的話，也是一樣的。以前就有種說法：在鬼神當中，如果是「法油子」投生的，任何一位上師都調伏不了。

因此，千萬不要變成法油子。否則，即使聽過善法的利益、罪業的過患、佛陀的功德等，但在法油子看來，那也只不過是說說罷了，在他的相續中，根本生不起少許的定解和信心（《極樂願文》中說，這是無有解脫的罪業）。

這種人，即使是圓滿正等覺佛陀親自來臨，對他也起不到什麼作用，再了不起的上師、再殊勝的法要，也無法調伏他的相續。因此，鄔金蓮師也曾說：「切莫攝受佛教油子之眷屬，切莫親近失毀誓言之道友。」

我們知道，真正的修行人是不會這樣的，他們越聽法越有感受、越有信心。像今天，我聽人講了一位老法師的故事。老法師已近八十了，從來不喜歡聽世間瑣事，一聽這樣那樣的，就沒興趣，也不說話了。但一說起佛法，身體再不好，也有精神，聽完了以後，「啊，今天好舒服！」他就是這樣，雖然眼睛都看不到了，但對佛法異常歡喜，並且也樂於薰染這種習氣。

大圓滿前行廣釋

可我們怎麼樣呢？一看法本，一說佛法，又難過又痛苦，五分鐘也是「累啊」、「痛啊」的。不是法本的話，眼睛睜得大大的，看啊、說啊，白天黑夜，沒完沒了。

其實作為佛教徒，多聞思修、多薰習佛法才是對的。當然，也不是說完全不理會世間法，尤其是做法師的，什麼都不接觸的話，可能也做不了事，所以要懂得取捨。但對世間法的興趣太濃厚了，也就偏離佛法了。

總之，在修學佛法和利益眾生的過程中，每個人都應從自身上做起，如果是善的、對的，就盡力甚至強迫自己去做；如果是惡的、不對的，對自他、對修行都毫無利益，就盡量地避開，甚至遠離！

第一百三十節課

下面接著講七支供的「頂禮支」。

前文講到，修行人追隨上師聞法時，切莫成為「法油子」。那應該如何呢？

讓法融入相續調伏煩惱

應該調伏煩惱。也就是說，當你聽聞五部大論，聽聞顯密教言時，就算了知一句正法的意義，也必須知道融入自相續而實地修持。修持的目的，就是調伏煩惱。

當你有了這種認知，也有了觀察的能力，那麼對你而言，八萬四千法門的任何一個法門，都成了調伏煩惱、去除無明的方便。否則，縱然廣聞博學，也於相續無益。如《水木格言》中說：「多聞若未實修，則於自心無益，百年住於水中，石性乾燥而存。」意思是，只是多聞而不實修的話，對自心是毫無益處的，就像石頭即使沉在水裡一百年，也不會被水濕潤，不會改變其乾燥的本性一樣。

以前讀書時，我就很喜歡這個教證，知道對自相續的調整而言，實修是最重要的。不實修的話，雖然聽了法，但相續很難被滋潤。記得有一年，上師如意寶講《法界寶藏論》時說過：「顯密一切的教言，其最終目的，就是對治自相續的煩惱。」因此，修行人一定要實地修持。

大圓滿前行廣釋

那要修的都是些什麼法呢？從「人身難得」、「壽命無常」，直到「上師瑜伽」，都是要修的。這些修法的文字雖然簡單，誰都懂，誰都會念，但不每天修的話，文字是文字，你還是你，你們之間始終相隔千里。因此，一定要修。

依止上師即模仿

要修的話，隨學上師是最好的方便。其實我們依止上師的目的，就是要觀察上師身語意的行為，進而效仿隨學。

上師的身體調柔，上師的語言善巧，上師的智慧深邃，只要你悉心效仿，自然就被提升了。如果總是看過失：「上師昨天講錯了，今天做錯了……」私下裡把上師當笑料，這是非常顛倒的，是不如理的依止。

真正的依止，要隨學上師的意趣和行為。上師相續中有無量的大悲與智慧，有深刻的出離心，上師在度化眾生時，充滿了堅忍與勇敢，每一個行為又都具足善巧方便，上師在世出世間法上圓融無礙……這些功德，才是我們應該效仿的地方。

俗話說得好：「一切事情即模仿，模仿之中能生巧。」模仿得好，不僅像樣，還能生巧，其實智者就是這麼產生的。在世間當中，學生要模仿老師，模仿不來的，就要挨打挨罵，成為「笨蛋」；東方要模仿西方，一旦模仿成功，整個國家的各方面都會有迅速的進展。

因此，任何進步的捷徑就是模仿。

同樣，在依止上師修學佛法時，要實現自身的轉變，唯一依賴於模仿。當然，要模仿上師，模仿前輩的高僧大德，也確實不易。有些行為我也見慣了，剛學佛的時候，兩三天非常精進，白天不休息，晚上不睡覺；剛出家的時候，兩三年威儀如法，走路也好像閉著眼，從不東張西望……但一二十年以後，這些行為全都銷聲匿跡了，可以說沒有穩重的「模仿精神」，因此也不會有真實的效果。

當然，真正的上師，的確有值得你模仿的地方。要模仿的話，其實就是讓自相續取受上師所擁有的一切外內密功德，而這種取受，也應當像泥塔小像從印模中取出來一樣。

泥塔小像，我的家裡就有一尊，本來今天想拿下來的，但是忘了。不過很多人應該見過，用模子做的，把它從模子裡取出來時，模子裡的所有紋路，也一模一樣地體現在小像上。其實現在的佛像也是一樣，批量生產的佛像，從模子裡取出的每一尊，上面每一個細細的花紋，也都是一樣的，而且非常清晰。

同樣，做弟子的，也應該體現上師的功德。比如，我們追隨的是上師如意寶，那麼，上師最主要的特點是什麼呢？就是弘揚佛法、利益眾生。所謂利益眾生，就是對世間的一切生命，都以慈悲心給以饒益與救護。救

大圓滿前行廣釋

護他們的方法，也不是簡單的救助與慈愛，而是傳播佛法，用佛法徹底斷除有情相續中的煩惱之根，並進而讓每一個生命都獲得解脫。

因此，能否稱得上傳承上師的弟子，要看他的行為，看他是否延續了上師的慈悲與智慧。否則，學院裡待了個把月，就自稱「我是上師如意寶的傳承弟子」，誰能信服呢？而且，凡是接近你的人，大家都不滿意——「上師的傳承弟子，哪能這麼做呢？」「上師的傳承弟子，哪能對眾生不負責任、對佛法不負責任呢？」……如果天天為自己化緣，處處是不如法的行為，這哪裡是從上師的「模子」裡取出的「小擦擦⑱」？肯定是從別的模子裡出來的。

你要稱自己是上師的「小擦擦」，那這個「小擦擦」像不像呢？自己可以看。真正的「小擦擦」，是有目共睹的，誰都看得出來。有些口頭上的「小擦擦」，說得是很多，但對上師的利生事業不僅不作饒益，反而還傷害眾生，那這樣的話，「小擦擦」上看不到上師的「花紋」，又怎麼稱得上是上師的傳承弟子呢？

因此，在依止上師時，一定要追隨模仿上師的功德。而這一切，都要從恭敬心開始。

---

⑱即擦擦像，也就是泥塔小像。

如法頂禮的功德

所謂的頂禮，也只是一種恭敬尊重的形式，所以，頂禮的方法也有多種多樣（這在《大智度論》等佛經論典中，都有描述）。而且，各個地區的頂禮方式也並無定法。比如，漢地的很多人就跪坐著頂禮，在佛堂念經誦咒時，一直跪著；而在藏地的公路上，也常會見到有人磕大頭，三步一拜地頂禮，但不管怎樣頂禮，都是在表達內心的恭敬。

不恭敬頂禮毫無意義

因此，頂禮時一定要恭敬。上師們依照佛經論典，像《大解脫經》、智悲光尊者的教言等，宣說了頂禮的方式，對這些方式，我們本來是一清二楚的，可是如果為了輕鬆就投機取巧，或者擺出傲慢自居的架勢應付一下，不認真頂禮，就證明是不恭敬頂禮對境的輕蔑態度。

其實，恭不恭敬一看便知。恭敬的人，行為、姿態上都不同，像在修五十萬加行的場合中，有的人每磕一個頭，都讓人生起信心，特別如法；而有的人就不太如法，好像也在頂禮，但總感覺他缺乏恭敬。

所以，頂禮時一定要如法。不論你是共修、在家裡修，還是前往別處朝拜時，即使是磕一個頭，也應當如理如法。

常常修頂禮的人，他的身上很難見到傲慢的影子，

大圓滿前行廣釋

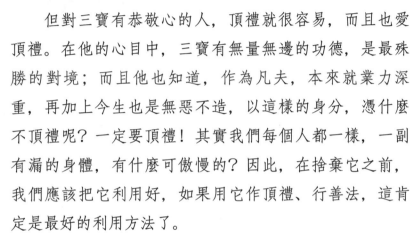

為什麼呢？因為頂禮能摧毀傲慢。而很多世間的領導、知識分子，在進入佛教場合時不肯頂禮，為什麼呢？就是相續中有傲慢。有傲慢的人是彎不下腰的，傲慢就像一根鐵杆一樣，把他的身體都繃直了。在這種情況下，要讓他跪下來，讓他磕個頭，太難了！太不情願了！

但對三寶有恭敬心的人，頂禮就很容易，而且也愛頂禮。在他的心目中，三寶有無量無邊的功德，是最殊勝的對境；而且他也知道，作為凡夫，本來就業力深重，再加上今生也是無惡不造，以這樣的身分，憑什麼不頂禮呢？一定要頂禮！其實我們每個人都一樣，一副有漏的身體，有什麼可傲慢的？因此，在捨棄它之前，我們應該把它利用好，如果用它作頂禮、行善法，這肯定是最好的利用方法了。

我經常看到一些大德是這樣，不論是講法、開法會，在任何場合中，他最愛頂禮，這是非常好的示範！我希望道友們也都能隨學。當然，要想始終都如理如法，也要有些心力，也就是說，相續中一定要培養起真實、持續的恭敬。

有恭敬，頂禮才有意義。否則，頂禮就像交稅一樣勉強，觀想不如法，行為也不如法，只是完成個數目，那只能算是相似的頂禮。這種「頂禮」，只會給自己帶來過患，因而沒有絲毫的意義。

恭敬頂禮有無量功德

相反，如果按照要求如理如法進行頂禮，則有無量的功德。

《佛說灌頂經》⑲中說：「人如果在臨死之前，禮拜過十方三世諸佛，那他命終之後不論轉生何處，都將值遇佛陀；而且，千劫、萬劫乃至億萬劫中所造的重罪之報，都將獲得解脫。」因此，即生中能作頂禮，是很有福報的。

那麼，頂禮一次，有怎樣的功德呢？《毗奈耶經》裡有一則公案：從前，一位比丘頂禮有佛陀頭髮、指甲的佛塔，阿難尊者請問世尊他頂禮的功德，世尊答言：「他這樣頂禮一次，將獲得自己身下所壓面積，直至金剛大地以上所有微塵數量的轉輪王位，然而，這還不能達到其頂禮功德的邊際。」

這是如法頂禮一次的功德！想一想，每一個微塵就是一個轉輪王位，這個數量是不可思議的。《業報差別經》裡也有一個類似的教證：「禮佛一拜，從其膝下至金剛際，一塵一轉輪王位。」

此外，《業報差別經》又講了頂禮的十種功德：

一、得妙色身：頂禮的人，生生世世獲得妙色之身，相貌端嚴。

二、出言人信：頂禮的人，凡是你所說的話，都會

大圓滿前行廣釋

---

⑲《佛說灌頂經》云：「佛告普廣菩薩摩訶薩。若未終時禮拜十方諸佛。命終之人所生之處常得值佛。千劫萬劫億萬劫數。重罪之殃無不得脫。」

受到別人的信任。

三、處眾無畏：頂禮的人，處在眾會當中無有畏懼。

有的道友在幾百人面前作個講考，手就發抖，這就是前世不頂禮的果報。所以今生一定要頂禮。今生頂禮了，下一世抽到你講考，手就不會抖，臉也不會紅，腳也站得穩，那樣的話，多有信心啊！

不過，這種講考方式，是一種很好的訓練，訓練多了就好了。最重要的還是多看書，不看更緊張。如果看好了，心裡有點把握，那即使一上來有些緊張，但過一會兒就好了。

四、諸佛護念：頂禮的人，會得到諸佛菩薩的護念。

五、具大威儀：頂禮的人，不論出家、在家，行為如法，並具有令人生信的威儀。

六、眾人親附：頂禮的人，會有很多人親近你，那樣你就不會孤獨，不會因為沒人理而痛苦。有些人誰都看不慣，誰都討厭，這也是前世不禮佛所導致的。

七、諸天愛敬：頂禮的人，連天人都愛戴、恭敬，並且時時保護著。這樣的話，也不一定要特意地供護法神，天天「梆梆梆——」，常修頂禮的話，護法神自然會護念你。

八、具大福報：頂禮的人，將獲得大的福報。

九、命終往生：頂禮的人，命終以後會往生淨土。

十、速證涅槃：頂禮的人，將迅速獲證涅槃。

這十種功德不是平常的功德，因此說頂禮是不共的善法。哪怕禮佛一拜，也有不可思議的果報。

下面再講一則《雜寶藏經》裡的公案：

往昔佛在世時，有一長者天天前往佛陀那裡。這讓他的妻子生起懷疑，心想：「是不是去見別的女人了？天天都去！」

於是便問丈夫：「你每天都去哪裡了？」

丈夫回答說：「我到佛陀那邊去了。」

妻子問：「佛陀長得好看嗎？能勝過你嗎，讓你一直去！」

於是，丈夫為妻子讚歎並宣說了佛陀的種種功德。妻子聽後，心生歡喜，立即乘車來到佛陀居止的地方。

然而，這時在佛陀的身邊，國王、大臣們圍得水泄不通，使她無法靠近。於是她只好遠遠地向佛頂禮，頂禮一拜之後，便回城了。後來不久，妻子去世，轉生到了三十三天。生天之後一觀察，她心裡就明白了：原來佛陀對我的恩德如此深重，僅僅一個頂禮，便使我生到天上！所以經云：「得佛恩重，一禮功德，使我生天。」

一禮的功德尚且如此，那我們修十萬，而且是在發無上菩提心的基礎上修持，這個功德，肯定無法衡量。

大圓滿前行廣釋

因此，我們是很有福報的。來到這個南贍部洲，雖然造過惡業，甚至還在造，不過同時我們也在行善；不說別的，每天早晚磕三個頭（這是我們要求過的），能做到這一點，結合上面所講的功德來看，得人身也是非常有意義了。

去年一段時間，我們每天課後共修十五分鐘，多數人能磕一百多個頭，效果非常好！剛才講到這些功德的時候，很想繼續這樣修，但是一方面五論班要講考，一方面，我也是剛回來，還有點高山反應，所以過段時間再看吧。

不過，十五分鐘一眨眼就過了。要是做別的事，跟人聊兩句，自己坐一會兒，不止十五分鐘，可能一兩個小時都過去了。而且，有些人坐也是傻坐，一待就一天，也不觀修，淨是胡思亂想。這樣的話，不如你就作頂禮。

與僧眾共修的力量大

尤其是，如果能與僧眾一起共修，這個善根的力量更大。

這裡的道友應該有體會，與僧眾共同行持善法時，因為僧眾的力量，自己的數目很容易圓滿，而且，因為善根融在了僧眾的功德當中，所以它的增長是不可思議的。可以說，個人的力量非常微小，如火星；而大家共修的力量，則如熊熊烈火。這個道理非常深奧，就像

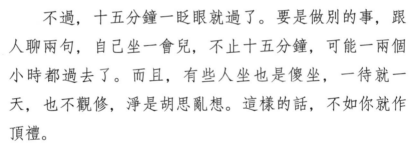

第一百三十節課

《蓮苑歌舞》中講的一樣。

有的出家人喜歡自由，總想離開僧眾，獨自一人去漂泊。你這樣居無定所，兩三天應該還可以，但時間久了，就很難說了。

有的居士說：「我在學會裡一起學，煩惱多，跟別人也合不來，不如就在網絡上自學。」但結果不到一個月，就離開了，最後學都不學了，自己也很無奈。因此，我希望外面的居士們，千萬不要因為暫時的因緣，離開佛教的集體。

這個集體對你而言，是一個長期的庇護所，除非你有足夠的自力，否則，就應該待在集體裡，和大家共同行善。每個人也可以觀察自己，自己修，力量夠嗎？境界夠嗎？如果是我的話，要閉關最多也就十天八天，久了就不行了，善根不增長，煩惱卻粗猛了，所以趕緊跑回僧團，跟僧眾一起修行，這樣至少不會退失信心。大家都學過《山法寶鬘論》，裡面常常強調不離僧團，不離佛教的集體，我想這是很深的教誡。

你們自己也想一想，是不是這樣？如果覺得我說得不對，你可以舉手：「我就不用依靠僧眾，一個人在外面待八年肯定沒問題，菩提心肯定增長。」如果是這樣，我們也開許，給你開「證明」。可是，誰有這個把握呢？

因此，我們個人的成長，一定要靠團體的力量。這

大圓滿前行廣釋

種力量，也許你並不了解。比如，我們都知道聽課有功德，但你今天跟道友們一起聽這堂課，和你一個人聽一堂課，其實是有很大差別的。這種差別，是在長期的相互薰染以後，你會潛移默化逐漸出現許多前所未有的改變。這就是團體的力量！——這也是我長期以來，通過自己的智慧觀察、研究，最終得出的「相對論」。（眾笑）

　　總之，如法頂禮的功德是不可思議的。如經中說：佛陀的無見頂相，就是從恭敬頂禮應敬之上師士夫中得來的。也就是說，頂禮、接送上師，禮拜佛陀等，是形成究竟圓滿正等覺無見頂相的因。

　　以上講了「頂禮支」，是上師瑜伽修法中「七支供」裡的第一支。這種世俗善根很重要，誦經、念咒、磕頭、供養……該做的，都不要斷。與此同時，有能力的也可以觀觀勝義空性，修修無上密法。福慧不偏墮，這才是中道，修行中能把握好這一點，是很要緊的！

第一百三十節課

　　己二、供養支：

供養的心要清淨

　　供養時，心要清淨。像前面供曼茶羅時所說，有能力的，應該將自己實際擁有的財富，以正規、如法、清淨的方式擺放整齊。作供養時，心應該遠離吝嗇的束縛，不是為了做表面文章，同時也要毫無賣弄之心。

只要心不吝嗇，不論供什麼、供多少，都是好的。供佛、供僧、捐款建經堂，只要有心供養，就有無量功德。如果明確要求別人「你一定要出一百、一萬、一千萬，多少多少……」，這樣的話，供養者的心態很難清淨。現在有些寺院規定：辦什麼什麼佛事，要多少多少錢。這樣一規定，就算施主勉強做了，但吝嗇心太大的話，不會有多大功德。

還有，功德也忌諱宣揚。有的人常常「我供養了什麼什麼」，到處給人炫耀，就像藏地的一句俗話：「看到騎馬的人，站著講；遇著走路的人，坐著講。」這樣到處講，功德就耗盡了。

因此，一定要去除這些不良心態。首先發起菩提心，在清淨的心態中擺放供品，乃至作種種供養。

大圓滿前行廣釋

以普賢雲供而供養
觀想供品

所擺放的供品，可以是五供：鮮花、熏香、酥油燈、香水、神饈。沒有的話，觀想也可以。還可以觀想無量殿、豪宅、經堂、輪王七寶、八吉祥徽、八瑞物、十六金剛天女等輕歌曼舞，彈奏特有的樂器，將天上地上琳琅滿目的一切人天供品，全部以觀想來供養。

這裡最重要的是觀想。沒有這個能力，只能是真實地擺放，有什麼供什麼；有一定禪定或心力的人，可以

盡量觀想。

首先是觀想供品。不論你在城市還是鄉間，就把那裡的美妙景物或財富，全部用心觀想並取受，然後供養十方諸佛菩薩。這種觀想，可以盡量地拓展，從一個城市到一個國家，到南贍部洲，到四洲乃至整個人間、天界，此中所有最莊嚴、最微妙的事物，全部取受過來作為供品，供養殊勝的對境。

供養方式

供養的方式，最好觀想「普賢雲供」，也就是追隨普賢菩薩的幻變供養方式來作供養。

我們可以這樣觀想：憑藉普賢菩薩的等持力（這時觀想自己的身體變成普賢菩薩），自己心間放射出等同於百千俱胝無量佛剎之微塵數、五顏六色的光芒，每一光端又化現出一尊與前面相同的普賢菩薩，他們每一位的心間，也都放射出與前面一樣的光芒，並且光端又幻現出無數不可思議的普賢菩薩，他們每一尊也都以不可思議無量無數的供品，供養十方佛及佛子。以這種「普賢雲供」的方式供養，功德是不可思議的。

當然，說起來簡單，要觀想起來是很難的。學院有四大法會，其中藏曆六月份開的，就叫「普賢雲供法會」。這個法會，就是通過念誦《普賢行願品》，同時觀想以五供為主的無量供品供養諸佛菩薩的一種修行。

供養是很重要的修行。課前的念誦裡有一個供養儀

軌，裡面有一個「供雲咒」[20]。不過，個別道友還是不會念。三遍念下來，「嗯嗯嗯」就過了。其實這樣很可惜，字數也不多，最好能念熟或者背下來，這樣每次都能跟大家一起念完。

去年我看到一個注釋，說供養咒的功德非常大：能遣除違緣；能將供品變成無數，等等。其實這對我們很實用，在沒有等持的情況下，通過咒語加持，將供品增多了以後，也同樣能實現很大的修行。

這個咒語，寧瑪巴以前的傳承中好像沒有，華智仁波切、堪布根華，在他們的傳承裡沒有，是法王如意寶特意加的。加持咒「嗡桑巴、桑巴局……」，源於阿底峽尊者，出自《噶當祖師問道語錄》，法王認為其加持力極大，就加在開頭了；還有就是這個供雲咒。

法王在世時，四眾弟子都很重視供養的修行。每次開「普賢雲供法會」，大經堂的裡裡外外都布滿鮮花及各種供品。夏天的時候，鮮花、野花都很多，所以，僧人、居士們都會用花來供養諸佛菩薩。

我們作為法王如意寶的「小擦擦」，喜歡作供養也是正常的。經堂裡、自己的佛堂裡，常常陳設一些供品，念念供雲咒，這樣的修行習慣是很好的。

大圖滿前行廣釋

---

[20]供雲咒：納摩RA　納扎雅雅　納摩巴嘎哇得　班匝兒薩RA　抓瑪兒達呢　達塔嘎達雅　阿兒哈得桑雅桑波達雅　達雅塔　嗡班賊兒班賊兒瑪哈班賊兒　瑪哈得匝班賊兒　瑪哈波雅班賊兒　瑪哈波德澤達班賊兒　瑪哈波德曼卓巴桑札瑪納班賊兒　薩兒瓦嘎兒瑪阿瓦RA　納波效達納班賊兒娑哈。

那麼按照這裡的修法，陳設供品以後，還要盡己所能地作意幻供養，同時念誦下面的偈文：

དངོས་བཤམས་ཡིད་སྤྲུལ་ཏིང་འཛིན་གྱིས༔

慪　夏　葉　哲　當　怎　記

陳設供品意幻定

སྣང་སྲིད་མཆོད་པའི་ཕྱག་རྒྱར་འབུལ༔

囊　這　秋　波　夏　加　簸

供印奉獻現有物

意思是，陳設真實的供品，同時觀想意幻的供品，然後以普賢菩薩的等持力印持，將器情世間的所有供品，全部奉獻供養上師及諸佛菩薩。

諸佛菩薩可以享用一切供養

只要自己具備供養的能力，那麼諸佛菩薩肯定具有享用的能力。因此，凡是世間界中的有主物、無主物，應有盡有的人天受用，我們都可以觀想拿來作供養。美元、鑽石、汽車、飛機……只要是你喜歡的，都可以觀想供養，不必擔心佛菩薩是否用得上。

不過，有些上師是挺擔心這個的。道友們自己認為這個好、那個好，很有信心地供養。但到了上師那裡，全都用不上，只好堆著。所以對很多上師來講，最大的煩惱就是供品。但諸佛菩薩不會有這種煩惱，因此，自己有多大的觀想能力，就幻化多少來供養。

《華嚴經》云：「供養一一佛，悉盡未來際，心無暫疲厭，當成無上道。」這是佛陀於因地時，在一一佛前作的無邊供養，如此供養，直至窮盡未來際，也不會有片刻疲厭之心，以此當成無上之道。

同樣，我們為求佛果、為度眾生，也應該盡心盡力地供養。這種意幻供養，從圓滿資糧的角度來說，與真實財物供養沒有絲毫差別。所以，不必認為自己沒有供養的資具，「我福報太小了，沒錢供養……」，其實，只要你有心，隨時隨地，自己所擁有的一切資具，或者當你親眼看見美好的事物時，心裡就可以首先觀想：「供養三寶！供養根本傳承上師！」

我再強調一下：這樣作意幻供養時，不僅供品沒有差別，所供養的對境也沒有差別。也就是說，你心裡觀想的佛陀，與真實的佛陀是一樣的。這樣修持，滅罪生福的功效也相同。為什麼呢？因為一切本來如幻。如蕅益大師云：「以如幻根，緣如幻佛，滅如幻罪，生如幻福。」

大圓滿前行廣釋

網上意幻供養

也正是基於這個道理，最近智悲佛網上開設了「在線供佛」，以方便大家供養。

有人問：「供養網上的佛，與供養唐卡上的佛一樣嗎？」完全一樣。因為網上也好，唐卡上也好，同是虛

擬的世界。不僅如此，就連我們認為很真實的世間，世間中的任何事物——鐵製、銅製的，甚至我們的血肉之軀，都跟網上的顯像沒有差別，同樣是幻化的。所以，在網上供養如幻的佛，同時發願、迴向，也能產生如幻的福德。

從開辦以來，參與網絡供佛的人，特別特別的多，對此我非常歡喜。要知道，很多人在自己的真實環境裡，是沒有供佛因緣的，進入虛擬世界種個善根，還是挺稀有的。

剛才蕅益大師的那個教證，以前講《智慧品·澄清寶珠論》時引用過：以如幻的根，緣如幻的佛，滅如幻的罪，生如幻的福。當然，因為積集了如幻的資糧，最終也必定獲得如幻的佛果。

懂得這個道理以後，平時應該多作意幻供養。

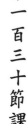

寶天比丘供養白石獲大果報

下面講一則《賢愚經》裡的公案：佛住世時，有一位長者生了個男孩，因為降生時天降七寶，堆滿了屋裡和院內，所以取名寶天。寶天長大以後，隨佛出家，並很快獲得了阿羅漢果。

阿難問佛：「世尊，不知寶天比丘過去修了何種福德，感召出生之時天降七寶之雨，衣食自然，不缺吃穿，而且出家之後，很快證果？」

佛陀說：「過去毗婆尸佛住世時，有　次僧眾遊行村落，當地有福報的居士們共同迎請僧眾，廣作供養。有一個窮人見了，也想供養，但家裡窮，沒有寶物，於是就找來一些白色的石頭，觀想成金銀珠寶，拋灑於空中供養僧眾，並發下大誓願。

當時的那個窮人，就是現在的寶天比丘。他以供養白石的果報，九十一劫中福報無量，多具財寶，衣食自然。而今世成了最後有者，值遇我，並且出家證阿羅漢果。」

從這個公案可以看出，要供養，要積累資糧，不見得非要很多的錢。相反，恭敬心、清淨心是最重要的。像學院有很多老覺姆、老喇嘛，他們念《普賢行願品》時，邊念邊拋大米，同時觀想供養諸佛，其實功德是很大的。不過，現在學院不讓拋了，怕經堂裡到處都是，所以要求意幻供養。其實拋米是很有功德的。

不管怎樣，以後我們朝拜聖地，禮拜佛像、佛塔時，用金銀珠寶供養當然好，沒有的話，以清淨心擺放石子、鮮花或淨水，也有很大的功德。

有些不信佛的人，認為供養是多餘的：「這麼愚昧，幹什麼呀？」其實，我們供養有我們的道理，是有意義的。你們世間人不也有一些儀式嘛，誰輕蔑它的話，恐怕也說不過去吧。所以，不懂的人要歧視真理，是不合適的。

那麼，剛才也講到了，佛能接受一切供養，既然如此，我們也應該隨時隨地作供養。見到路邊涓涓流淌的清清小溪，見到遍滿鮮花的一方平原，夏天的彩虹，冬天的雪景……任何賞心悅意的事物，甚至進入城市，堵車時見到成排的車燈閃爍，進入機場時見到許多莊嚴的建築，這些我們都可以意念供養三寶。這樣觀想，在不知不覺當中，順便就可以圓滿資糧，所以我們一定要這麼去做。

己三、懺悔支：

深心懺悔一切罪業

懺悔時，要痛心疾首地發露懺悔，從無始以來流轉輪迴迄今為止，自己所造的能回憶、不能回憶的墮罪，也即身語意三門所造的十不善、五無間、近五無間罪㉑、四重罪㉒、八邪罪㉓以及掠奪三寶財物等一切罪業，並且痛下決心：「從今以後永不再犯……」就像前面「念修金剛薩埵」之引導中所講的那樣，以明觀四種對治力而懺悔。

只要這樣懺悔，罪業一定能清淨。如《業報差別

㉑近五無間罪：與五無間罪相似的五種重罪：污比丘尼、殺見道菩薩、殺有學僧伽、奪僧伽資具和拆毀靈塔。
㉒四重罪：1. 居智者之首位；2. 享用密咒師的財產；3. 居比丘頂禮之前；4. 享用修行人的食物。
㉓八邪罪：1. 謗白法；2. 讚黑法；3. 障礙行善者積資；4. 擾亂信士之心；5. 已入密乘者背棄上師；6. 已入密乘者遠離本尊；7. 已入密乘者脫離道友；8. 已入密乘者捨棄壇城。

經》云：「若人造重罪，作已深自責，懺悔更不造，能拔根本業。」一個人即使造了特別嚴重的罪業，但造了以後，若能深深地譴責自己，並且發露懺悔、永不再造，也能拔除一切根本的罪業。

以四種對治力懺悔以後，接著觀想：一切罪障在自己的舌頭上匯集成黑團，通過皈依境尊眾的身語意放射光芒照耀，由此就像洗滌污垢一樣，淨除了罪障。

只有淨除罪障以後，生起次第、圓滿次第等任何修法的驗相才能呈現，諸佛菩薩的境界也才能現前。如《圓覺經》云：「常當勤心懺，無始一切罪，諸障若銷滅，佛境便現前。」那個時候，你就會經常夢見上師、本尊、護法來加持你。

懺罪不能拖延　不能故意多犯同懺

相反，如果罪業一絲都沒有遣除，出世間的任何功德都無法生起。因此，修行人一定要常修懺悔，而且不能拖延，什麼時候犯了，就立即懺悔。《涅槃經》云：「智者有二，一者不造諸惡，二者作已懺悔。」那麼作為智者，假使不能不造惡業，但造了也要立即懺悔，千萬不可拖延。

有人說：「今天我犯戒了，但不著急，過兩天再犯的時候，一起懺悔。」其實這種想法，是非常錯誤的！記得《百喻經》裡就有一個比喻：

大圓滿前行廣釋

以前，有一個愚人養了七個孩子。其中的一個孩子死了，愚人見孩子死了，便把屍體擱在家裡，不管他了。

別人見了，就問他：「你為什麼不把他殯葬了？」

愚人聽了以後，心想：「如果這樣擱著不對，一定要送去殯葬的話，那要再殺一個，這樣一擔兩個，走起來就平衡了。」想完，他便親手殺了一個兒子。這樣擔著兩個，扔到尸陀林去了。當時的人都嗤笑他，覺得這太愚蠢了。

這個比喻是什麼意思呢？就是說，如果犯了戒，應該立即懺悔，不能覆藏。但有些人被要求懺悔時，認為反正要懺悔，不如多犯一些，然後一起懺悔，於是又破戒，並且造了更多的不善。這就像那個愚人一樣，一個兒子已經死了，再殺一個兒子，其實這是非常愚癡的。愚人如此，如果修行人是這樣，也是如此。因此，每次造業以後，一定要立即懺悔。

你看阿底峽尊者，那麼了不起的大班智達，但即使走在路上，一發現自己心生惡念了，便馬上坐下來，用那個隨身帶的木製曼茶羅，供曼茶懺悔。尊者尚有分別惡念，尚需隨時懺悔，那我們凡夫更不用說了。

那麼在懺悔時，用這裡的修法，就觀想上師三寶，之後念誦：

བློ་གསུམ་མི་དགེའི་ལས་རྣམས་ཀུན༔

夠色莫給累那根

一切三門不善業

འོད་གསལ་ཆོས་སྐུའི་ངང་དུ་བཤགས༔

慪薩秋給昂德夏

光明法身中懺悔

其實，寧提心滴派修法中的偈頌，很多是密法的教義。這個偈頌的意思是，一切身口意三門所造的不善業，全部在光明法身中懺悔。也就是說，能懺、所懺、懺悔皆不成立，完全以三輪體空的方式攝持而懺悔。

以上已經講了七支供裡的三支——頂禮、供養、懺悔，這些都是滋養慧命的好「食品」。胃口好的人一看到好食品，這個好吃、那個也好吃，統統想吃。所以，在有限的生命裡，能「吃」多少就「吃」多少吧，如果你胃口好的話。

大圓滿前行廣釋

99

第一百三十一節課

《大圓滿前行》中，正在講「上師瑜伽」中的實修法。實修法分三：觀想福田、七支供、專心祈禱，今天講「七支供」裡的第四支。

己四、隨喜支：

隨喜支，主要是對治嫉妒。前面講《普賢行願品》時也講過，文字上好懂，只是看我們能不能做到，能不能行持。

所隨喜的功德

那要隨喜什麼呢？諸佛為了利益群生而轉大法輪、一切菩薩的廣大六度萬行、所有凡夫眾生隨福德分[24]、隨解脫分[25]的善法，以及自己過去所積累的、如今正在做的、將來必定行持的一切善根，都誠心誠意、滿懷欣悅而隨喜。

這裡說「自己過去、如今、將來的一切善根」，詞句上的意思是，隨喜自己三世的一切善根，藏文上是這樣，應該可以。但也可以解釋成：我們隨喜諸佛菩薩以及凡夫眾生三世所造的一切善根。

---

[24]只是單純的世間福德，未與解脫直接掛鉤。
[25]隨順於解脫的善根。

此處講到三世的善根，平時隨喜時也應該憶念。之後邊隨喜邊念誦：

བདེན་པ་གཉིས་ཀྱིས་བསྡུས་པ་ཡིཿ

燈 巴 逆 記 地 巴葉

隨喜二諦所攝集

དགེ་ཚོགས་ཀུན་ལ་རྗེས་ཡི་རངས༔

給 湊 根 拉 記葉 讓

一切善業之資糧

所謂二諦，就是世俗諦和勝義諦，九乘次第的一切法，無不包括在這二諦中。平常我們隨喜的，多數是世俗的善根，而對勝義善根，一般人不懂得隨喜，其實這才是功德最大的善根。所以，我們要隨喜二諦所包含的、自他一切眾生有漏㉖與無漏㉗的一切善法。

修行好的人，走路、吃飯，隨時隨地都能修；見到、聽到任何善法，也都有隨喜的習慣，有漏的、無漏的，世俗的、勝義的，都能隨喜。所謂隨喜，似乎只是想一想而已，也不費力，但它的功德的確是非常大，在諸大德的教言中，也經常是作為竅訣來強調的。

㉖有漏：漏，煩惱異名，含有煩惱之事物，名有漏。有漏善法，即不離煩惱之善業。
㉗無漏：離煩惱之法，名無漏。無漏善法，小乘見諦、大乘見道以上的聖者所生起的善業。

因此，理論上明白以後，要多行持。

隨喜的功德無量

懂得行持的話，這個功德是相當大的。下面講一下貧女隨喜勝光王（波斯匿王）供僧的公案。這個公案，大家應該都知道，但勝光王當年供僧，還有一個緣起。

麻瘋女施粥轉生兜率天

據《根本說一切有部毗奈耶藥事》記載：迦葉尊者行乞時，見一麻瘋病女人，骨節分離，瘡膿外溢。為了利益她，尊者向她乞食。

麻瘋女見尊者形容挺特、具足威儀，心生信心，於是將自己乞討來的淘米水供養尊者。尊者上前接受供養。她往缽裡倒的時候，一繩子落入缽內，她伸手去取，已經斷爛的指頭也掉了進去。

為了護念她的心，迦葉尊者就在她的面前，將她所供養的淘米水全部都享用了。並說：「姐妹，你現在應該發歡喜心，我從現在起到明日用齋之前，就用你給我的食物，度過一日一夜。」

（我們一定要記住，作為出家人，施主供養任何財物時，都不能挑剔。我聽說有些人到外面去，衣食都很講究，這個不行、那個不行，又麻煩又挑剔，好像自己是王子、公主一樣，什麼都不稱心。但你們看看迦葉尊者，這樣一位完整傳承釋迦牟尼佛一切教法的親傳大弟子，為了滿眾生的願，直接享用有膿血、斷指的淘米水。）

當時，麻瘋女非常歡悅，心想：我今天獲得了勝妙利益，大迦葉尊者接受了我的鄙陋施物。就在對尊者的清淨信心中，女人命終。命終以後，轉生到了兜率天。

貧女隨喜功德超過勝光王

當時，帝釋天見到了麻瘋女供施的整個過程，不知她轉生到了哪裡，於是前去問佛。佛說：「她生到了兜率天。」

一時間，大家都知道了這件事。勝光王（波斯匿王）也聽說了，於是來到佛前，頂禮佛足，退到一邊坐下。佛便為國王說法，開示道理令他歡喜，之後默然而住。

這時勝光王起身，整理衣服，合掌恭敬，向佛說道：「願佛陀及諸位比丘僧眾，為聖者迦葉的緣故，在七天㉘之內，受我微供。」

佛陀默許。國王知道佛陀已經接受，便禮佛足，告辭而去。回來以後，當天晚上就令人製作種種精妙飲食。第二天一早，又敷設床座，準備好淨水及牙木等。同時讓人去告訴佛陀：「飲食已經置辦好了，願佛知時。」

用齋時間一到，佛陀與僧眾都來到皇宮，坐定以後，勝光王親自行堂。

當時，有一位以行乞為生的貧女來到這裡，坐在世

㉘《毗奈耶經》裡講的是七天，《前行》說四個月，可能各經典說法不同。

尊及諸位長老對面。她心裡充滿了清淨信心，深深生起恭敬，心想：「這位勝光王，也是由往昔所積累的福德力才成為這樣擁有榮華富貴的君王，又遇到釋迦佛這樣殊勝的福田，如今仍然積累這般廣大的福德資糧，實在是太稀有了！」她完完全全是發自內心隨喜，因此獲得了無量福德。

國王親自供養僧眾飲食以後，又親手供養淨水和牙木等，之後坐在低處聽法。佛陀對貧女的事清清楚楚。所以到了迴向時，佛問勝光王：「你今天供齋的善根福德，是迴向給你自己，還是迴向給比你獲得福德更大的人呢？」

勝光王想：「佛陀今天是受我的供養，怎麼會有人比我獲得的福德大呢？」想完以後就說：「誰的善根大，就迴向給誰吧。」

於是世尊先念那位貧女的名字作了迴向。連續五六天都是如此。

為此，勝光王十分不悅，手托著下巴，心想：「世尊受我的供養，卻念貧女的名字迴向……」便與諸位大臣商議對策。國王問：「如何才能使世尊不這樣作迴向呢？」

大臣們獻計獻策：「明天可以加倍準備飲食，世尊和他的眷屬前來應供時，讓他們行堂的人，一份倒進缽裡，一份溢到器具外面，這樣飲食落地以後，如果那些

乞女來要拾取，我們就連趕帶打，這樣定會有效。」

第二天，果不其然，當食物溢出落地時，貧女就跑來撿拾。行堂的人不讓，貧女說：「國王的財富這麼多，飲食也無窮，像我們這樣的苦難者，為何不讓撿呢？留在地上不也就壞爛了嗎？」但她還是遭到阻攔和毆打，這樣便生起散亂甚至嗔恨之心，結果清淨的隨喜善根便摧毀了。

當天，佛陀念了國王的名字進行迴向。

勝光王得王位之因緣

在迴向的時候，佛陀說了一偈：「嚴備象馬車步乘，於此國城自在食，王今不見緣何得，因施無鹽米膏力。」意思是，國王你有象馬車步四兵，在此國家裡飲食隨意，但國王你知道嗎，這一切都是你往昔對聖者供養一個無鹽食團的果報。這就是在殊勝福田前，作小小供養而得大果的公案。

這種公案很多，前段時間講曼荼羅時講到的「我乳輪王」，也是因為供養佛陀七顆豌豆，而得到了王位。這裡講的波斯匿王的往昔因緣，《毗奈耶經》裡是這樣記載的：

在久遠以前，某聚落中有一長者，娶妻後生了一個兒子。兒子長大以後，父親到外面做生意，但很快將本錢都耗盡了。

丈夫出門之後，妻子又生了一個兒子。為了家裡的

衣食，便讓大兒子到鄰居長者家裡打工做農活。

後來有一次要到節日了，母親知道，鄰居家明天要供養沙門婆羅門以及賓客，肯定沒有人給兒子做吃的。因為擔心兒子挨餓，於是就拿著家裡僅剩的一個無鹽食團，帶到兒子那裡。

這時正好有一位獨覺來到面前。兒子見他身心寂靜、威儀調伏，便想：「因為我往昔從未供養這樣的福田，所以今生才受這般痛苦。如果他能接受我的無鹽食團，我一定供養。」

獨覺觀知他的心念，便將缽伸向他，並說：「你要布施的話，可以放到缽裡。」他立即生起無比歡喜與恭敬，以極為珍重之心，把那個食團放進缽裡。

以這個果報，他連續六次作天王，連續六次作此人間的國王，以它的餘報，今生在這裡作波斯匿王。現在那個業的果報已經盡了，所以佛陀才說了上面的偈頌。

因此，大家千萬不要輕視小善，看似很小很小的善事，果報也可能超乎想像。供養、隨喜，都是如此。尤其是像這個貧女的隨喜，能做到這樣的隨喜，修行上肯定會有很大的進步。

大圓滿前行廣釋

順便談談「供養對境」的問題

在這些公案裡，之所以會出現不可思議的果報，很重要的一點，就是對境是聖者：羅漢、獨覺、菩薩、佛

陀。現在我們遇到的某些上師，是否有這樣的功德呢？很難說。所以，我想順便談談「供養對境」的問題。

我認為，當然也是建議：供養僧眾是最好的，是最保險的。這樣說，也許有些上師不高興，但考慮到多數供養者的利益，我還是提醒一下。

莫把牛糞當黃金

經論中的確常說「上師是佛」，但是你要知道，是佛的上師，應該是具足法相、真正的善知識，只有這樣的上師，才是跟佛無二無別，而並不是名相上的上師。有些名相的上師，《毗奈耶經》裡甚至用毒蛇、盜賊為喻，可想而知，他們能帶給你什麼。

但可悲的是，在現在的社會，多數人沒有智慧辨別：哪個是真上師？哪個是假上師？當以清淨心供養，把所有的東西都供養了以後，有些人才知道，他所供養的對境並不是真上師，那時候他才知道：他把牛糞當作黃金了！一個連戒律、悲心、智慧都不具足的人，哪裡有上師的資格？

要求供養的供養對境令人生疑

今天，有個居士一早找我訴苦。她苦惱的，正是她的上師。她讓我看些照片，但我並不喜歡辨別真上師、假上師，再說也辨別不來。不過她也的確可憐，沒有基本的分析能力。

她說：「我是在網上看到的，介紹他什麼什

麼……」

我說：「網上什麼都有，介紹也是成千上萬，不僅僅是上師，就算是買產品、找醫生開藥，也有些是真的，有些是假的。」

她說：「應該是真的吧。」

「為什麼？」

「因為上師對我很慈悲，還讓我供養。我自己的手機2000塊，他讓我供養7000塊的。」

這就是她生信心的理由——讓她供養手機。的確，不具備基本觀察能力的人，做什麼都非常盲目。但最主要的還是上師。如果上師們不以佛法和解脫為重，不以對眾生的憐憫作為攝受的前提，只是以「我是你的上師」為由，讓弟子們供養，這是非常悲哀的事！

尤其是，當「上師」自己提出「你要供養我什麼什麼」，一提到這些，我就禁不住生懷疑。也不是說凡是供養都不好，但一般來講，真正的上師，就算是在如今，也不需要很多錢財。因此，本該重視法供養的上師們，現在對財供養這麼重視，還自己提出來，確實很讓人擔憂。

這種擔憂，也不僅是我，前段時間有個居士也親口對我說：「我特別擔憂藏傳佛教的發展。」我聽了還是有些感慨。雖然漢傳佛教也有令人擔憂的地方，但的確沒有藏傳佛教那麼多。藏傳佛教有相當一部分人，他們

去漢地的目的，就是為了「供養」。小的方面，手機、電腦；大的話，車子、房子……不知道以後會變成什麼。

但這些主動要求供養的人，你把他作為供養對境，是否真有功德？很難說。

辨別供養對境的錯誤理由——照片、前世

剛才說了，所謂「上師是佛」，並不是說所有的上師都是佛，而且，就算是上師，也不是他的話必須句句照做。因此，尤其在「供養」的問題上，希望大家要有智慧，要懂得辨別。

那麼，很多人是怎樣認定他的供養對境的呢？通常而且幼稚的理由，有兩個：照片和前世。

有的人說：「他應該是真的，因為我看了他房子的照片，在佛學院……」

這個人的理由，就是「房子的照片」、「在佛學院」。但是，就算房子在佛學院，佛學院有那麼多房子，到底是不是他的呢？就算是，光憑他房子的照片，能說明什麼呢？

還有人覺得合照有說服力：「你看，他跟這位上師一起照過相，肯定是真的。」其實這也是很愚笨的。佛經裡並沒有說，你依止上師時，要看他跟誰照過相。如果是這樣，提婆達多肯定會找釋迦牟尼佛拍張合影，如果當時有相機的話。所以，僅憑照片來辨別，太草率了。

還有人認為卜師的前世可靠。但前世的話，我在微博上說過：如果你連他的今世都不了解，何況前世？

即使前世真的是某某「法王」、「國師」，但你要依止的今生的這位上師，他有沒有那些功德呢？沒有的話，前世也只是前世。要知道，佛陀並沒說，你們依止善知識時，必須觀察他的前世；任何大德的教言裡也沒說，上師的前世是你今生依止他的條件。

再說，就算真有了不起的前世，但如果今生始終不能復甦那些功德的話，依止的基礎也就失去了。在過去，藏地的確有很多了不起的大德，怎麼看都是佛陀，但他的「轉世」怎麼就變了呢？常聽人說「這是某某大德的轉世，那是某某再來……」，但有時我也開玩笑地說過：「不過那位尊者，他當時可能也不知道自己今生會變成這個人吧。」

因此，要判斷上師的真假，照片也好，前世也好，這些都不是理由，甚至也不重要。

那什麼才重要呢？就是用佛法的道理了解上師。而且我認為，和前世相比，了解他的今世更重要。

我今天之所以說這些，主要是針對某些人對佛教造成的壞影響。當然，出現這種現象，上師和弟子都有責任：弟子的愚昧、上師的貪婪。不了解這些的話，我擔心還會有更多的損害。

如果只是個人的事，也不必多說，這麼大的世界，

大圓滿前行廣釋

如法的人，有；不如法的人，也有。但一涉及藏傳佛教，一涉及法王如意寶的傳承，為了避免更多的困惑和不理解，有些不如意的事情，分析一下它的來源和原因，是有必要的；對每個人而言，這些道理也值得深思。

我之所以希望大家思考，是因為壞的影響已經有了。但我從來不認為，所有或者多數的上師是假的，一方面沒有資格，一方面也確實不知道，因為諸佛菩薩的化現本來就不可思議。不過，就修學佛法本身而言，依止善知識的基本方法是有的，而且是要學的。你們也知道，在世間，即使你想找一個老師，找個生意夥伴，甚至談個朋友，也都需要一段時間。既然這樣的人都要觀察和了解，更何況是你世出世間的一切安樂之源——上師了？

如果你在本該觀察的階段，卻像餓狗遇著精肉一樣，盲目「撲上去」供養一切、受灌頂而且依止，但過段時間以後，又愁眉苦臉、哭哭啼啼、四處哀嚎，這樣有什麼意義呢？

岔到哪兒去了？是不是跑題了？

應該也沒有吧。依止善知識的道理，也沒有離開「上師瑜伽」這個大科判嘛。（眾笑）

下面繼續講隨喜的功德。

隨喜是事半功倍的修法

我們知道，一般人都重視言行上的善舉，但善與不善的差別，根本不在言行上，唯一要憑自己的發心來定。所以，你不能憑外在形象的大小，來判斷功德的大小。

誠心隨喜勝過不清淨的「廣大善法」

比如，當你見到他人行持善法時，不論什麼善法，如果能以清淨的心態看待，不生嫉妒，進而誠心誠意欣然隨喜：「他造了一座佛塔，非常隨喜！」「這麼多人在聞思，隨喜隨喜！」並將這一隨喜的善根，迴向一切眾生及圓滿菩提，那麼，你所積累的資糧，絕對遠遠超過被煩惱所染的廣大善法。

什麼是「被煩惱所染的廣大善法」呢？比如，雖然自己在行善，但見他人行善時，滿懷競爭之心，或者心懷「我定要做如此善事」的傲慢之心等，雖然你也在裝模作樣地行善，但內心始終為希求現世名譽、世間八法的毒氣所充斥。與這種「廣大善法」相比，清淨隨喜的功德，的確是遠遠超勝它的。關於這一點，華智仁波切說，佛在《教王經》中作了詳細說明。

《教王經》，藏文譯本中應該是有的。不過我查了一下漢地的《教王經》，有三個版本，不空、施護都有翻譯，講的多是密法。裡面是有一句「我以隨喜供養故，由是即得速成佛」，但好像並未廣泛開演，所以沒

大圓滿前行廣釋

有查到更適合的教證。

這部經我引用過幾次，你們有時間也可以看一下。

要長期聞思佛法

學佛的人要重視教理，這是我一直強調的。如果你把心思放在教理上，長期聽聞佛法，上師瑜伽這樣就一定會有收穫。

不關心教理，反而關注世間法，這對一個修行人來講，是不恰當的。搞世間法有什麼意義呢？我們已經學佛了，佛法本身又有著極為廣闊的思想，這個時候，你不把它當如意寶一樣地學習、研究和修持，反而在世間學問上花時間，值得嗎？政治、經濟、文化，這些思想就算是有利益，也只是暫時的、偶爾的、範圍狹小的，在這些狹隘的思想上投入精力，有什麼意義？

因此，我個人總是認為，佛教思想才是精髓，才值得畢生努力。我也常常發願：有生之年不離佛法。不僅是自己不離佛法，而且也希望能發揮些作用，講講課，交流一些佛法。當然，作為凡夫人，可能有時候不想講課，但這個我會克服。你們也是一樣，有時候不想聽課、不想學法，這個我理解。煩惱、習氣來了，也很難免。但這個時候一定要對治！要知道，聞思修行不是一天兩天的事情，是長期的事情。

前段時間，一個漢族和尚來到我的家裡。一見之下，感覺上要比我大十歲。說了些話以後，我問他：

第一百三十一節課

「你在這裡待多久了？」他說：「十年了，一個傳承都沒斷。」我聽了很高興。但後來問起年齡，他竟然比我小五歲。

不過，我還是很隨喜，除了一兩次發心以外，他在十年當中，一直默默無聞地聽受佛法。我想不僅是他，學會中的有些道友也是如此，雖然平時很忙碌，但一直都在認真如法地聞思，這的確需要一種心力。有了這種心力，長期在佛教的氛圍中熏習，漸漸地，相續在潛移默化中就會成長，並實現轉變。

這種轉變，一般而言，短時間內是很難實現的。聽說有這樣的培訓班，第一天培訓初級課程，第二天是中級，第三天是高級，三天完成。但如果只是表示一下，創造一種緣起，也是可以的。否則，甚深的佛教道理，要三天內講完聽完，是不可能的。當然，要讓法融入相續，就更不現實了。

因此，長期聞思修是很重要的。想想我們的煩惱習氣，想想那些業，不說別的，就是你學佛前造的殺生的業，要念多少世的百字明？一頓飯所殺的眾生——活生生地掏出來吃，這一餐桌上的罪業，可能幾百年都懺不完吧！

帶著這麼多罪業，再不努力行善，後世就只有墮落了。我們都知道人生短暫，就像秋天的白雲，一瞬間便了無蹤影了。既然只有一瞬間，那為什麼還不提起正念

大圓滿前行廣釋

學修佛法呢?

下面把隨喜講完。

隨喜獲同等之福

恰美仁波切說過:「聽到他人行善時,若捨不善嫉妒心,並以歡喜心隨喜,佛說獲得同等福。」

在聽到他人行持善法時,如果捨棄不善心、嫉妒心,一心一意以歡喜心隨喜,佛在相關經典中說:此隨喜將獲得與彼善法同等的福德。這個道理,與《釋迦譜》中的一個偈頌意義一致:「見他修施時,而生隨喜心,隨喜之福報,與施等無異。」

故《匯集經》云:「三千須彌可稱量,隨喜善根不可量。」《小般若》亦云:「須彌山王尚可稱量,是人隨喜福德不可稱量;三千大千世界尚可稱量,是人隨喜福德不可稱量。」還有《金光明經》也說:「隨喜功德無量無數,能攝三世一切功德。」

因此,隨喜可以說是事半功倍的修法,值得我們隨時隨地付諸實踐。

己五、請轉法輪支:

當佛菩薩、上師、善知識等一切肩負廣大利他重任的正士,因為眾生的逆行倒施及憂心勞身而生起厭煩,不講經說法而安住寂樂境界的時候,觀想在他們面前,

---

㉙南朝僧人僧祐編撰。

我幻化出百千俱胝無數身體，供養法輪、珍寶等，祈請他們廣轉法輪，並念誦：

ཐེག་གསུམ་ཆོས་འཁོར་བསྐོར་བར་བསྐུལ༔

特 色 秋 扣 故 瓦 哥

祈請常轉三乘法

佛陀成道　大梵天王請轉法輪

佛陀最初成道時，是天王請轉法輪以後，才開始講法的。以此緣起，後來的上師、高僧大德們，也都是要祈請以後才轉法輪。而且，請轉法輪的功德是相當大的。

當時請轉法輪的過程，不同經典裡都有敘述，如《方廣大莊嚴經》（大梵天王勸請品第二十五）記載說：佛陀初成正覺時，在多演林中獨坐一處，入甚深禪定觀察，然後思維：我所證悟的甚深微妙之法，最極寂靜難見難悟，絕非分別思量所能了解，唯有諸佛才能證知，如果我為他人宣說此法，他們全都不能了知，不過唐捐其功而已，毫無意義。

於是世尊說了一偈：「我得甘露無為法，甚深寂靜離塵垢，一切眾生無能了，是故靜處默然住。」意思是，我所證得的如甘露般的無為法，非因緣所生，甚深、寂靜、遠離一切塵垢，但一切眾生無人能了達，所以，我就在靜處默然安住。

117

大圓滿前行廣釋

說了這個偈子以後，佛陀從眉間白毫放大光明，遍照三千大千世界。

當時，螺髻梵王以佛威神，知道如來默然而住的意趣，於是率領六十八俱胝梵眾，來到佛前，頂禮佛足，右繞三匝，退到一面。然後梵王對佛陀請求道：「世尊，世間眾生今當損減，為什麼呢？因為如來為一切眾生而求無上正覺，但今日成佛以後，卻默然而住不轉法輪，所以眾生損減。善哉世尊！善哉善逝！願您對這些沉溺無明的眾生起哀愍心而轉法輪。世尊，應當有很多眾生堪能悟入甚深之法，唯願世尊轉於法輪。」說完，梵王又以偈頌讚歎佛陀，請轉法輪。

但世尊還是默然而住，並未應允。大梵天王與諸天眾以天香供養佛陀以後，隱沒不現。

隱沒以後，大梵天王去找帝釋天商量。商量完了，便與欲界諸天——四天王天、三十三天、夜摩天、兜率天、自化樂天、他化自在天，以及色界從梵眾天直至色究竟天等所有天人一起，光明照耀，於黑夜中來到多演林，頂禮佛足，右繞三匝，安住一面。

這時帝釋天王合掌向佛，請轉法輪：「世尊降伏諸魔怨，其心清淨如滿月，願為眾生從定起，以智慧光照世間。」但世尊依舊默然。螺髻梵王對帝釋天說：「憍尸迦，不應如是而為勸請。」於是大梵天王即從座起，偏袒右肩、右膝著地、合掌向佛，並以偈頌請轉法輪：

118

「如來今已降魔怨，智慧光明照一切，世間根熟有堪度，唯願世尊從定起。」

世尊告訴梵王說：「我所證法難見難悟，非分別思維所能了解……若以此法為人演說，彼等皆悉不能了知。」然後又說了兩個偈頌㉚，說明默然而住的原因。

大梵天王、帝釋天以及一切天眾，聽了佛陀的偈頌以後，內心無比憂愁，從那裡隱沒不現了。

後來，大梵天王在觀照中見到，有很多外道對地水火風空橫生分別，以邪見為正道，不過在他們當中還是有可度之人。他知道世尊現在依舊默然，於是又來到佛前，頭面禮足，合掌恭敬，以偈頌㉛請轉法輪。

這時，世尊以佛眼觀見一切眾生有上中下三種根基㉜，思維㉝之後，對不定眾生起大悲心，說道：「我本欲為此等眾生轉於法輪故出於世。」

然後以偈頌告訴大梵天王：「我今為汝請，當雨於甘露，一切諸世間，天人龍神等，若有淨信者，聽受如

大圓滿前行廣釋

㉚佛說：「我證逆流道，甚深難可見，盲者莫能睹，故默而不說。世間諸眾生，著彼五塵境，不能解我法，是故今默然。」

㉛梵王說：「摩伽陀國。多諸異道。因邪見故。種種籌量。惟願牟尼。為開甘露。最清淨法……如來具足。一切功德。力無畏等。惟願拔濟。苦惱眾生。世間人天。為煩惱病。之所逼迫。請佛慈悲。而救濟之……譬如大雲。雨於一切。如來法雨。亦復如是。潤洽一切。枯槁眾生……惟佛大慈。勿捨本願。如師子吼。如天雷震。為眾生故。轉於法輪。」

㉜邪定聚、正定聚、不定聚。

㉝《方廣大莊嚴經》云：「如來爾時作是思惟。我若說法。若不說法。邪聚眾生畢竟不知。復更思惟。我若說法。若不說法。正聚眾生。皆能了知。復更思惟。我若說法。不定眾生亦能了知。我不說法即不了知。諸比丘。如來爾時觀不定聚眾生。起大悲心作如是言。我本欲為此等眾生轉於法輪故出於世。」

是法。」

大梵天王見世尊答應轉法輪了，歡喜踴躍，得未曾有，頂禮佛足，繞無數匝，然後隱沒不現。這時，「如來今受梵王勸請欲轉法輪」的消息，經地神傳給虛空神，又在一轉眼間，經虛空神輾轉傳至色究竟天。

就這樣，就像我們知道的，佛陀答應螺髻梵王的祈請以後，首先來到印度鹿野苑，初轉法輪。

這就是佛法流傳於世的最初緣起。當然，佛陀證道以後，顯現上默然而住，並經多番祈請才轉法輪，其實是為了讓世間敬重佛法，並不是不想傳法。因為佛陀出現於世的本懷，就是要轉大法輪，救度眾生。

那麼在修持這一「請轉法輪支」時，要思維並觀想：「在此世間，若有佛陀、菩薩或善知識大德等，因觀見眾生的邪念、邪行，心生厭離不欲傳法時，願我化身無數，各個手持海螺、金法輪等供品，來到他們面前，祈請常轉法輪。」

請轉九乘法輪

那麼，以此因緣，祈請常轉的是什麼法輪呢？是九乘法之輪，也就是顯密一切佛法：集聚招引外三乘，即聲聞、緣覺、菩薩三乘；苦行明覺內三乘，即事續、行續、瑜伽續；隨轉方便密三乘，即瑪哈、阿努、阿底，共為九乘。

九乘泆，不單單只有顯宗，也不單單只有密宗，相應於不同眾生的根基，如佛陀一般權威的善知識，會傳講各種法門。像我們佛學院，顯宗班也有，密宗班也有，這才是完整的轉法輪。這次我們漢僧也開了「五論班」，一開班就明顯地看到，眾生的根基的確不同，有些是俱舍的根基，有些是中觀的根基，有些是現觀的根基……

　　但有個別人也不知道自己的根基，先學這個，不行，換成另一個；另一個學一學，也不適應……結果所有的班都跑遍了，沒有一個適合自己的。這樣的話，可能最後只有選擇外道了。

　　其實這樣也過分了。法門與根基特別相應的人是有，但即使你不完全是那種根基，作了選擇以後，盡可能地了達這一法門，是很重要的。《現觀莊嚴論》裡講，佛陀的遍智是涵蓋基智、道智的，所以，不懂俱舍、中觀、現觀的佛是沒有的。而作為學佛的人，從各方面了解佛教的教義，也是有必要的。

　　不過，與此同時也不要忘了修加行。否則，雖然教義學好了，但嗔恨心也大了，行為也粗暴了，即使帝釋天來了好像都壓不住，這樣不好！其實所謂學修佛法，不論你學什麼、修什麼，歸根結底，就是要將你所學修的法門與自相續結合起來，令心地善良並且調柔。

　　總之，我們在請轉法輪時，要觀想祈請佛菩薩及大

大圓滿前行廣釋

德們，為了調伏所化眾生，廣轉相應的法輪。

己六、祈請不入涅槃支：

在這個世界或者其他所有剎土中，任何上師、佛菩薩已完成了利眾事業，準備趣入涅槃的時候，觀想在他們面前，就像往昔珍達優婆塞祈請世尊住世那樣，自身幻化出成千上萬的身體，同時祈請諸位聖者，直至輪迴沒有空無之前一直長久住世、饒益眾生，並念誦：

ཇི་སྲིད་འཁོར་བ་མ་སྟོངས་བར༔

戒這　扣　瓦瑪　洞　瓦

乃至輪迴未空前

མྱུ་ངན་མི་འདའ་བཞུགས་གསོལ་འདེབས༔

釀安莫　大　耶　索　得

祈請住世不涅槃

這個偈子要常念。

祈請大德們長久住世

在我們這個世間當中，釋迦牟尼佛示現涅槃已經2500多年了。歷史上的眾多善知識出世以後，也相繼示現了涅槃，像法王如意寶，示現涅槃也已這麼多年了。而其他對我們有過法恩的上師善知識，也有已經示現涅槃的。

但在他們示現涅槃之前，如果你去祈請，他們會延長壽命的。

若祈請住世　大德們也會延長壽命

像法王如意寶，本來按照授記，老人家的壽命是66到67歲之間，但因為僧眾再三祈請，法王多住了幾年。在近70歲時（我從一張光盤裡聽到），法王自己說：「其實我的壽命早就盡了，現在的身體——因為僧眾一直讓我不要涅槃，所以才像幻化一樣地住在世間，但也不可能住得太久了。」有些授記說，法王能住世很長時間，九十幾歲、一百多歲等等，但法王也引用了無垢光尊者傳記中的金剛語，否定了這些說法。所以，最終還是示現了涅槃。

不僅是法王，上師們都是如此。不過，在這些真正的善知識接近涅槃時，還是應該祈請住世。像青海的堪布門色，要示現涅槃的時候，法王派學院的幾個法師去祈請，祈請以後，確實也住世了一段時間。還有阿秋法王，病重期間我們也去祈請了，當時老人家也答應再住一段，後來也確實多住了些時日。

因此，大德們要示現涅槃時，我們一定要去祈請長久住世。要知道，他們哪怕多住一天，對世間的利益也是不可思議的。

示現涅槃的意義

當然，對真正的佛陀、上師而言，涅槃是一種示現。

如《大薩遮尼乾子所說經》云：「眾生起常想，故我示無常，以無數劫命，示行短壽相。」可見，是因為眾生的「常想」堅固，佛陀才示現無常的。其實，佛陀以及具有持明境界的大德上師們，本來可以住世無數劫，但為了讓眾生了解無常，才顯現和世人一樣的短壽相。

此外，《華嚴經》裡也詳細講述了示現涅槃的十種密意㉞。

不過，讓有些大德示現涅槃的因緣，也是很奇特的。記得以前看過《龍樹菩薩傳》，鳩摩羅什大師譯的（也有說不是），傳記中說：有一個小乘法師，他心裡對龍猛菩薩常懷忿恨和嫉妒。有一次，龍猛菩薩問他：「你願意我長久住世嗎？」這個小乘法師說：「實在不願意。」就這樣，菩薩退入閒置的屋室，幾天不見出門。後來弟子入門查看，上師已經示現涅槃了。

也許我們都會疑惑：「菩薩何必隨順一個心懷嫉妒的人，而示現涅槃呢？」

但是，菩薩一定有菩薩的密意。而且，菩薩也不一定非要住在一個地方。像藏地的無著菩薩，在他將入涅

㉞《大方廣佛華嚴經》云：「佛子。如來應正等覺。作佛事已。觀十種義故。示般涅槃。何等為十。所謂示一切行實無常故。示一切有為非安隱故。示大涅槃是安隱處無怖畏故。以諸人天。樂著色身。為現色身。是無常法。令其願住淨法身故。示無常力不可轉故。示一切有為。不隨心住。不自在故。示一切三有。皆如幻化。不堅牢故。示涅槃性。究竟堅牢。不可壞故。示一切法。無生無起。而有聚集散壞相故。佛子……是為如來應正等覺。觀十義故。示般涅槃。」

槃時，弟子們都祈請說：「為了眾生，您一定要長久住世啊！」上師卻說：「別的地方也有眾生啊……」

當然，上師們都是自在的，到了另一個剎土，可能所化眾生更多。所以，對他們來說，此處彼處都沒有差別。但對我們做弟子的來說，殊勝法脈的上師，尤其是賜予不共加持的上師將入涅槃時，會感覺到好像太陽落山一樣，失去了依靠處。因此，此時一定要祈請上師長久住世。

如果還沒有現前這種因緣，平時念修這一支時，就觀想：「若有上師大德及諸佛菩薩將入涅槃時，我便幻化無數身體，來至他們面前，殷切祈請長久住世。」

大圓滿前行廣釋

信受並修持七支供

七支供，是大乘佛法各個法門裡的普遍修法，可以說意義非常甚深。正因為甚深，可能有些地方理解不了。但作為一個佛教徒，我認為，在你修行的過程中，能理解的地方，盡量理解；理解不了的，用信心接受並且如教修行，這也是一種智慧。

信心之所以關鍵，其實也體現在這裡。有了信心，念經誦咒也好，頂禮供養也好，很多行持自然就趨入了。沒有信心的話，稍微想不通了，就會「這個不對、那個不對」地排斥。尤其是學過唯物論的人，由於過去的認識時隱時現，不論學什麼、修什麼，好像處處都不

適應。

所以，我們一定要通過聞思斷除邪知邪念，通過提煉清淨心來引發信心。這樣慢慢地，因為信心的力量，我們對佛教裡的任何教義，都會直接理解為金剛語，進而悅意接受、歡喜享用。

能呈現這樣一種修行狀態，就是聞思的真正意義。

第一百三十一節課

第一百三十二節課

下面繼續講《前行引導文》。

關於《前行》的一點感言

這部《大圓滿前行》，很希望今年能講完。講完的話，對我來講，應該說是一生中比較大的一個工程。對你們而言，也是如此吧？

這次講的時間比較長，剛開始的聽眾，結束時不知道會剩多少？那些前面一直沒有中斷、最終也聽受圓滿的人，我覺得非常不錯！作為講者，能講圓滿的話，我也「亦復如是」。因此，希望大家共同祈禱、努力，圓滿這一工程。

與此同時，我也希望你們以後能弘揚這部《前行》。弘揚的時候，像這次這麼廣講，對講者、聽者來講，都不太可能。因為這是一個需要「快餐」的時代，在這樣的時代裡，不要說像現在這樣長期講聞，能在一兩個月內講一遍，也非常殊勝了！因此，以後不論你們在學會、在其他的佛教道場，甚至在極少數人面前，有機緣的話，要好好弘揚這部《大圓滿前行》。

當然，這種弘揚，最好建立在自己修持的基礎上。如果你光是講一遍，修都沒修過，也不太好。其實不管講什麼，作為講者，即使你沒有百分之百地行持過，但

大圓滿前行廣釋

127

至少對它有非常大的信心和興趣，不論何時何地都重視它，得過傳承，也多多少少修煉過，這樣的法門你去傳講，對他人才是有利的。否則，只是理論上講一下，他人得到的，也不過是「了解」而已。

你們應該知道，對我而言，《前行》的利益是最大的。可以說，我整個人生的轉變，整個修行理念的建立，都是得益於這部法。

正因為如此，當我看到個別道友在修行之初不重視前行，好高騖遠唯求高法時，心裡就自然而然生起悲憫。我很想告訴他們：不打好前行的基礎，修什麼法都難，得再高的法，也不一定修得成功。

所以，我希望現在的諸位都重視前行。在將來，當我們這一群人離開了人間，當後來的人見到了我們留下的語言和文字，我希望而且也相信：凡是見聞並重視這一法門的人，一定會獲得傳承上師們的加持，自相續自然與佛法相應，並自在領受傳承上師們的一切密意。同時我更相信，無論他們再修任何顯密法要，都將易如反掌、垂手可得。

這就是我想要講的一點感言。

己七、迴向支：

要讓你所作的善根成為解脫之因，就應該以迴向來印持。

迴向時，以現在的善法為主，比如聽課、念經、參禪、放生等，再加上自他三世所積累的一切善根，完全像文殊童子、普賢菩薩、釋迦牟尼佛迴向一樣，以無緣智慧印持㉟，而迴向給一切眾生，並念誦：

དུས་གསུམ་བསགས་པའི་དགེ་རྩ་ཀུན༔

地 色 薩 波 給 匜 根

三世所積諸善根

བྱང་ཆུབ་ཆེན་པོའི་རྒྱུ་རུ་བསྔོ༔

向 切 親波 傑熱慍

迴向廣大菩提因

迴向中的幾個問題

迴向偈應該用金剛語

印持你迴向的偈文，應該是諸佛菩薩及得地以上的大德的金剛語。

凡夫造的迴向文，是不可靠的。有個人對我說：「《普賢行願品》太長了，『所南德義……』又太短了，我造了一個只有十頌的迴向偈，文字很美，意義也更有超勝之處，希望在學會中多弘揚、多宣傳！」

這是凡夫人的分別念，要超過經典，是不可能的。

因此，平時行善之後，一定要用佛菩薩及前輩大

㉟作為因地凡夫，要做到這種三輪體空的迴向，是很難的。但只要心裡不斷作意「文殊菩薩等諸佛菩薩如何迴向，我也如是迴向」，自然也能成就無倒菩提之因。

大圓滿前行廣釋

德們的諦實語、金剛語來作迴向。比如，《普賢行願品》，《入菩薩行論.迴向品》，上師如意寶的《願海精髓》，以及各教各派公認的大德所造的迴向文，念誦這些偈文，一定能得到真實的利益。

這些偈文與凡夫臆造的文字，差別非常之大。

迴向眾生　成為其成就菩提之因

當你造了善根，又有了迴向文，那要將善根迴向到哪兒呢？

「迴向廣大菩提因」。以現在的善根為主，再加上三世所積有漏、無漏的一切善根，全都迴向廣大菩提之因。也就是說，要將善根迴向給天下無邊的一切眾生，願此善根成為他們成就圓滿正等覺菩提果位之因。雖然在現在還不能得果，但一定要成為佛果的因。

迴向時這樣觀想，哪怕是短短一瞬間，功德也是不可思議的。待會兒講完課以後，一念「所南德義⋯⋯」，大家心裡就可以觀想：「以今天我在此聽課的善根為主，再加上自他三世所造的一切善根，全都迴向給天邊無際的一切眾生，願他們自在成就菩提，願此善根成為其成就菩提之因。」

這樣一觀想，接著念誦《普賢行願品》印持，那善根是非常非常廣大的！

善根的大小隨願求與迴向而定

好的修行人，也就是上根者，不論他持戒、念經、

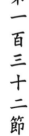

參禪，做任何善法，都會成為大乘善根；中根者，只想到自己解脫，所以成就的只是中等善根；下根者的話，做再大的善法，也只是人天福報而已。

因此，善根的大小，是隨著願求與迴向而定的。

比如持戒，為得菩提而持的戒律，是大乘戒律；為自我解脫而持的戒律，是小乘戒律；只求快樂、不想脫離輪迴的持戒，是世間的戒律。雖然受的都是居士五戒——斷絕殺、盜、淫、妄、酒，但因為心裡懷著不同的願求，每個人所得的善根就不同，果報也不同。

大圓滿前行廣釋

聽課也是一樣。有的人一上來發的就是無上菩提心，中間又以無緣智慧攝持，最後迴向了圓滿菩提，這樣整個一堂課的聽聞功德，都成了大乘善根。有的人進門時求的是自我解脫，迴向的也是獨自一人的解脫安樂，雖然同在聽法的行列，他成就的就是小乘善根。

還有一種人，他什麼都不想，來了就坐那兒，「反正大家都聽課，我也來聽」，沒有善惡的發心，只是在無記狀態中迷迷糊糊地坐著。聽起課來，要麼打妄想，要麼東張西望，心思不在法上。甚至躲在柱子後面看小說，最後課上完了，說不定還生了個歡喜心：「終於講完了，回去睡覺啦！」（我不是說柱子後面的人都看小說。但個別人特別喜歡坐在柱子後面，我就起了點疑心。因為我以前讀書的時候，也是在上課時偷偷看別的書，自己有這個毛病，就會以此推測別人。）

這樣聽課有沒有善根呢？耳邊聽受到了佛法的金剛語，這是善根；其他的散亂狀態，嚴格來講，都是罪業。

因此，在懂得這些道理以後，同樣是行善，為什麼不迴向廣大圓滿的菩提呢？

行善後務必作迴向

很多人不重視迴向，認為善法做了就可以了，其實這是不對的。作為修行人，無論在何時何地，不管做任何大小善事，轉繞壇城，或在佛堂裡供支香、供杯水，結尾時千萬不能忘了作迴向。有時間的，可以作廣大迴向；沒有的話，簡單一點，四個、六個或者十幾個偈頌都可以。但不論廣略，一定要迴向。

如果沒有這樣迴向，那麼所成辦的任何善事，它的果報成熟一次便會耗盡。以前我們講過，毀壞善根的四因之一，就是不迴向，此外還有顛倒迴向、在人前炫耀、對所做的善根生起後悔心。

迴向菩提則永不耗盡

即使遠離這四因，作了人天福報的迴向，也很可惜。因為迴向如同射箭㊱，可以射得遠，也可以射得近。如果你把善根之箭「射向」眼前的安樂，就像世間人，雖然樂善好施，但求的是平安、快樂、財源滾滾，那以

㊱《般若攝頌釋》云：世俗中，緣於真實迴向的對境，懷著希求心，如同射箭般能夠轉變善根，就是迴向的本體。

無欺的因果力，也的確能得到相應的果報。不過，就算得到了，也很快就耗盡了。

記得《增一阿含經》裡有一則公案，很發人深省，希望大家聽了以後，能有一些觸動。

地主國王十四萬年供養善根窮盡

有一次，波斯匿王迎請世尊及眾眷屬，作了三個月的供養。供養期間，波斯匿王帶著宮裡的人，親自供養飲食及一切所需。

供養完畢時，他取來一小座坐在如來面前，對世尊說：「我曾經從佛陀您這裡聽聞過因果的道理。您說過，布施旁生食物者，獲福百倍；布施犯戒沙門食物者，獲福千倍；布施持戒沙門食物者，獲福萬倍；布施斷欲仙人食物者，獲福億倍；布施向須陀洹㊲食物者，獲福不可計，更何況已經成就了須陀洹者……更何況向辟支佛、已得辟支佛，更何況向如來、乃至已經成佛，以及比丘僧眾，能供養如是對境，獲福功德不可稱計。所以，我能對世尊您及比丘僧眾作如此豐盛的供養，應該說功德圓滿，所作已辦。」

世尊告訴他說：「大王，不要這麼說。所謂修福行善永無厭足，今天你為何要說『所作已辦』呢？你要知道，生死之路實在太長遠了，可以說無法計量。」

大圓滿前行廣釋

㊲向須陀洹：將得預流果者。後面「向辟支佛」、「向如來」，都是趨向及將要獲得那一聖果的意思。

（佛陀是要告訴他，修福是不能滿足的，而且，這三個月供養的福德，如果不迴向解脫，很快就窮盡了。）

接著，佛陀講了自己因地的一個公案，以警戒大王：

在久遠的過去，有一個國王名叫地主，統領整個南贍部洲。當時國王有一大臣，名叫善明，國王封他為小王，並分一半國土與他治理。後來善明王生了一個太子，名叫燈光。太子於29歲時出家學道，當天出家，當晚成佛，號燈光如來。

後來地主國王知道此事以後，便迎請佛陀及其眷屬八十億阿羅漢，在七萬年中承事供養。如來度生事業圓滿，示現圓寂，八十億阿羅漢也漸次入於無餘涅槃，地主國王一一收取舍利，建如來寺及八十億羅漢寺，又在七萬年中供養，直至如來所遺教法滅盡。

當時的地主國王不是別人，正是現在的釋迦牟尼佛。佛說：「當時我在七萬年中供養燈光如來，佛涅槃後，我又在七萬年中供養佛像及佛舍利，但我當時並未求取解脫，而是將所作功德全都迴向了人天安樂，以求在生死中獲得福報的庇佑。但是大王，當時的那些福德今天還有剩餘嗎？連微塵許都不存在了。所謂生死長遠，不可計量，那些有漏福德早已用盡了。所以，大王，千萬不要說『我所作福佑，今日已辦』。大王，你應當這樣說：『我今身、口、意所作的一切善行，盡求

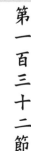

解脫，不求在生死中獲得福報及安樂。』這樣說，便可安隱無量。」

當時波斯匿王聽了以後，心懷恐懼，毛髮豎立，悲泣交集，並頂禮世尊足，在佛前懺悔：「我太愚蠢了，以後再也不這麼說了，唯願世尊接受我的悔過。」

世尊說：「善哉，善哉，我接受你的悔過，以後不再這樣說了。」

這時，在大眾當中有一比丘尼，名嘎達亞那，她從座上起來，頂禮世尊足，然後對佛陀說：「世尊您所說的太微妙了！您對波斯匿王說『身、口、意所作一切善行，應當盡求解脫，不求在生死中獲得福報及安樂，如此便安隱無量』，這實在是微妙甚深的教言。

世尊，我現在憶起（她是已得阿羅漢果的比丘尼，現在以宿命通了知）在三十一劫之前，有一名號為飯式詰的如來出世，有一次，那位佛陀入野馬城乞食。當時，城裡有一個作差使的人，名叫純黑，他見佛陀入城，便回家取了食物供養如來，並發願：『願我以此功德，不墮三惡趣，並在當來之世，值遇像這位如來一樣的聖尊，而且那位聖尊為我說法，令我獲得解脫。』

世尊，大王，純黑不是別人，就是我。我以那次供養功德以及誓願的力量，三十一劫中不墮三惡趣，一直生在人、天中，而這一世又值遇世尊出家學道，滅盡一切有漏，得阿羅漢果。」

大圓滿前行廣釋

世尊對諸比丘說：「在我的聲聞中，信解脫第一者，就是嘎達亞那比丘尼。」

希望大家都能記住這則公案。在這則公案中，地主國王十四萬年的供養，因為沒有迴向解脫，善根全都耗盡了；而純黑的一次供養善根，因為迴向了解脫，歷經三十一劫人天安樂以後，值遇佛陀，並成就聖果，二者的差別如是之大。

但這種差別，一般人是不懂的。

不信佛教的另當別論，就算是佛教徒，供佛、供僧的眾多善根也不知道迴向，就算是迴向了，恐怕多數還是迴向自己快樂、平安、健康、無病、長壽……但是只求這些是很可惜的，果報也不殊勝。

剛才說了，應當「迴向廣大菩提因」，應當「盡求解脫」。也許對我們來講，什麼是菩提，什麼是度化眾生，現在還比較茫然。但是，你應當盡量改造自己的心，將以往自利的迴向，盡量轉成利他。比如，一念《普賢行願品》立即想到：「今天我不能為自己迴向！一定要將這些善根迴向給所有的眾生，願他們不僅暫時離苦，而且要成就菩提安樂！」這樣心一轉，善根就完全不同了。

迴向菩提善根永不耗盡

有什麼不同呢？剛才說了，如果迴向人天安樂，善根很快就耗盡了。但如果你迴向於究竟菩提之因，即使

感受了百次善果，在尚未獲得圓滿正等覺果位之前，善根不僅不會窮盡，反而會日日增上。

如《慧海請問經》云：「水滴落入大海中，海未乾涸其不盡，迴向菩提善亦然，未獲菩提其不盡。」意思是，如果有一滴水落入大海裡，那在大海未乾涸之前，這滴水是不會乾的，因為它已經與大海融為一體了；你將善根迴向菩提也是同樣的道理，任何善根，在你未得佛果之前，是永遠也不會耗盡的。

《慧海請問經》，以前我在漢文中查過，但沒找到。不過應該是有的，也許用的是其他譯名。

上面的這個比喻，其他經典用對比的方式也宣說過。經裡說：當烏雲密布天降下大雨的時候，雨水若是掉落在陸地上，很快就乾了，但若是掉落在大海中，只要大海不乾，雨水也不會乾的。同樣的道理，菩薩摩訶薩若將所作善根迴向於自身，則如雨水掉落到陸地，善果很快就窮盡了；若將善根迴向於一切眾生圓滿菩提之因，則如雨水落入大海，乃至菩提果之間永不耗盡㊳。

此外，《入定不定印經》㊴中也說：就像一滴水投入大海，乃至劫末火生起時，這滴水是不會乾涸的；同

㊳《大乘理趣六波羅蜜多經》云：「三業所修諸善，皆悉迴向無上菩提，復願一切眾生成成正覺功德無盡……譬如虛空密雲彌布降注大雨，若至陸地砂鹵之處，不久便乾。若雨一滴，入大海中。海水未竭，其雨無盡。菩薩所作功德，亦復如是。若為自身，求於解脫，如陸地雨，不久還乾。若為法界一切有情，修於善業，投涅槃海。以大悲願，眾生無盡，善亦無盡。」
㊴《入定不定印經》云：「妙吉祥。如一滴水投大海中。乃至劫火起時終不中盡。妙吉祥。菩薩亦爾。以少善根迴向成佛。乃至一切智火生時終不中盡。」

大圓滿前行廣釋

樣，菩薩即使將很微小的善根迴向佛果，乃至在金剛喻定之前，也即一切智火生起之前，這個善根是不會窮盡的。

在這些經典裡——不論小乘經典、大乘經典，在在處處都宣講了迴向的道理，說明迴向的確是修行的重要環節。懂的人，以小善也能贏得大果，但不懂的話，一念嗔恨心，或者毀壞善根的四因一出現，再大的善法、再多的善根，也會被毀壞殆盡的。

因此，一定要養成迴向的習慣。在藏地，因為佛教已融入了人們的生活，所以，就算是不識字的老鄉，也有良好的迴向傳統。有些老鄉，正在念觀音心咒，有幾百、幾千，這時你要跟他說話的話，他會說：「稍等一下，我先迴向了再跟你說。」

可能他是擔心，不迴向的話，說話過程萬一跟你吵起來，善根就被毀了。

不迴向則不生所需之果

總之，不論你的目標和希求是什麼，都應該以迴向來印持。

有些人有正見，他知道眾生可憐，雖然成佛的路途漫長、時日遙遠，但他還是要求菩提，要度化眾生；但有的人覺得，佛果太遠了，能成就聲聞、緣覺果位就夠了；還有的人只求往生極樂世界，其他的都不管，不管

第一百三十二節課

三七二十一；當然，更多的人求的是身體健康、長命百歲、相貌端嚴，或者是來世的人天安樂。但不論你為了什麼目的，所成辦的善根，最後都要為此而作迴向。

只要你迴向了，以善根的不共加持力，一定會得到的。如哲貢覺巴仁波切說：「二資如意寶，若無發願拭，不生需求果，故當勤迴向。」意思是，智慧與福德二種資糧，如同古時能賜予一切所欲的如意寶，但這個「如意寶」，你不以發願的布來擦拭它（即攝持這些資糧），也就不會產生你所需求的果報，所以，修行人一定要精勤迴向。你迴向什麼，就能得到什麼。

偈頌裡說到了發願，那麼，發願與迴向有什麼差別呢？以前有大德解釋說，所謂發願，是對未來善根的成熟規定一種目標。比如，我發願將來成為什麼什麼，然後就跟隨這一目標修善積福；我發願往生極樂世界，然後就念《普賢行願品》，或者念佛誦咒等等。總之，發願在前，善根在當時或者未來。而所謂迴向，是將已經完成的善根功德，賜予一切眾生，或者轉入你所欲求的目標。

總之，在大家修行的過程中，一定要以發願定下目標，並且隨願修行二資，之後將所修積的一切善根，全部迴向目標——圓滿菩提。

大圓滿前行廣釋

能否成為菩提之因取決於迴向之力

當然，你所行持的善法，能否成為圓滿菩提之因，還要取決於迴向之力。也就是說，你要讓善根成為每一個眾生成就菩提的因，迴向時要猛厲，要有力度。

不過，不要說菩提之因，也不要說有力的迴向，很多人學佛根本沒有目標，甚至都沒想過要成佛、要往生極樂世界。如果問他：「你為什麼出家？」「因為我在家煩，看出家人清淨，就出家了。」

居士也是一樣。問他：「你為什麼學佛？」「因為學佛特別快樂，很開心、很舒服，有一種說不出來的感覺。現在我天天聽課，不知道為什麼，我就是喜歡聽課。」

喜歡也很好，但最重要的，還是要有目標。做人要有目標，修行更要有目標，有了求解脫的目標，你所做的一切善根，都可以迴向於此。迴向以後，可以說就趣入解脫道了。否則，無論你積累多麼廣大的有為善法，像聽課、供僧或者為僧眾發心，這些善根都是非常大的，但如果沒有以迴向來駕馭或印持，就不能趣入解脫道。

誠如卡隆巴格西所說：「一切有為善法乃無記，迴向眾生方得廣大利。」任何有為善法其實是無記的本體，只有當你把它迴向給一切眾生，並成為其成就菩提之因，才是實現了它的真正價值，也才得到了真正的利益。這是卡隆巴格西的金剛語。

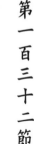

做佛事也要迴向

此外，平時做佛事也要迴向。

若迴向他人必能得到利益

要知道，對眾生最有利的，是佛法。如果你要利益父母親友，為他們做法事；要利益亡者，為他們做佛事，此時一定要記得迴向。不迴向，他們得不到利益。只要迴向了，不管是活人也好、死人也好，旁生也好、餓鬼也好，甚至是地獄眾生，他們都必定立即獲得所嚮往的利益，可以說立竿見影。

不說其他的，如果對病人念經迴向，有些很快就好了。這就是佛法的力量，不可思議；這也是如來的加持，以凡夫心無法揣測。當然，這種加持力，以肉眼是見不到的，但它卻真實地利益到了眾生。因此，在佛教的傳統中，念經做佛事等，歷來都是利益眾生的重要方便。

有些人不肯行善迴向利他，就說：「佛經裡不是說『自作自受』嘛，哪裡有你行善，別人領受的呢？」

其實這種觀點不對。「自作自受」是不錯，自己修福，自己受樂，但這也並不妨礙你去領受他人賜予的安樂。比如，農民可以自己種莊稼，自己養活自己，但如果熟人送來瓜果，他也是可以享受的。同樣的道理，佛陀在說自作自受、強調因果不虛的同時，也並未否認以迴向來饒益他眾的做法，不僅不否認，反而在很多相關的經典中都說，一定要以供僧、念經等功德，救度亡人，護佑生

大圓滿前行廣釋

者。因此，用善根迴向他人，他人一定能得到。

其實，「超度」就是最好的證明。在我們藏地，家裡人死了，一定要請僧人為他念四十九天《聞解脫經》，有時也會念其他經作加持。這是一個很好的傳統，對亡者的利益極大。而在漢地的佛教徒中，這種習慣也是有的，念佛、念經，超度逝去的親人，這是很好的做法。

但非佛教徒就可憐了。親人死了，屍體處理完了就萬事大吉了，不會為他做點佛事。不僅不做佛事，有些還要將送葬的親朋好友聚起來，到飯店裡「點殺」。可是你要知道，就這一頓飯，也足夠讓亡人下地獄了。這時候他最需要的是善法，但得到的卻是惡業，看了、聽了這些以後，心是很酸的。

所以，每個人都應該學習佛法。學了佛法以後，當親人們離開世間的時候，就可以用佛教的方式饒益他們。

廣嚴城人供僧迴向投生餓鬼的父母

下面就講這麼一則公案。這裡講的，和《撰集百緣經》裡的情節稍微有點不同，但總體的意思是一致的。

目犍連尊者入城乞食，遇到五百餓鬼。五百餓鬼一見尊者，心懷歡喜，告訴他說：「我們是廣嚴城人的父母親屬，您能否為我們聯絡家人，並與諸位施主一起供養佛陀及僧眾，以此來超度我們脫離惡趣之身？」尊者當時就答應了，並很快把事情辦妥。

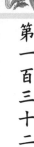

第
一
百
三
十
二
節
課

當廣嚴城的人來迎請佛陀及僧眾應供，佛陀默許以後，人們就離開了。他們離開以後，五百餓鬼便來到世尊面前請求：「明日廣嚴城的人們供養世尊及眷屬午齋的善根，迴向給我們吧。」

世尊了知一切，但還是隨順世間，明知故問：「你們到底是誰呀？廣嚴城人們的善根，為什麼要迴向給你們呢？」

那些餓鬼回答：「我們是廣嚴城這些居民的父親、母親，也是長者之子，平時驕慢放逸，雖然擁有財富，但卻不好布施，貪著世間安樂，不信三寶，不造善業，自己不布施，也不讓別人布施（現在很多人和他們差不多，一說供養、布施，一說三寶的功德，怎麼也不信，也不理會）……以這些吝嗇等業，我們轉生成為餓鬼，受種種苦。」

世尊說：「那麼，明日迴向時你們也來，我們再可以作迴向！」

餓鬼們說：「我們投生為這般低劣的身體，身體如燒焦的柱子，腹如大山，咽喉如針一般細，身相醜陋無比，各關節間處處燃火，四處求取飲食而不可得，即使見到飲食，一接近便成了膿血，以這樣的慚愧之身，實在不敢前來。」

世尊呵責道：「你們造惡業時本該羞愧，可是那時候你們卻不知羞恥，而現在已經投生成低劣的身體，慚愧又有什麼用呢？如果不來，就沒辦法迴向給你們。」

大圓滿前行廣釋

餓鬼們連忙說：「那麼我們一定來。」說完便離開了。

第二天，供齋完畢，都要迴向了，但餓鬼們還沒到。目犍連便以神通觀察，結果在十六個大國中找不到，整個南贍部洲，天上、天下，一千小千世界乃至三千大千世界，全都找不到。他覺得很奇怪，於是來到佛前，詢問究竟。

佛陀說：「那些餓鬼本來是要來的，但現在被業風吹到其他世界去了（眾生業力的確不可思議，像我們有些道友也是，業風一起，要走的話，多少人也勸不了，「嗚」一下就被捲走了。人都是這樣，更何況餓鬼了），這已不是你們聲聞的力量所能知見，不過，我可以讓它們過來。」說完，佛陀便以神力，把餓鬼們都召來了。

五百餓鬼一到，便請求將善根迴向給它們。但廣嚴城的人們，卻被驚嚇得四處逃竄。

世尊說：「諸位不必驚慌，這些眾生都是你們前世的父母，因為造了眾多罪業，現在已轉生為餓鬼。它們請求說，是否能將今天供齋的善根迴向給它們？」

（供齋的功德很大，你們平時也常常供齋，在你供齋並且為自己得到這份功德而歡喜的同時，也應該想到那些餓鬼、非人等可憐眾生，他們特別需要這些善根。所以，每次修積了善法以後，你可以意念：「誰需要我的善根，我就把它迴向給你，願你離開痛苦，獲得快樂和利益。」這樣做是很有必要的。

不說廣大的眾生，我們即生的親朋好友離開世間以後，可能還在中陰界徘徊，或者已經墮入三惡趣，處境淒慘。這時他們需要的就是善根。就像人間的窮人需要錢，如果哪一個有能力的熟人解決了他的困窘，那他是非常感激的。同樣，現在我們有福分學佛，有機緣修善，即使沒有天眼，沒有他心通，但實際在我們的身邊，在世界的各個角落，需要你的善根來救拔的人，非常非常多！可以說，比人間需要錢的人多得多。因此，時時意念這些，常常迴向他們，是很重要的，也是很必要的。）

廣嚴城的人說：「既然如此，無論如何也要迴向給它們。」（世間人就是這樣，是親人怎麼都好說，但毫無關係的話，要他付出，恐怕也不是很情願。）

世尊便迴向道：「此施諸善根，願彼利餓鬼，離餓鬼劣身，獲得善趣樂。」

（這個迴向文，一般的念誦集裡都有，是世尊親口說的。平常我們如果身體不好，有時可能就是有病魔干擾。這些病魔，其實也就是餓鬼、鬼神，他們成了那樣以後，因為業力所牽，會不自主地希求你的精血，或各方面的能量。因此，當你做了一些惡夢，或者心裡不舒服，甚至覺得是不是有附身、有討債的？這個時候，就可以念這個偈頌，通過燒焦煙等，把自己的善根迴向給它們，使所有的非人、鬼神都得以滿足。這樣，通過佛陀金剛語的加持，違緣也就遣除了。）

結果在當天夜裡，那些餓鬼就死了，全部生到了三十三天。

這個公案很明顯地說明，當我們修持善法，然後對亡人、對惡趣眾生作迴向，他們一定會得到利益。當然，像佛陀那樣的威力我們沒有，但是依靠清淨的信心，依靠三寶的加持力，迴向給誰，都一定會讓他獲益的。比如，當天災人禍、疾病瘟疫頻頻出現時，眾多修行人以清淨心做佛事，這樣必定會給世間帶來利益。

　　因此，學佛的人一定要懂佛法，千萬別像唯物論者一樣，動不動就「做佛事沒用」、「行善幹什麼」；或者又成了宿命論，「一切命中註定」、「一切不可改變」……這樣輕易否定正法，是非常不合理的。

迴向是精華

　　其實，迴向是佛法的精華。如至尊米拉日巴也曾說：「山間靜修大行者，及作供養之施主，彼二具有成佛緣，緣起精華即迴向。」

　　尊者的傳記中說，他在生活非常艱難之時，他的妹妹琵達和未婚妻結賽，供養了他豐盛的食物。尊者享用之後，身體有了能量，按中醫的說法，氣血也足了，之後在修持中將中脈的脈結打開，獲得了前所未有的境界。

　　就在這個時候，他唱了一首《緣起心要歌》。道歌中講述了種種緣起的心要，比如，「大恩上師之慈悲，會和弟子之苦行，則成住持佛教因，緣起心要為持戒」，還有「緣起心要為佛法」、「為精進」、「為空

性」、「為迴向」。心要，此處譯的是精華。此處引用的這個頌詞，實際就出自這首道歌。

頌詞的意思是，在山間靜修的大修行人，與城裡作供養的施主，這二者都具有成佛的緣起，而緣起的精要是什麼呢？就是迴向。有了迴向，修行人和施主都能獲得利益。如果單靠說好話，「我的施主多可愛、多賢善」，這樣也不一定有實義。

記得在《泰國遊記》裡，我講到迴向時就頗有感觸。在泰國，施主供養一頓齋飯以後，出家人都立即作迴向，這是很符合傳統的。像我們學院也是，每逢有供齋的時候，都要念《隨念三寶經》、《普賢行願品》來迴向。這樣及時迴向很重要。不迴向的話，因果無情，自以為能受用，但實際情況是不好說的。

不過，一般人剛開始都很注意。像我出家一兩年的時候，別人供養一元錢、十元錢，都很謹慎，怕受用不起，所以趕緊給他念好多咒語及迴向文。但現在的話，好像沒什麼感覺了，也成了所謂的「佛教油子」。其實這是很不好的。

因此，希望大家越修行，越重視迴向。不僅是山裡的修行人要迴向，城裡的施主也要迴向。否則，如果你供養了以後，把善根的果全部寄託在上師身上，但上師萬一忘了迴向，怎麼辦？你的財產會不會浪費？會不會得不到你所希求的果？

三輪體空迴向

當然，要讓你的迴向成為圓滿正等覺之因，還必須以三輪無緣智慧攝持，否則，如果被三輪實執的垢污所染，就叫做具毒迴向。

如《匯集經》中云：「猶如食用雜毒豐美食，佛說緣於白法亦復然。」吃了雜毒的美食，對你一定有很大的傷害，而實執就是迴向中的毒，如果你迴向時帶有實執，那就會傷害善根。所以，當你緣於白法而迴向時，一定要以三輪體空攝持。

這樣做到了三輪無緣，才是出世間的波羅蜜多；如果有實執，只能算是世間的波羅蜜多。如《入中論》在講完一地的功德以後，說道：「施者受者施物空，施名出世波羅蜜，由於三輪生執著，名世間波羅蜜多。」不僅是布施度，持戒、安忍等也都是如此。

那麼，所謂的三輪是哪些呢？《甚深大迴向經》云：「無有迴向者，亦無迴向法，亦無迴向處，菩薩摩訶薩當作是迴向，作是迴向時三處皆清淨。」三處，也即三輪：作迴向的人、迴向的善根、所迴向的對境眾生。

我們知道，在名言當中，這三者的確如夢如幻般地存在著；但在勝義當中，它們的本體都是空的。

諸佛菩薩如何迴向　我亦如是迴向

　　當然，三輪體空——以證悟無實智慧攝持的真實無毒迴向，在凡夫薄地時，根本無法做到。因為這對我們來講，是矛盾的，心裡出現這三輪的時候，就是實有的；要思維體空的時候，又什麼都沒有了，因此，以凡夫心是無法實現這樣迴向的。

　　要實現這種功德，我們就應當觀想：「往昔的諸佛菩薩如何迴向，我也如是迴向。」這種迴向可以代替三輪體空的迴向。法王如意寶非常重視這一迴向方法，對我們來講，這也是非常殊勝的方便。

　　在念《普賢行願品》時，如果你實在無法觀想每一個偈頌的內容，就在開始時心裡意念：「諸佛菩薩如何迴向，傳承上師及前輩的聖者們如何迴向，我今天也如是迴向。」這一點應該不難，我們完全做得到。做到了，就可以代替三輪體空的迴向。

　　這一竅訣其實出自佛經，如《三十五佛懺悔文》云：「過去諸佛如何迴向，未來諸佛如何迴向，現在諸佛如何迴向，我亦如是普作迴向。」《普賢行願品》中也說：「文殊師利勇猛智，普賢慧行亦復然，我今迴向諸善根，隨彼一切常修學。」

　　可見，讓善法成為圓滿菩提之因的無誤要訣，唯有依賴於以迴向印持的這一結行。所以，我們應該時時刻刻精進作迴向。

讓迴向成為習慣

你們可以總結一下上面講的迴向要點，然後根據自己的情況去行持。比如，造了任何善根以後，至少觀想一下：「諸佛菩薩怎麼迴向，上師如意寶等傳承上師們怎麼迴向，我也如是迴向。」「願將此善根以及三世一切善根，全都迴向一切眾生，以令他們自在成就圓滿正等覺果位。」

這可能不用一分鐘吧，但如此觀想的功德，是無量無邊的。

其實修行是一種習慣。長期做的話，發菩提心也好、迴向也好，最後什麼都很容易。像課前課後讓大家轉經輪，剛開始的時候，很多人今天忘、明天忘，但現在習慣了，也就沒什麼困難了。

同樣的道理，如果你讓這種迴向成了習慣，那在任何時候，你一做完善根就會迴向，一迴向就會想到要像上師及諸佛菩薩那樣迴向，就會想到眾生，就會想到菩提，但不會想到自己。

能這樣修的話，修行也不會很困難的。

第一百三十三節課

不共加行「上師瑜伽」的引導中，「明觀福田」、「七支供」都講完了，今天講「專心祈禱」。

前面明觀福田時，要將自身觀成金剛瑜伽母，對境的本體是上師，形象是蓮師；明觀以後，就在上師面前作七支供——頂禮、供養、懺悔、隨喜、請轉法輪、請不涅槃、迴向；修完七支供，就進入了這裡的「專心祈禱」。

適合現代人的上師瑜伽

在我們的傳承裡，上師瑜伽要分的話，可以說，寧提（心滴）派的上師瑜伽⑩，是廣修；稍略一點的，是《開顯解脫道》的上師瑜伽，和這裡次第基本一致——明觀福田、七支供、猛厲祈禱，之後是上師放光、融入自心以及受四灌頂，最後是迴向，整個修法又簡單又殊勝；最略的，就是法王如意寶的上師瑜伽。

法王如意寶的上師瑜伽，是個竅訣性的上師瑜伽，沒有七支供，也沒有受四灌頂等，所以修起來用時短，很適合現在這樣的快餐時代。

現在不像古代，在古代，藏地的很多佛教徒從早到

大圓滿前行廣釋

---

⑩寧提派上師瑜伽，即《大圓滿前行》「上師瑜伽」引導中要求念誦的偈頌部分，頌詞都有譯文。

晚除了行持佛法以外，沒有什麼瑣事。對他們而言，每天可以念誦大型儀軌，修長修法。

可是到了現在，就算是出家人，甚至是名副其實的修行人，每天也都有做不完的事情，沒有時間修特別廣的儀軌。所以我覺得，法王如意寶的很多簡修法，也包括這個上師瑜伽，正好適合現代人。

雖說現在的人瑣事多、性情懶散，但其中也不乏想修法的人，對這些人而言，有信心的，每天都可以修這個上師瑜伽。

戊三、專心祈禱：

上師是一切壇城主尊黑日嘎之本體

專心祈禱並修持因——四金剛㊶的本體：

吉祥怙主殊勝上師是一切壇城主尊黑日嘎的本體，圓滿具足灌頂。

真正的吉祥怙主殊勝上師，是具足法相的，不是相似的。相似的不能稱金剛上師。所謂金剛上師，不論是得灌頂也好，密法的修持也好，再加上智慧、悲心的境界，以及深得傳承上師的密意等，方方面面，跟一般人是完全不相同的。所以，不是自己想，或是寫個自傳放到網上，就成了金剛上師。

「上師是佛」講多了，也成了個別人自我維護的方

便：「《前行》裡不是說過嘛，上師就是佛……」而愚昧的人也不觀察，不管有無法相，就認為所有的上師都是佛，然後對他起「真佛想」。但後來一看他的很多行為，不說佛，連菩薩都不如；不說菩薩，連羅漢都不如；不說羅漢，連世間有學問、有知識的大學教授都不如；甚至不要說大學教授，就連小學老師都不如，這樣的人如果是「佛」，佛的地位就被降低了。因此，續部中所說的佛，不是指這種人。

只有那些與佛無二無別的上師，才是真正的佛。像上師如意寶等很多上師，誰看都是佛，稱「佛」也是當之無愧。從上師們自身來說，無論是傳承、灌頂以及日日夜夜的禪修等，各方面的行持，都是超越了凡夫肉身的境界。那麼這樣的上師，就稱吉祥怙主殊勝上師，他們才是一切壇城的主尊黑日嘎之本體。

黑日嘎，《前行備忘錄》中說：「黑」是法界，「嘎」是智慧，「日」是無二雙運，也就是說，黑日嘎是法界與智慧無別雙運之意。

此外，黑日嘎也是主尊的名號。密宗「百位本尊」中的五十八尊是忿怒本尊，位於他們中間的主尊，就是黑日嘎。不僅如此，修藥師佛時，藥師佛壇城的主尊是黑日嘎，乃至長壽佛壇城、觀音菩薩壇城等，也都是如此。

那麼，真正的上師，就是一切修行的根本，是一切

大圓滿前行廣釋

壇城主尊黑日嘎的本體，圓滿具足灌頂。

見聞念觸皆是解脫因緣

真正的吉祥怙主殊勝上師，僅僅見、聞、念、觸，便可播下解脫的種子。因為上師是諸佛事業的唯一作者，以第四寶現身於世。

與這樣的上師結下因緣時，極利根者，無論見到他的身相，聽聞他的名號或聲音，在心裡觀想、憶念他，或是經由他摸頂、灌頂等，都有可能當下解脫；中根者，自此不會墮入惡趣；下根者，至少也在相續中播下了解脫種子，而這個種子，必將為他摧毀輪迴。

如《大圓滿心性休息》中也說：「具德上師即法王，住於何處等諸佛，令凡見聞念觸者，悉皆摧毀諸輪迴。」真正的具德上師即是法王，無論他住在哪裡，就像諸佛住在那裡一樣，一定會令見聞念觸他的人，全都摧毀輪迴之根。

所以，能與真正的上師會面，比如法王如意寶，能見他哪怕一面，也是非常榮幸的。

我去學校講課時，開頭會說幾句客套話，「今天我很高興……」，其實心裡也不怎麼高興，只是人人這麼說，我也就學著說。你們也看得出來，那時候我的表情，應該也說不上高興。大家也知道，凡夫人見凡夫人，無非造些流轉的因緣，沒什麼值得高興的，更沒什

麼可榮幸的。但拜見真正的大成就者——與佛陀無二的上師，的確是一種福氣，一種緣分，一種善根。

如果能依止他，能視他如佛，這樣的弟子，一切罪業都將解脫，一切福德善根都將生長。如宋朝施護譯的《最上瑜伽大教王經》云：「如佛觀想於師已，彼一切罪皆解脫，弟子若具如是德，即能生長諸福聚。」

這是漢傳佛教經典中的原文，這樣的教證，以前我也引用過很多。為什麼要這樣引呢？就是為了讓大家改變一些認識。有人認為，「上師等佛」、「四皈依」、「第四寶」等說法，只是藏傳佛教中才有，其實根本不是。就在漢地自己的經典中，尤其是唐宋時期的眾多可靠譯典中，「視師如佛」的詞句和意義，可以說處處都是。

當然，能做到這一點、具有如是德行的弟子，他因為能視師如佛，從而也就能積聚起一切的福德。因此，對每一個修行人而言，「視師如佛」是最重要也是最值得修持的見地。

以五種了知而修「視師如佛」

這樣的見地，如何修持才能生起來呢？要以《前行備忘錄》中所講的五種了知而修。

第一、了知上師是佛：

㊷在《大正藏》當中，施護所譯的經典很多。

即使按照不了義的觀點，真正的上師也是佛的化身，是為了利益所化眾生，如水月一般以緣起而顯現於世間。如果把上師執為實有相狀的色身，並將上師視作平凡者，就不能成為自相續生起智慧之清淨近取因，如《金剛經》云：「若以色見我，以音聲求我，是人行邪道，不能見如來。」

而且，世尊也說過，上師其實是佛陀的幻現。如經云：「阿難莫憂傷，阿難莫哭泣，末法五百世，我現善知識，饒益汝等眾。」

所以，上師是佛，是顯宗密宗的共同觀點。

第二、了知上師的一切所作所為都是佛陀的事業，包括共同事業和殊勝事業：

就共同事業中的世間事業來說，如果上師調解是非、平息不和，這是息業；如果上師積累財富、做生意賺錢、造房子，這是增業；如果上師勾招男女，攝受多少多少人，這是懷業；即使上師顯現上殺害一百個眾生，也是誅業。

所謂的殊勝事業，是為一切所化眾生指示三菩提解脫之道，把他們安置在解脫與遍知果位。

上師的這些事業，其實跟佛的事業是無二無別的。

第三、了知對自身而言，上師比佛陀恩德更大：

雖然過去已有眾多的佛出世，現在也有釋迦牟尼佛來到人間轉法輪，但我們都無緣得見，未蒙度化。為了

攝受剛強難化的我們，上師顯示人的身分降臨於世，代表諸佛，弘揚佛的精神。雖然上師的功德等佛，但對我自身而言，上師的恩德卻超越了佛陀。

上師給我的利益，遠非父母親友以及世間的賢善好人所能給予。上師教我棄惡從善，樹立善趣與解脫之梯；上師教我發菩提心，為我播下菩提的種子；上師以密法引導我，賜予究竟解脫。

所以，對我們來說，上師的深恩厚德勝過佛陀。

第四、了知大恩大德的上師是一切皈依處之總集：

外三寶完全集聚於上師：上師的身是僧寶，語是妙法，意是佛陀；內三根本——上師、本尊、空行的本體，也是上師；上師的意是法身，語是報身，身是化身，功德是財神，事業是護法神，乃至是浩瀚如海的壇城、皈依境的總體。

所以，修行中應該以上師為主而祈禱。否則，就像有些人對他的上師說：「我祈禱您的護法神加持我，我祈禱您的本尊加持我……」但這樣不一定能如其所願。在古代傳記中也記載，當某位修行人在上師與本尊之間，選擇本尊賜予灌頂時，結果本尊全部融入了上師，未得到灌頂。

因此，不論何時何地一定要了知，上師是一切皈依處的總集。

第五、了知認識到這些道理以後，如果能虔誠祈

禱，無需依賴他道之緣，便可在自相續中生起證悟智慧：

明白了以上四點，確信上師是一切三寶的總集體以後，我們應當認識到，如果將上師視作真佛，發自內心地猛厲祈禱、時時祈禱，那麼不需要依靠生圓次第等其他道的外緣，便能在自相續生起證悟智慧。

《前行備忘錄》是多年以前翻譯的。記得在譯到這「五知」的時候，好幾天的講課當中我都提到：「五知很重要！五知很重要！」因此，在修上師瑜伽時，如果能了知這五點，便能真正做到視師如佛。這樣在恭敬與信心當中祈禱，上師的密意與意傳自然入心，那時候，不論你修什麼法都將非常容易，而且不會有任何道障。

凡夫人修行，就像小船行駛在大風大浪的海上一樣，時而平穩，時而又會遭到外緣狂風的侵襲，可以說異常艱難。如果不隨時隨地以恭敬和信心祈禱，便會不由自主地融入世間的大海。

所以，希望道友們都能熟悉這五種了知，並實地祈禱。具體的內容，你們最好看一看《前行備忘錄》。《前行備忘錄》的作者是阿瓊堪布，他的語言看似普通，但因為上師的加持完全融入了他的心，所以字裡行間都是信心與智慧的流露。對於這樣的流露，我們去接受，自然有不共的加持。

同時你們也看一下，前輩大德們是怎樣依止上師、

祈禱上師的。相比之下，我們的依止和祈禱就太慚愧了。或許偶爾也能生起一點信心和恭敬，但又太短暫了，過段時間以後，由於前世的業力，加上魔王波旬天天「加持」，可能不僅不生信心，反而開始尋找起上師們的過失，甚至添枝加葉地誹謗、詆毀。本來自認為能得到一些佛教的知識，可是根本上出了問題以後，不僅什麼都得不到，反而還毀壞了自相續，即生的一切不吉祥，來世也註定墮入三惡趣。

所以，修行的方向不能錯，方向搞錯了，再怎麼勤奮努力，最終還是無濟於事。

以上講的五知，是《前行備忘錄》的內容，下面繼續講《前行》原文。

大圓滿前行廣釋

上師的恩德勝佛

從我們自身的角度而言，上師的恩德勝過了佛陀。

為什麼呢？因為上師為我們開示一生一世能成熟解脫的深道，通過大悲加持、強力方便，

完全將自己安置於金剛持地。當然，這是指利根者，利根者可以直接被安置於佛位。而其他人的話，就像值遇般若法門㊸一樣，依於上師值遇解脫法門以後，就像魚被鉤住了一樣，雖然現在仍身處輪迴，但在不久的

㊸《般若攝頌》云：「春季好時樹葉落，枝不久生葉花果，誰手中得此般若，不久獲證佛菩提。」

將來，也必定會被迅速安置於解脫之地。

因此，對上師一定要心懷感恩。我們知道，如果不是佛陀的教法甘露，任何眾生都無力破開無明、獲得解脫，這是肯定的。所以佛的恩德無與倫比。但對我們自身來講，諸佛智慧與大悲的光輝，不透過上師的傳授與傳遞，又怎麼進得了我們的相續呢？想一想，這種恩德，世間的父母、老師、親朋好友，誰又能給予呢？

不承認來世與解脫的人，誰給他生命，誰給他錢財，誰給他地位，他知道感恩。但了解解脫利益的人之所以感恩上師，是因為他知道，不是遇到上師的話，他還將不斷地、更深地沉溺於輪迴，再費多少時日才能值遇佛法，還是個未知數。但今天因為有了上師的大悲加持，因為上師的強力方便，竟然使他輕易迅捷地趨入了解脫道。

這種恩德，這些道理，恐怕每個人只有從內心裡去體會，才能明白。我的語言再多也是蒼白無力，無法表達出那層真實的意義。

上師的功德不可測

如果衡量上師的功德，可謂密意廣大如虛空。也就是說，上師的任何行為都有很深的意義，這些深層的意趣就像虛空一樣廣大，無法揣測，只是到了後來才明白：「哦，原來上師那句話是這個意思！」

上師的智慧無量如大海。大海是深不可測、取之不竭的，上師的智慧也是如此，不管是甚深的空性見解，還是善巧的世間法智慧，都如大海一樣廣大無邊。

上師的悲心猛烈如湍流。湍急的河流總是迅急不住地流淌，上師的悲心也是如此，對所有的眾生，都有著強烈而不中斷的救度之心。

上師的自性堅固如山王。一般人在行善時，常常被種種因緣所轉動，但真正的上師善知識不會。他在一生的行持，乃至多生累世的弘法利生過程中，不論見解還是行為，一切的一切都極為堅固，如同山王。

上師視眾平等如父母。世間人對家人、對親戚朋友會關心，而不會在意不相干的人，如果是怨敵，那更恨之入骨了。但上師不會，他對天下無邊的所有生命，全都一視同仁，平等地當作父母一樣對待。

由此可見，上師的每份功德都不可測度。

大圓滿前行廣釋

專心祈禱

念誦祈禱文及蓮師心咒

單單依靠祈禱上師，隨時隨地祈禱，也可以在無勤中獲得夢寐以求的一切悉地。

心裡意念：「我依止上師如意寶您，希求您的果位，唯一修持您。」滿懷感恩戴德之心，禁不住淚流滿面。一開始修持悉地時念誦下文：

རྗེ་བཙུན་གུ་རུ་རིན་པོ་ཆེཿ

記尊 革熱仁波切

至尊蓮花生大士

ཁྱེད་ནི་སངས་རྒྱས་ཐམས་ཅད་ཀྱིཿ

切訥桑 吉踏 加 戒

您乃一切諸佛陀

ཐུགས་རྗེའི་བྱིན་རླབས་འདུས་པའི་དཔལཿ

特記辛辣 得 波花

大悲加持總集尊

སེམས་ཅན་ཡོངས་ཀྱི་མགོན་གཅིག་པུཿ

思 堅 擁戒滾戒簸

有情唯一之怙主

ལུས་དང་ལོངས་སྤྱོད་སྙིང་བྲངཿ

利蕩龍秀漏釀張

自身受用識心胸

སྒྲོས་པ་མེད་པར་ཁྱེད་ལ་འབུལཿ

鬥 巴美巴 切拉簸

毫無遲疑供養您

འདི་ནས་བྱང་ཆུབ་མ་ཐོབ་བརཿ

的 內向 切瑪透 瓦

自此未獲菩提間

སྐྱིད་སྡུག་ལེགས་ཉེས་མཐོ་དམན་ཀུནཿ

戒 德累逆透漫根

善惡苦樂貴賤等

ངེ་བཅུན་ཆེན་པོ་པད་འབྱུང་མ་ཁྱེན༔

記尊　親波　班　炯　親

至尊蓮師悉皆知

　　與蓮花生大士無別的上師，您是過去、現在、未來十方一切諸佛大悲加持的總集尊主，您是世間有情唯一之無偏怙主。

　　我將自己的身體、受用以及「識心胸」㊹，也即身口意的一切，全都毫不遲疑地供養您，從現在直到成就菩提之間，不論是善是惡，是苦是樂，是貴是賤……一切的一切，至尊上師您無不知曉，我全都聽憑您的決定和安排。

　　這種完全的供養和依賴是很重要的。

　　上師如意寶在講《文殊大圓滿》時也講到，祈禱時要將自己誠心而徹底地託付給上師：「從現在開始乃至生生世世，弟子我在輪迴中需要感受何等苦樂，乃至一切的一切，都請上師您來做主，您來支配。如果您覺得我該受苦，那請您懲罰我，讓我生病受苦；如果您覺得我該享樂，那也請您賜予吃、穿及安樂……」

　　不過有人在祈禱時，也會提一點自己的想法：「其實我是喜歡快樂的，因為痛苦、違緣太多了，我受不

㊹指就像捧出自己的心臟一樣。

163

了，到時候怕退失信心。最好是快樂多一點，不過還是您看吧。」

有人請假的時候也是：「上師我想回去，不過我聽您的，雖然我心裡想回去，但還是您來定吧。」我一聽，哦，還是想回去。

但不管怎樣，在內心有了深刻的皈依以後，要通過虔誠祈禱來打動上師的心，唯一就是精勤念誦蓮師心咒：

嗡啊吽　　班則格熱班瑪斯德吽

虔誠祈禱得加持

麥彭仁波切的《七句祈禱文釋.白蓮花》中也講過：在祈禱時，如果能感動自己，你所祈禱的佛菩薩的心也會被感動。

如果自己毫無感覺，信心、恭敬心發不起來，那你不論念什麼咒語或祈禱文，佛菩薩的加持也不一定會迅速到來。所以，剛學佛的人的那種信心和激動，雖然有些人看不慣，但在諸佛菩薩面前，這種虔誠心是很重要的，越虔誠越能獲得加持。

有些人學了中觀，認為一切都是空的、不成立的，所以祈禱時表情木然，看看別人都在念，雖然心裡不情

164

願，但還是跟著念。看看佛像，心裡不以為然，「是這個樣子，噢，對對對」，這樣祈禱是不會有感應的。有些大學教授也是一樣，只是以學術的方式研究佛法，毫無信仰可言。即使偶爾祈禱一下，也是半信半疑，這樣的話，真實加持是不會入心的。

因此，在觀音和度母的修法中都說，如果你能全心信賴並且虔誠祈禱，就一定會獲得垂顧。

比如，當你遇到極大違緣的時候，自身的無力和情勢的緊迫，就會讓你情不自禁地虔誠祈禱：「觀音菩薩救護我！觀音菩薩救護我！」有了這種發自內心的祈禱，菩薩的加持也一定是非常迅速和猛厲的。所以，祈禱者的表情和內心都非常非常重要。如果在修上師瑜伽時，由誠摯的信心引發，汗毛豎立、淚流滿面，甚至整個身體都有強烈的反應，那這樣祈禱是最適合的。通過這樣的祈禱，上師的加持一定會迅速入於你的心，那時候，很多意想不到的事情，也會自然呈現。

祈求悉地

每念一百遍蓮師心咒時，中間又像前面一樣念誦「至尊蓮花生大士……」一遍。當蓮師心咒念誦到一半㊺的時候，再祈求悉地之際，

每念一百遍蓮師心咒中間念誦下文：

大圓滿前行廣釋

㊺這個「一半」有兩種解釋：一、如果念一千萬遍蓮師心咒，誦到五百萬遍時；二、如果是一天念五百遍，那麼前面的兩百多遍，就與上面的儀軌結合修持，後面的兩百多遍，就與下面這個儀軌結合修持。

བདག་ལ་རེ་ས་གཞན་ན་མེད༔

大　拉瑞薩煙　那美

我無其餘指望處

ད་ལྟ་དུས་ངན་སྙིགས་མའི་འགྲོ༔

達得　地安涅莫畫

如今惡世濁時眾

མི་བཟོད་སྡུག་བསྔལ་འདམ་དུ་བྱིངས༔

莫奏　德愛大德香

沉溺難忍苦沼中

འདི་ལས་སྐྱོབས་ཤིག་མ་ཧཱ་གུ་རུ༔

的　累　救　謝瑪哈革熱

願救此苦大師尊

དབང་བཞི་སྐུར་ཅིག་བྱིན་རླབས་ཅན༔

旺　月革戒辛辣堅

賜四灌頂加持尊

རྟོགས་པ་སྤོར་ཅིག་ཐུགས་རྗེ་ཅན༔

鬥巴布戒特記堅

賜予證悟大悲尊

སྒྲིབ་གཉིས་སྦྱོངས་ཤིག་ནུས་མཐུ་ཅན༔

這逆擁謝逆特堅

淨除二障具力尊

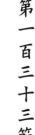

我沒有其他的指望和依靠處，在如今五濁興盛猖狂的時代中，眾生全都沉溺於痛苦難忍的沼澤中，祈求您救度此苦，大導師尊者！祈求您賜予四灌頂，大加持尊者！祈求您賜予證悟，大悲尊者！祈求您淨除二障，具大威力尊者！

　　這段文字，一邊從智[46]、悲、力的角度，讚歎上師蓮花生大士，一邊祈禱賜予悉地。

祈求悉地時觀想得受四灌頂

　　在祈求悉地的時候，要觀想得受四灌頂（此是道位灌頂）。

　　自己還是觀成金剛瑜伽母，然後觀想，從與上師無別的蓮師白毫間，猶如水晶一般晶瑩剔透的「嗡(ཨོཾ)」字放射光芒，光芒從自己的頭頂進入。依此淨除殺生、不與取、邪淫三身業，

　　以及能形成身體之脈的障礙；得受寶瓶灌頂；

　　獲得上師身金剛的加持，從而使相續中擁有得到化身果位的緣分[47]；依此可以修持生起次第。

　　接下來觀想，上師喉間宛如紅蓮花一般絢爛璀璨的「啊(ཨཱཿ)」字放光，光從自己的喉間進入。依此淨除妄語、離間語、惡語、綺語四語業，以及可滋長語言之風的障礙；得受秘密灌頂；獲得上師語金剛的加持，使相

大圓滿前行廣釋

───────────────

[46]加持尊是指智。

[47]灌頂是在相續中種下法、報、化、本性四身的緣分種子，非常重要，這也是大家喜歡灌頂的原因。

續中擁有得到受用圓滿報身果位的緣分；依此可以修持圓滿次第。

又觀想，上師心間如天空般顏色湛藍的「吽」字放光，光從自己的心間進入。依此淨除了貪心、害心、邪見三意業，以及能增上意識之明點的障礙；得受智慧灌頂；獲得了上師意金剛的加持，使相續中擁有得到法身果位的緣分；依此可以修持總密法的相關修行。

再觀想，從上師心間的「吽」字中如流星般出現第二個「吽」字，與自心融為一體。從而淨除三門所依阿賴耶的業與所知障；得受最高的句義灌頂；獲得了上師智慧金剛的加持，使相續中擁有得到究竟之果——本性身果位的緣分；依此可以修持無上大圓滿的最甚深要訣。

（《開顯解脫道》中的「後行修四灌者」，你們也可以參考著看一下。）

一邊念誦一邊觀想，最後自己的凡夫心與上師的智慧成為無二無別而入定（這裡是上師放射四光融入自身以後，就入定；在法王如意寶的上師瑜伽中，是上師化為五光之明點融入自己的心以後，才於此境界中入定，有一點點差別）。

以前我給你們講過，藏地的老修行人在入睡前，都要念個上師瑜伽。當念到這裡時，將上師的智慧與自己的心融入一體，入定，之後作個簡單迴向，就開始入睡。在入睡的過程中，也是一邊念上師的祈禱文，一邊

觀想上師的智慧與自心無別，就在這樣的境界中入眠。

　　以前我有緣分跟著一些老修行人，他們都是這樣的。現在想一想，他們的確是真正的修行人。在「文化大革命」剛剛結束的年代，念句觀音心咒被看到的話，不判死刑，也要關進監獄。但就在那種氣候下，老修行人依然堅持修行，關上門念上師瑜伽，並在觀修中入眠。

　　收座

　　收座的時候念誦下文：

ནམ་ཞིག་ཚེ་ཡི་དུས་བྱས་ཚེ༔

那　葉才耶地　謝才

一旦命終壽盡時

རང་སྣང་རྫོ་ཡབ་དཔལ་རིའི་ཞིང༔

讓　囊鄂　呀花瑞揚

自現妙拂吉祥剎（銅色吉祥山）

ཟུང་འཇུག་སྤྲུལ་པའི་ཞིང་ཁམས་སུ༔

宗　戒　這波揚　卡　色

雙運化身剎土中

གཞི་ལུས་རྡོ་རྗེ་རྣལ་འབྱོར་མ༔

月　利多吉那　救　瑪

身成金剛瑜伽母

གསལ་ཚེར་འོད་ཀྱི་གོང་བུ་རུ༔

薩　才　惱戒貢哦熱

晶瑩剔透光團中

གྱུར་ནས་རྗེ་བཙུན་པད་འབྱུང་དང་ༀ

傑　內記　尊　巴　炯　蕩

明觀至尊蓮花生

དབྱེར་མེད་ཆེན་པོར་སངས་རྒྱས་ཏེༀ

瑞　美　親波　桑　吉得

無二無別正等覺

བདེ་དང་སྟོང་པའི་ཚོ་འཕྲུལ་གྱིༀ

得　蕩　洞　波秋徹　戒

空樂雙運之神變

ཡེ་ཤེས་ཆེན་པོའི་རོལ་པ་ལསༀ

益西　親波　肉　巴累

廣大智慧遊舞中

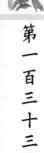

ཁམས་གསུམ་སེམས་ཅན་མ་ལུས་པༀ

卡　色　思　堅瑪　利巴

三界有情無一餘

འདྲེན་པའི་དེད་དཔོན་དམ་པ་རུༀ

真　波　得混　大　巴熱

最勝引導勝商主

རྗེ་བཙུན་པདྨས་དབུགས་དབྱུང་གསོལༀ

記尊　班美　哦　擁　索

衷心摯誠而祈禱

གསོལ་བ་སྙིང་གི་དཀྱིལ་ནས་འདེབས༔

索 瓦 釀 各 戒 內 得

至尊蓮師賜安慰

ཁ་ཚམ་ཚིག་ཚམ་མ་ཡིན་ནོ༔

卡 匝 策 匝 瑪 因 諾

並非口頭之言詞

བྱིན་རླབས་ཕྱགས་ཀྱི་སྐྱོང་ནས་སྩོལ༔

辛 辣 特 戒 隆 內 奏

祈賜智慧之加持

བསམ་དོན་འགྲུབ་པར་མཛད་དུ་གསོལ༔

薩 敦 哲 巴 匝 德 索

一切心願自然成

　　一旦我的壽命終結時，願於自現境界中，自然呈現蓮師的銅色吉祥山雙運化身剎土，在此剎土中，我的身體變成金剛瑜伽母。與此同時，在晶瑩剔透的光團當中，明觀至尊蓮花生大士，您與正等覺佛陀無二無別，您自在顯現空樂雙運之神變，於廣大智慧的遊舞中自在放光度化眾生，令三界一切有情無一餘留地成就最殊勝的引導者及商主——佛陀之果位。衷心誠摯地祈禱您至尊蓮師，賜予一切眾生如是之悉地與安慰。

　　這並非只是口頭上的言詞，而是發自內心的祈禱，祈禱您以智慧加持，賜予每一個眾生獲得解脫，一切心

大圖滿前行廣釋

願自然成就（當然最主要的是解脫，此外的一切，得也可，不得也可）。

在這樣念誦的同時，還應滿懷深深的恭敬、虔誠的信心而觀想：蓮花生大士和顏悅色、慈眉善目、飽含悲憫的眼光注視……心間發射出熱呼呼、金燦燦的紅光，接觸到自己所觀想的金剛瑜伽母心間，她立刻變成了豌豆大小的光團，最後就像火星消失一樣，伴隨著「踏哥」聲向上飛竄融入蓮花生大士的心間，在這種境界中入定。

（這裡是自身金剛瑜伽母化成光團融入蓮師心間，其他修法中也有上師化成光融入自己的。其實，自己變成光融入上師，與上師化成光融入自己沒有差別。而且這樣觀想以後，都是在上師的智慧與自己的心無二無別之境界中安住。）

出定時，將一切顯現觀成上師的遊舞。

所謂上師的遊舞，並不是說「全是上師」，或者說上師就變成了那個樣子，難看的、壞脾氣的……不是這樣，而應該是指：一切都是上師的化現。

比如，幻化師用很簡單的資具作緣起物，便可以幻變出大象、駿馬之類的，雖然顯現了很多事物，但實際還是那些資具，是它的幻變而已。同樣的道理，你所看到的一切色相，其實是上師幻化的色相；你所聽到的一切聲音，是上師幻化的聲音；你所有的起心動念，也是上師幻化的意識或智慧，雖然在你面前呈現了種種顯

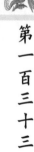

172

現，但是歸根結底，這一切的本體全部是上師，是上師幻現了這一切。

有了這種認識以後，當你再看到壞人時，就會有新的思考：「雖然他顯得很壞，不過應該是上師的幻化，既然是上師的幻化，上師那麼好，他卻這麼壞，那上師一定有很深的密意。」這樣一想，你對他的不好的看法也就消退了。

修得好的人，就算遭受病痛、遇到違緣，也都能將它觀成上師的幻化，是上師幻化出來增上自己修行的助緣。能這樣觀想，不僅不會苦惱，修行也會順利。

那麼，這是不是在將不清淨的硬觀成清淨的呢？不是。是本體就是這樣，當你真正認識了本性就會知道，其實自己的心跟上師的智慧本來就無二無別，所見所聞也的確都是了義上師的化現。

因此，在平時的生活和修行中，就應當這樣觀想。只要隨時祈禱上師（比如念祈禱上師的四句偈），常常觀修上師瑜伽，那要獲得這種境界，也並不是做不到的。

剛才在出定的時候，要先念誦下文作迴向：

དགེ་བ་འདི་ཡིས་མྱུར་དུ་བདག །

給　瓦的噫　涅　德　達

我今速以此善根

དཔལ་མགོན་བླ་མ་འགྲུབ་གྱུར་ནས། །

花　滾　喇嘛哲　傑　內

成就怙主上師尊

འགྲོ་བ་གཅིག་ཀྱང་མ་ལུས་པ། །

畫　瓦　戒　江瑪　利巴

令諸眾生無一餘

དེ་ཡི་ས་ལ་འགོད་པར་ཤོག །

得　葉薩拉故巴　秀

悉皆安置於此地

　　願我以此修持上師瑜伽的善根，迅速成就怙主上師
如意寶您的果位，並將世間所有眾生無一遺漏地全部安
置於此究竟解脫之地。

　　或者念誦銅色吉祥山發願文。這個願文，以前我翻
譯過，是迴向往生蓮師剎土的發願文。

第一百三十四節課

昨天講到，迴向時也可以念《銅色吉祥山發願文》。

於一切威儀中修上師瑜伽

上師瑜伽不僅要入座修持，在日常生活的行住坐臥中，也應當時時修持。

比如，不論你要去哪裡，行走時就將上師（或整個皈依境，或壇城）觀想在右肩上方的虛空中，作為右繞的對境。這樣一來，你走了多遠，每一步也都成了轉繞的步伐，功德非常大。因此，修行境界好一點的人，不一定非得關起門來閉關、坐禪，即使是發心、做事，甚至是行走於大城市的街道上，也還是可以觀修。

安坐時，你應該將上師觀想在頭頂的虛空中（如前所述的明觀方法），作為祈禱的對境。這時候，你可以靜靜地觀修，比如觀想上師放光賜予加持等；即使在和別人交談，也可以將自己的言語觀成對上師的祈禱文……總之，不論你坐著做什麼，上師始終在自己的頭頂上安住。

享用飲食時，將上師觀想在喉間，作為飲食獻新的供養處。

這裡觀想的要點，就是顯而無自性。不是以實執的

大圓滿前行廣釋

方式，一定要觀想在喉嚨裡具體某個部位，你只要很恭敬地想一下，在喉間、飲食的獻新部分、供養上師，這樣就可以了。對密宗生起次第稍有了解的人知道，所有觀想都應該去掉實執，不是有個特別堅固的東西，「就在那個位置」、「他就坐在什麼上面」……不需要這樣考慮很多。

其實，當你明觀上師的時候，不論觀在頭頂、喉間還是心間，隨著意識的剎那剎那轉變，上師蓮師也會自在顯現。因為蓮花生大士無處不在，你觀在哪兒，他就在哪兒。只是我們不觀想而已，不觀想的話，上師以及上師的加持，的確離我們很遙遠。

因此，對任何一個修行人而言，與上師、本尊及諸佛菩薩相應的方法，就是靠觀想。如果你能常常觀想、時時憶念，那佛菩薩也就住在你的面前，恆時保佑你、守護你，剎那也不曾離開。否則，只是口頭上念一念，心裡從來不憶念、不觀想，那除了種點善根以外，你所希求的加持或悉地，是很難現前的。

躺下時，要將上師觀想在心間，作為所知入瓶的攝要。「所知入瓶」是大圓滿的術語，是說將一切萬法就像融入寶瓶一般，融入自己心間的明點，最後明點也融入法界。此時就將上師觀在心間，作為這一修法的攝要，在這樣的境界中入眠。

不過，也可以根據自己的情況來觀。如果覺得把上

師觀在心間不好觀，就觀在頭頂，觀想上師在你頭頂的光圈中安坐，這樣也可以。

依上師瑜伽將一切轉為道用

總而言之，要依靠上師瑜伽將一切都轉為道用。

我們現在修的是蓮師的上師瑜伽，所以你首先應該將自己的住處，觀想成真正的銅色吉祥山——蓮花生大士的剎土，時時擁有這樣的正念。並將一切顯現，你的所見、所聞乃至你所得到的一切，都觀想成上師的幻化，是上師的賜予……如果平時的見聞覺知全都不離上師之相，那任何外緣都不可能傷害到你。

所以，如果你需要盔甲，上師瑜伽就是最好的盔甲，最好的護輪。

當然，在具體修持的過程中，要真正做到將一切轉為道用，還是要做些切實的努力。所以，隨時隨地要銘記《前行備忘錄》的教言：「歸根到底一句話，把一切快樂痛苦，都看成是上師的自性。」

違緣及痛苦是上師為你盡除惡業

當你罹患疾病或者出現了違緣，比如房子塌了、生意不好、別人說壞話、發心不成功……遇到這種種不幸與痛苦時，要想到這是上師以大悲恩賜我盡除惡業的方便，應當滿心歡喜，而不應生起斷除之心。

當然，這也要修行好才做得到。修得差的人，好

夢、好事認為是加持，「我昨天夢到上師啦！多好啊」，異常歡喜。但身體一不好，發心過程中碰了鼻子，「為什麼上師不加持我？我祈禱時想的就是『千萬不要碰鼻子……』」。

其實也不是這樣。很多修行竅訣中說，上師總是根據弟子的根基，而給以相應的加持或調伏。比如，對某些人就賜予順緣，令他各方面都順利，修行增上；而對某些人就製造違緣，以此為他遣除業障及魔障。修行好的人，就在這些時候能體現出來，就算是得了癌症、住進醫院，也能理解是上師的加持：「這肯定是上師的加持，讓我後世的重罪在今生輕受了。」從而生起歡喜，滿懷感激。

所以，對修行人而言，「壞事」不一定不好，一有不順就認為是魔在製造違緣，就祈禱上師遣除，這樣不好。

順緣及快樂是上師的大悲所致

當有吃有穿、豐衣足食、幸福安樂，或者善法增上、修行增上、弘法利生事業等各方面都不錯，處在順緣中時，你也要認識到，這些都是上師的大悲所致，萬萬不可心生我慢、欣喜若狂。

但人在這個時候往往會自滿，認為是自己的能力所致，自己修得不錯：「你看，其他人修上師瑜伽沒什麼感應，但我就有很多驗相。」

第
一
百
三
十
四
節
課

凡夫人就是這樣，即使是做夢，做了好夢或夢到上師傳授教言等，醒來很歡喜，很得意；但做了不好的夢就難過。像前段時間我就做了個惡夢。我夢到到處是人頭，我提著一個人頭在走，他的眼睛轉個不停，當時我有點害怕……醒了以後擔心自己會生病，就立即祈禱上師。但過一會兒一想：「也許是上師的加持吧？應該是加持。」不過，一邊想是上師的加持，一邊又不太樂意這個夢，觀想了半天都轉不過來。

可能很多道友也是這樣，即使想到是上師的加持，但還是情願做好夢，不願意做惡夢，不願意出現違緣。實際不應該這樣。如果你能了解到，這些惡夢、這些違緣的確是上師為你製造的，那你應該歡喜。因為這正說明，像你這種人，只有通過為你製造違緣、設置障礙、讓你生病，才能把你前世的障礙遣除。而你想要的順利和快樂，機緣暫時還未成熟。這些道理，學過《修心七要》的人心中應該有數。

當然，有些人也確實很快樂，生活也安逸，做什麼都順利。但這個時候你也要知道，你的這些順利和快樂，全是上師的加持，所以要心懷感恩，千萬不要傲慢。

疲厭、沉掉等時觀自心與上師無別

如果禪修時出現疲厭、沉掉等現象，要觀想自己的心與上師的智慧成為無二無別，護持實相見解的自相。

能這樣修持，是非常殊勝的。

有些人總想見上師，但當你修上師瑜伽，將自心與上師的智慧融匯為一時，稍許安住，其實就是見到了最了義的上師。形象上的上師——在你面前顯現的上師的色身、照片或者夢見的上師，只是不了義幻化網，一種清淨外相而已；當你安住在這種無別的境界中時，才見到真正的上師——與普賢王如來無二無別的根本上師。

我們每天課前的上師瑜伽後面，也給大家安排了半分鐘的安住時間，在這個時間裡，有緣的人可以天天見上師的面，這是真正的上師本來面目。這種會面，比你平時見上師的色身更重要。

多念蓮師心咒

在護持這一境界的同時，要聚精會神地祈禱上師並念誦蓮師心咒：

ཨོཾ་ཨཱཿཧཱུྃ་བཛྲ་གུ་རུ་པདྨ་སིདྡྷི་ཧཱུྃ

嗡啊吽 班則格熱班瑪斯德吽

這一蓮花生大士心咒，按照龍欽心滴派的傳統，傳承弟子們每人要念一千萬遍。從智悲光尊者開始，如來芽尊者、華智仁波切等，都是如此。

這樣念一千萬，意義是很大的。這三年以來，在座的基本每年都念一百萬，這樣也很好。聞思忙的人，一下子念完一千萬有困難，但著重修行的人，我希望你們要精進。在修行中，以七句祈禱文為主，多修上師瑜

伽，而且要把一千萬遍蓮師心咒念完。這樣修完以後，蓮花生大士及傳承上師們的加持，一定會融入你的心，一切道障及違緣都會遣除。

現在城市裡的很多居士也很精進，念完一千萬遍的大有人在，念完兩百萬、一百萬的就更多了，據我了解，最少的也念了十萬遍。

我以前也說過，用人身修佛法的利益是最大的。平時該說的話要說，但如果是廢話，說了也沒有意義。所以，還是盡量將身口意融入佛法，多念蓮師心咒。

如果真正能這樣去修上師瑜伽，那麼不論你見到人也好、魔也好，乃至萬事萬物都會顯現為上師與本尊，所做所行都將成為善法，都將被轉為道用，入於密宗的壇城中。

米拉日巴尊者的教言

當然，作為一個修行人，不論修什麼法，都應該恆時護持正念來對治煩惱。下面講一則天女向米拉日巴求法的公案：

八天女供食求法

至尊米拉日巴曾依照本尊授記，來到古通地區，住進一個形狀似犀牛般的山洞裡，修持光明禪定。

一天，洞前飛來一隻大灰鴿，耳朵上帶有金製環飾。牠向尊者不住地點頭、鞠躬、抖身，並且轉繞多

大圓滿前行廣釋

次，非常恭敬。然後就向一塊清淨無塵的大石坪飛去。
尊者想：這一定是個天人。於是也跟著來到石坪上。石
坪上堆著一大堆白米，大灰鴿銜著米飛向尊者，作供養
狀，同時又作出轉繞和禮拜的樣子。尊者看了非常歡
喜，唱起了甚深的道歌。

　　唱完以後，大灰鴿又帶來七隻灰鴿，牠們一起向尊
者鞠躬點頭、頂禮繞行。尊者問：「你們是誰呀？來到
這裡做什麼？」鴿子們現出原形，原來是一群天女。那
個帶頭的天女說：「我們是天界的仙女，因為對您十
分有信心，特地前來求法，請您慈悲為我們開示法要
吧！」

　　於是，尊者唱了一首無常及輪迴痛苦的道歌㊽，勸她
們利用逆緣修行。她們聽了非常歡喜。

　　尊者問：「你們剛才為什麼要變成鴿子來到這裡
呢？」

　　天女們說：「我們用天眼發現，您真正斷除了世間
的一切瑣事，獨居深山勤修禪定，所以對您生起極大信
心，決定前來請示法要。但怕被罪業深重、懷有邪見的
人看到，不利於您的修行，因此才變化成鴿身前來朝拜
您。現在我們想請您到天上說法，不知您是否願意？」

　　尊者說：「我將盡此一生留在人間利益眾生。天界

第
一
百
三
十
四
節
課

㊽……世間之樂如草露，須臾歡欣速壞滅，特於美豔汝天女，形雖高雅不可
恃……應知此生諸逆緣，實為良伴助菩提，我今回憶所受苦，一切逆緣及艱
苦，於彼衷心實感恩。汝等亦應仿效我，觀諸逆緣成增上。

也是無常的，我要說的法，也無非是下面這些話，現在你們仔細聽，如法去修持吧！」

於是尊者又唱道：「……天人善道之國土，雖現殊勝不堅實；可愛迷人之天子，相戀雖樂速分離。天人變化諸神通，享用雖豐墮落因……」

最後她們說：「像我們這樣的無明眾生，煩惱常隨此心，恆不分離，請您慈悲傳我們一個恆持正念對治煩惱的法門吧！」

尊者又唱道：「……精勤遮治外境擾，身口閒緩作莊嚴；恆持正念莫間斷，簡行少事作莊嚴……行住坐臥一切時，應觀所現幻化空。」

天女們聽了此歌，心生歡喜，雀躍恭敬，再度變成灰鴿返回天界了。

尊者給天女們講的這些修法，主要是護持正念。如果結合這裡修持及祈禱上師的道理，將上師瑜伽修圓滿了，行住坐臥自然會處於一種清淨的狀態。處於這種狀態，也就自然遠離了世俗的業習。

行住坐臥轉為道用之式

在米拉日巴尊者的其他道歌中，宣講過幾種轉為道用之式，尊者說：

「我行顯現轉道用，六聚自解之走式。」

我在行走時，能將一切顯現轉為道用。我的走式，是六識聚——眼耳鼻舌身意六識全部自解脫的走式。

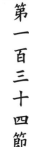

「若坐無偽本來住，精華實義之坐式。」我在安坐時，無有任何改造，於本來之境界中安住。我的坐式，是密法中最究竟、最精要的坐式。

當一個修行人採用這種坐式時，他一安坐，便將上師觀在頭頂，將一切分別念融入智慧大樂中，這就是精華實義之坐式。有些修行有素的人，你一看坐式，也能推出他有不共的境界。

「若食享用空性食，斷除二取之食式。」我在享用飲食時，唯獨以空性為食，雖然在吃，但卻毫無貪著，是斷除能所二取的飲食之式。

「若飲痛飲念知泉，堅持不懈之飲式。」我在喝水時，喝下的是正知正念的甘泉，採用的是堅持不懈、連續不斷之飲式。

尊者的行住坐臥都能轉為道用來修行，所以，他的生活方式與我們完全不同。我們的生活中有實執、有貪著，還要造惡業，很難與道相應。所以，這個時候應該多修上師瑜伽，當上師瑜伽修得比較圓滿時，一切不離上師之相，不論在山上在城裡，在車裡在街上，在哪裡都能將一切視作上師的加持與顯現，這樣修下去，修行自然會增上，生活也很快樂。在這種修行人面前，除了上師的加持及賜予的悉地以外，不會有任何魔障。

但有些人在依止上師時，因為不懂這樣去修持，像上面說的，好的時候認為是上師加持，稍不如意時就擔

心：「是不是上師不高興？是不是上師捨棄了我？」甚至會疑慮：「是不是上師故意詛咒我？」

我認識的一個居士就是這樣，她依止了很多上師，但同時也有很多顧慮，經常怕上師不高興。後來我開導她說：「上師又不是一個小女孩，你不用擔心。」她把這句話記住了。幾年以後她對我說，在她聽我傳過的所有法中，這一句話對她是最管用的。她本來有很多擔心，但一想到這句話，心裡就寬敞多了。

其實真正的上師，怎麼會有嫉妒、心胸又窄、動不動就不高興呢？不會這樣。以前我剛開始依止法王時，也常常心存忐忑：「太親近上師的話，上師會不會煩？還是不去吧。但不去的話，上師會不會想為什麼我一直不去他那兒？」

不過，想來想去心也定了，既然上師是諸佛菩薩的化現，只要我盡心盡力地行持，上師也不會那麼「小氣」。當時我也安慰自己說：「上師又不是小姑娘。」當然，「小姑娘」也不一定都很計較，只不過人們經常這麼說而已。

因此，修行時盡量去掉這些不必要的顧慮，只要你將一切視作上師的顯現，一心一意修上師瑜伽，修行肯定會很成功。

大圓滿前行廣釋

灌頂的基本道理

不僅如此，踏上密宗金剛乘道以後，對於所破誓言進行酬補令其清淨，並且有資格修持生圓次第、大圓滿等一切道，令修行不出現障礙、不步入歧途，以及令功德資糧與日俱增等這一切，歸根到底都要依賴具德上師的能成熟之灌頂。

如頌云：「密宗未依灌頂無成就，猶如舟子手中無船槳。」修密宗的人不依賴灌頂，則不會獲得成就，就像駕駛船隻的人手裡沒有船槳，則無法航行一樣。

又說：「未受灌頂無成就，沙子無法榨出油。」如果未得受灌頂則不會有成就，就像從沙子裡榨不出油一樣。

可見，在密宗金剛乘當中，上師的灌頂是非常重要的，一切悉地的來源都依靠灌頂。不過，即使經過了灌頂的一切形式，但是否就得到了灌頂呢？這一點需要考察。

灌頂的二因四緣

真實得受灌頂，要具足二因四緣，二因即相應因、俱生因。

一、相應因：受灌頂者自身諸根具足，風脈明點心等堪能，有聽聞、接受等能力，也即自身的因緣必須具足。

二、俱生因：灌頂時所需的一切條件，像寶瓶、佛像、甘露等要具足，而且是經過具德上師開光及加持過的。

一般來講，如果不觀察合格與否，這兩者都容易具足。但要具足四緣，相對比較困難，所謂四緣，即因緣、增上緣、所緣緣、等無間緣。

一、因緣：可以接受灌頂的法器，即具有信心及智慧的弟子。

一般來講，外利灌頂㊾（即利益灌頂）要求弟子具有信心，而在內力灌頂（即能力灌頂）的五種灌頂中，聽聞灌頂與修習灌頂，要有自利解脫的心；傳講灌頂與奉行事業灌頂，要有利他的心；金剛王權灌頂，要有自利利他的心。

所以，對接受灌頂的人而言，一定要具足信心和智慧，要有正見，同時也要了解密宗的重要性和殊勝性。否則，即便坐在灌頂的群體中，如果毫無信心，這樣因緣不具足，也不一定能得到灌頂。

二、增上緣：是指具相的金剛上師。金剛上師是最殊勝的誓言，在灌頂中，作為金剛上師，本法的所有念修一定要圓滿。比如，如果灌的是金剛橛的頂，那金剛橛的生起次第、圓滿次第一定要修過，並達到如量標準，咒語要念誦圓滿，而且最好親見本尊，或者至少要在夢中見過。

總之，作為灌頂上師，對密宗的見修行等各個方

㊾《大幻化網》中講到五種灌頂：外利灌頂、內力灌頂、深密灌頂（即秘密、智慧、句義三灌頂）。

面，必須要有定解，而且要有一定的修行能力，這樣才有灌頂的資格。

很多人常常祈請：「上師您給我灌個頂吧，我一直等著您為我們灌頂。」但灌頂不是那麼容易的，不是每個上師都可以灌頂。不要說灌頂，就是講密法，沒有一定的把握之前，是不允許的。所以，對有智慧的上師而言，有些祈請是不會隨意答應的。

三、所緣緣：具有殊勝能力的灌頂物、咒語、等持等，是所緣緣。這是弟子和上師都要具足的。

作為上師，灌頂時的觀想一定要到位。比如作金剛薩埵的灌頂，根據儀軌，一層一層的觀想以及咒語的念誦，乃至在運用寶瓶、甘露、水晶等灌頂物時，一個一個的觀想次第都要圓滿。而作為弟子，也要跟著上師的語言，逐一觀想。

要做到這一條，其實是很難的。尤其是在語言不通的情況下，你也不知道上師是否有資格，他念完以後就說：「我給你灌了一個上師心滴的頂。」你也想當然地認為得到了。但是，他念的是「大自在祈禱文」，還是真的灌了頂？不好說。即使真的灌了，是否得到了？也不好說。

不說漢地人在語言上有隔閡，很難跟著觀想，就是藏族的有些弟子，灌頂時也根本不觀想。上師在上面念，他在下面玩，雖然念的是藏語，他也聽得懂，但基本上是不觀想的。

以前隨法王去印度時，我發現那邊個別上師在灌頂時是講的。每一個道理都講，講完就讓弟子們觀，一層一層地講、觀，其實這樣很圓滿。否則，有些也只是結個善緣而已。

　　四、等無間緣：灌頂儀軌等這些次第，以前前為因，而生後後故，前前的為等無間緣。

　　以寶瓶灌頂為例，到最終弟子得受灌頂之前，上師的行為要圓滿，否則，離開前前的因，就不會有後後的果。首先是上師自己要修，修的時候，自己要入本尊壇城，觀想在幻化的本尊前接受灌頂；自己得受灌頂以後，在為弟子灌頂時，沐浴、懺悔、進入壇城等做完以後，再觀想本尊，為弟子作寶瓶灌頂：首先祈禱，中間真實灌頂，最後念咒語、將灌頂加持品融入弟子的身體等。這些結束以後，再進行後面的灌頂。

　　後面的秘密、智慧、句義灌頂也是一樣，都要以前前作因、後後作果，這樣前前的就叫等無間緣。離開了這個緣，比如缺少關鍵的條件，或者次第錯亂，那就像議程不完美會導致會議無果一樣，也會令弟子得不到灌頂。

　　以上簡單講解了灌頂的二因四緣。依此衡量，求灌頂的人雖然多，但是否都得到了灌頂，可能還要作些觀察。

　　灌頂，就是令你的相續成熟，有了將來顯現智慧的能力。但灌頂以後，是否就是成就呢？還不是。真正要獲得解脫，還要有竅訣，還要修行。

比如，我得到了金剛薩埵灌頂，此時是被允許進入這個壇城，我的相續也因此堪能修習；而下一步，就是要聽受竅訣，修行金剛薩埵法門。這就是所謂「能成熟的灌頂、能解脫的竅訣。」因此，沒有灌頂則不能進入，但得了灌頂卻不修，也無法解脫。

可惜現在很多人不懂這個道理。

「你得灌頂了嗎？」

「我得灌頂了。」

「那你修了嗎？」

「沒修。上師沒說，我也沒修。」

就像這樣，頂倒是灌了很多，這個上師也灌，那個上師也灌，但是不修的話，也解脫不了。當然，種子是有了，善法的滋潤也算有了，

但對一個修行人而言，從此之後的修行，對你所得灌頂這個法門的修行，才是最重要的。

以上略講了一下灌頂的基本道理。

漢傳佛教中也有灌頂

其實，灌頂在漢傳佛教的教義中也有。如《佛頂尊勝陀羅尼經教跡義記》⑤中就說到了五種灌頂：光明灌

---

⑤《佛頂尊勝陀羅尼經教跡義記》云：「所謂灌頂者有其五種。一光明灌頂。謂諸佛菩薩放光加持。二者甘露灌頂。謂以部主真言加持香水。三者種子灌頂。謂部主真言想布字門遍身分。四者智印灌頂。謂部主所執契印加持。五者句義灌頂。謂部尊真言及思中義運用加持。」

頂、甘露灌頂、種子灌頂、智印灌頂、句義灌頂。

以前有個別顯宗上師說：「灌頂無用，灌頂是什麼什麼……」

其實這是不了解灌頂。如果去了解的話，即使不通過藏傳佛教，從漢傳佛教的經典中了解也是一樣的。這些我在《密宗斷惑論》裡都講過。

不過，即使是不了解，但因此造業就毫無必要了。比如有些上師說：「灌頂，就跟給弟子灌水沒有差別。」這樣說，顯現上是造了業。當然，如果是菩薩的化現另當別論，否則的話，還是應該多作了解，避免這種不如法的語言。

基道果三種灌頂

如果從基、道、果上分，灌頂有三種：

一、在具有法相的金剛阿闍黎讓我們進入壇城以後賜予灌頂，這叫做基灌頂。也就是我們平時在上師面前得受的灌頂。

二、依靠上師瑜伽，不觀待他緣而自己得受四灌頂，這叫做道灌頂。就像前面講的，蓮師的身口意及心間發出四種光，融入自己的四處。

三、究竟果位（即十地末際）時，獲得大光明或者深明無二灌頂，現前圓滿正等覺，這叫做果灌頂。

如《華嚴經》云：「得法王位，無量自在，譬如世間，灌頂受職。」就如世間太子經由灌頂而得轉輪王位

一樣，菩薩於十地末尾時，諸佛歡喜讚歎，並由心口放無量光芒加持菩薩，令其進入佛地，現前正等覺法王之位，無量自在。

在這三種灌頂中，就我們當前的修行來講，果灌頂不太現實，而基灌頂的條件也不多，但道灌頂卻可以常常修習。比如，在早上起床或晚上入睡前，就可以觀修蓮師放光，融入自己的身口意，以此得受道灌頂。這種道灌頂非常非常重要！只要經常修持，心相續就會變得調柔、堪能，所以一定要長期修。

上師瑜伽不可缺少

總之，上師瑜伽也具有清淨剎土、圓滿發願、成熟自相續三種不可思議的甚深要訣。一般來說，在實修正行時，所有的前行法都不能棄之一旁，尤其是觀修生圓次第、大圓滿等時，依靠上師瑜伽法而得受道灌頂，是每一座開始必不可少的殊勝要訣。

按理來講，上師瑜伽是前行法，修了上師瑜伽，才能修生圓次第、無上大圓滿。但如果是一個信心十足、誓言清淨又精進的修行人，那麼僅僅依靠圓滿修行這以上的正道（上師瑜伽等加行法），也可以不觀待正行法門而往生到妙拂吉祥山。

在以前的傳記中，有些大德的確只聽過《前行》，但後來也往生蓮師剎土了。甚至在《密宗成就略傳》中

還記載，有些就依靠加行，沒修過正行，也獲得虹身成就了，這種公案很多。

而到了那一清淨剎土以後，在那裡，通過四種持明之道，將會比日月運行還迅速地獲得普賢王如來果位。

以上把「上師瑜伽實修法」講完了，這是一個非常甚深的法要。不過，對每一個人而言，你能從中獲得多少利益，就看各自的重視程度了。

一定要重視《前行》

不僅是這一引導，其實整部《前行》，都是一定要重視的。

今天，學院一位堪布從外面一老修行人那裡，借了一本藏文《前行》。他著急複印，就找到我，我讓複印室給他印了。印完後我翻了一下，一百多頁，個別教證旁邊有一點注解，他就是為了這個才印的。

我問他為什麼這麼著急。他說，那個老修行人把它當生命一樣，要求兩三天必須還給他。

我聽了很感慨，心想：藏族很多修行人的確重視《大圓滿前行》，像以前意科喇嘛的弟子、托嘎如意寶的弟子，都是如此。現在這個《前行》的法本，只是多了一點注解而已，他們卻看得如此珍貴。可我們不同，以金剛降魔洲為主的眾多漢族弟子，只是對《上師心滴》等高法感興趣，一說到《前行》，很少有人重視。

大圓滿前行廣釋

後來我又想：假如這次講《前行》我用的是藏語，畢竟花時間找了教證，公案也從佛經裡找了出處，這麼廣泛的講解，從華智仁波切著書之後，在藏傳歷史上恐怕很少。也包括以前十冊的《入行論廣解》，印度和藏地廣講《入菩薩行論》的很多，但那個講記恐怕也算最廣的一個了。如果這些都用藏文講，由藏文編輯整理出來，那我在藏地肯定就「出名」了。

不過可惜的是，現在為你們漢地講，你們雖然人多，但大家只重視灌頂、高法甚至氣功，對《前行》、《入行論》，都不太重視。我沒有看到一個人隨身帶著《前行》，也很少有人關注《前行》裡的教證及公案。

所以，我很佩服剛才說的那個老修行人，他把書借給那個堪布時，一再叮囑：「兩三天一定要還回來！千萬別弄髒了，別弄丟了，丟了的話，那跟我自己死了沒什麼差別！」可是我們有些道友，一聽說有人借《前行》，很開心：「你要借？不用借，你就拿走吧，沒事沒事，反正我也覺得它太重。你拿去，不用還了。」

會不會這樣？也許是我的邪見，也許真是如此。

但不管怎麼樣，《前行廣釋》會出八冊，出了以後有沒有人看，我不知道。如果是藏文的，當我們這群人離開人間以後，它可能會被收集起來，做成珍貴的專集。但漢地這樣那樣的書太多了，再加上歷史原因，重視前行法的人不多。不說外面的人，就是課堂上聽《前

行》的人，表情也是一般般。從表情上，還是能看出有沒有信心的。

我今天之所以要講這些，也說不上失望，只是心裡確實有一種不同的滋味。這種感覺，也許對，也許也不一定對。

法本及光盤製作上的建議

還有一點我要說的是，在有些光盤、法本的製作上，很多道友非常努力，對此我非常感謝！

不過，在文字校對及視頻製作上，相關道友之間應該作些溝通，有些執著是可以理解的，但在執著的同時，為了統一風格，讓其他有智慧的人參與校對，也是很重要的。

那天我在校對一篇自己講的藏文稿子，校完以後沒有十足把握，於是讓另外兩三位堪布再校。這樣再校、再調整，最後不論是準確度還是連貫性，才比較滿意了。

因此，我知道你們很負責，但負責的人往往會執著：「這是我做的，誰也不能碰，也不准看。如果你看了，我就怎麼怎麼⋯⋯」

也不需要這樣。應該像中觀和因明的辯論一樣，把自己的作品拿出來，讓智者們聚在一起，發揮不同的智慧分析一下，這樣很好。當然，各人的創作風格不同是

大圓滿前行廣釋

正常的，但從不同角度作些調整，面對面地辯論一下，也是有必要的。

但有些道友不敢面對這些，有的是怕人看、怕人說；有的是不願說，怕得罪人，「萬一他不發心了怎麼辦？」「萬一他生氣了怎麼辦？」……

其實也沒關係。我們共同製作的這些光盤和法本，在我們這一代人離開以後，如果有諸佛菩薩的護持，應該還會在一段時間內流傳於世間。因此，為了現在以及未來道友們的學習，一方面我們要盡心負責，一方面也要有些交流，甚至辯論。

總之，對於大家的努力，我是很感謝的。這次講解《大圓滿前行》，是我講得最廣的一次，是第一次，應該也是最後一次。像這樣幾年講一遍《前行》，以後可能不會有了。但無論如何，在我一生的歷程中，這是非常有意義的一件大事！

丁三（傳承上師簡歷）分三：一、如來密意傳；二、持明表示傳；三、補特伽羅耳傳。

內三續之傳承：傳講《大圓滿前行》時，為了使聽法者心生歡喜等，一般而言，上師都會詳略適當講述以內三續瑜伽為主佛法起源歷史的傳統。

在這裡，也簡明扼要地進行陳述：被一致共稱的前譯（寧瑪派）內續生起次第瑪哈約嘎、圓滿次第阿努約

嘎、大圓滿阿底約嘎的法脈流傳可以分為三種，也就是如來密意傳、持明表示傳、補特伽羅耳傳。

戊一、如來密意傳：

從初佛本師普賢如來無量大悲神變之中，顯現諸佛的剎土、講法聖境以及四身本師。本師在和自己無別的五身[51]任運持明、浩瀚如海不可思議的佛眾眷屬（也包括文殊、觀音、普賢等諸大菩薩）前，雖然沒有通過詞句、表示的方式宣說諸法，但在無勤任運大悲自證智慧自相光明性中，卻以無言的方式而宣講，使諸位眷屬（十方佛等）現前了無倒實相密意，斷證功德與本師成為無二無別。

對於不具有這般徹悟真如緣分的眷屬，佛陀則以其他階梯道乘的方式加以宣講，其情形為：

總的來說，在不可思議的世界中隨機度化、示現無數化身而饒益眾生。如《大乘密嚴經》云：「以諸眾生類，所樂各不同，佛以種種身，隨宜而應化。」意思是，因為眾生的根基、意樂各不相同，所以佛陀便顯現各種身相——

不僅有人或旁生等有情相，也有橋梁、大路、路燈等無情相，以此相應而作度化。

分別而言，則是以六能仁化身的形象，來調伏六道

---

⑤五身：舊派密乘經典所說二十五果法之一類：法身、報身、化身、不變金剛身和現證菩提身。

所化有情。所謂六能仁：天界是帝釋能仁，身相為白色；阿修羅道是正信能仁，身相為綠色；人間是釋迦牟尼佛，身相為黃色；旁生道是獅子奮迅能仁，身相是藍色；餓鬼界是焰口尊者，身相是紅色；地獄道是中陰法王，身相是黑色。這六能仁在《聞解脫經》裡有廣說，其實都是佛陀的化身。

尤其在這個南贍部洲，釋迦牟尼佛在人間天境中依次轉了三次法輪，宣說了因乘的經、律、論，以及密乘外續的事、行、瑜伽部。如頌云：「調伏貪惑對治法，佛說律藏二萬一，調伏嗔心對治法，佛說經藏二萬一，調伏癡心對治法，佛說論藏二萬一，同調三毒對治法，佛說密藏二萬一。」

從這個教證來看，不承認密宗是沒有道理的。就像我以前在一個問答中講過：若是不承認密宗，所謂八萬四千法門則不齊全；而若是承認八萬四千法門，那密宗也應該承認。

這個道理，其實在漢地的經典裡也有，如《大方等大集經》（第29卷）云：「欲行者二萬一千行，恚行者二萬一千行，癡行者二萬一千行，等分行者二萬一千行。觀如是眾生八萬四千心之所行如實而知，隨其所應而為說法。」

希望大家記住這個教證。

它的意思是，貪心行者有二萬一千心行（即心的造

作），嗔心行者有二萬一千心行，癡心行者有二萬一千心行，貪嗔癡等分行者有二萬一千心行，佛陀觀察所有這些眾生的八萬四千心之所行，如實了知以後，便根據其根基相應宣說了八萬四千法門。

這裡沒有分開說經、律、論及密藏的各個「二萬一千法門」，但意思應該是一致的。這部《大方等大集經》，廣本共60卷，除了宣說六度、空性以外，還宣說了密教、陀羅尼等教義。是在曇無讖所譯30卷本的基礎上，又加了《日藏經》、《月藏經》等零散經典以後，合集而成。

總之，所謂如來密意傳，實際上是佛陀內部之間的一種交流或說智慧傳遞。對於無法如是傳遞的六道眾生，則顯現為六能仁，宣說相應法門進行度化。

特別對我們人類來說，貪心重的，佛陀為其宣講了戒律；嗔心重的，宣講慈悲心等大乘經藏；癡心重的，則宣講對法（阿毗達磨）加以對治。可見，貪嗔癡不等、偏在一個上面的人，你不一定非要學密法，單學戒律，或者單學經、論就可以，而貪嗔癡都重，或說三者基本平等的，這種人最好學密法。

所以，不是所有的人都要學禪宗，也不是所有的人都要學密法，佛陀說了八萬四千法門，每個眾生可以根據自己的根基，修行相應的法門。

以上我們以很簡單的方式，對如來密意傳作了了解。

大圓滿前行廣釋

第一百三十四節課

第一百三十五節課

　　按照龍欽寧提派的傳統，《大圓滿前行》講到上師瑜伽時，都要講一下傳承上師的歷史，前輩大德們都是如此。所以，作者華智仁波切在此也將三大重要的傳承淵源，作了簡單敍述。上一堂課講了如來密意傳，今天講持明表示傳。

漢傳佛教與藏傳佛教一致

　　這三大傳承，其實漢傳佛教中也有。像如來密意傳，只是不這麼稱呼而已，但道理上也有這種理解；持明表示傳，在禪宗的歷史及公案中，多數成就者就是依著一種表示而開悟的，和這裡也並無不同；補特伽羅耳傳，即口耳相傳，漢傳佛教也是如此傳承下來的。

　　可見，漢傳、藏傳並無不同，只是以往我們不太了解而已。為了讓大家了解這一點，在講《前行》的過程中，很多道理及名相，我都是結合漢傳佛教的教理來解釋的，從開頭到現在，都是如此。這樣宣講就是為了讓大家知道，其實各宗各派是相通的，是一體的，並不是藏傳佛教是一套，漢傳佛教是另一套，二者水火不容。

　　當然，對一個真正的瑜伽士或開悟者而言，這些都不會矛盾：佛陀的教法開立多門，不過是巧施種種方便而已，途徑不一，但歸宿卻不異。

大圓滿前行廣釋

同樣，前行和淨土也是如此。最初我開設了前行班，後來想暫時講點淨土，就又開了淨土班，原以為可以將它慢慢歸入前行班裡，但到目前為止，已經近六年了，還是沒有歸到一起。為什麼呢？因為他們把前行當密法了：「如果是淨土班，我們繼續學下去，但如果成了密法班的話，謹慎起見，我們只有退班了。」很多淨土宗道友，到目前為止還是這種態度。所以不得已，我就開了很多班，淨土、前行、因明，一個人做很多班的老師，還是挺難的。

　　但這是什麼原因導致的呢？就是個別有影響力的上師，因為語言不慎造成的。可能自己學的是淨土，對其他的也不太了解，這樣一來，他的一些觀點，就使相關很多人都受到了影響，以致現在我們想盡一切辦法來扭轉他們，都很困難。

　　所以，這次講《前行》，我就盡量用漢傳佛教的教理來印證。

戊二、持明表示傳：

佛陀授記密法將出世

　　持明表示傳是如何產生的呢？釋迦牟尼佛臨近涅槃時曾經預言：無上密法日後將出現於世間。

　　無上密法有兩部分：一部分是釋迦牟尼佛顯現為金剛持的形象，親口宣說的，像《時輪金剛》、《密集金

剛》等眾多法要；還有一部分，佛陀在世時並未宣說，但授記它未來將出現於世。

這個歷史，學習、研究密宗的人一定要知道。就像禪宗，如果你不了解它的歷史，不了解這一宗派傳承上師們的行持，那對它的法要以及將會獲得何種境界，就會有些懷疑。所以，學密法的人也要先了解它的來源，當你了解到它的來源如此清淨時，有正見的人也就不難接受了。

佛在《勝樂後續》中明確地說：「我趣涅槃後，二十八年時，三十三天處，教主勝心天，降臨於人間；贍洲東方隅，人中具緣種，名為國王匝，出現祥預兆；扎謝堅山㊼上，金剛手現前，傳授五聖賢㊽，羅剎境主（蓮花生大士）等。」這樣作了授記以後，佛陀便示現涅槃。

釋迦牟尼佛說：我涅槃後第二十八年，三十三天的教主勝心天子，將會降臨於人間；在南贍部洲東方的人間，會出現具有殊勝因緣的國王匝，在他的夢裡將出現種種瑞兆；在扎謝堅山，金剛手菩薩現前，將密法傳授給五聖賢及蓮花生大士等。

扎謝堅山，即瑪拉雅山，位於現在的斯里蘭卡，佛陀曾經在這裡宣說過《楞伽經》。《敦珠佛教史》中說：「此山具足一切山之體性。」乃至對山上、山間以

㊼扎謝堅山：即瑪拉雅山。瑪拉雅，梵義譯為香山，藥都善見城西一山名，盛產岩精、寒水石等藥物。
㊽聖種五賢：妙稱天、安止龍王、流星面藥叉、慧方便羅剎和離遮族人無垢稱等五。

及各方，都描寫得很細緻。以前我見過一張照片，說是瑪拉雅山，是密法最初弘揚之地，但現在已經成了世界上著名的旅遊勝地。

就在這座山上，金剛手菩薩把密法傳授給五聖賢。五聖賢的身分，分別有天人、龍王、夜叉、羅剎、人。這五位「代表」當時首先接受了密法，後來又傳給了羅剎境主。有大德說，此處的羅剎境主，就是對蓮花生大士的授記，因為蓮師後來的確成為了羅剎國的境主。

與佛的授記相吻合，佛涅槃後二十八年，無上密法的生起次第瑪哈約嘎、圓滿次第阿努約嘎、大圓滿法阿底約嘎，果然分別出現於世。這一開端，距今也已2500多年了。

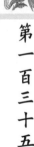

瑪哈約嘎興盛的歷程

其中，瑪哈約嘎的所有續部，是在本師釋迦牟尼佛涅槃後二十八年時出現的。當時國王匝夢見七種夢兆(54)，並在自己的皇宮上，得到了許多用琉璃溶液撰寫在金紙上的密續經函，以及一尊一肘高的金剛手佛像。

國王匝通過祈禱而通達了其中的《面見金剛薩埵品》，隨後依靠這一品與金剛手佛像，修行六個月（有說七個月），最後現見了金剛薩埵，並得到加持，從而

(54)七種夢兆：一、夢到身語意所依入於自身；二、降下珍寶經函；三、與眾研討佛法；四、受到眾人讚歎；五、廣造佛塔；六、降下珍寶；七、得成佛授記。個別史書對七種夢境的說法略有不同。

對所有經函的意義通達無礙。從此以後，生起次第也即瑪哈約嘎，便逐步在人間弘揚開來。

這一歷史，其他佛教史中有廣說，這裡只是象徵性地講一下。

阿努約嘎興盛的歷程

阿努約嘎興世的歷程：也是在佛陀涅槃二十八年時，聖種五賢在瑪拉雅山頂，觀想十方諸佛而悲切地祈禱：「嗚呼哀哉極悲切，導師日光若隱沒，世間黑暗孰能除……」意思是，悲哀啊！導師佛陀的日光已隱沒，世間的黑暗誰能遣除。以此念誦了二十三句悲哀詞㊺。

結果所有善逝勸請密主金剛手道：「密主金剛汝諦聽，昔日誓甲豈捨棄？不知世間痛苦歟？汝以悲心降人間，當除世間之憂苦。」意思是，密主金剛你諦聽，你曾發下弘揚密法的宏大誓言，難道要捨棄它嗎？難道你不知道世間的痛苦嗎？你現在就應當興起悲心降臨人間，弘揚密法，解除世間眾生的一切痛苦。

密主應允答道：「無始亦無終，吾未捨誓言，今依佛勸請，吾亦顯神變。」我的誓言無始無終，我也從未捨棄過，現在依照諸佛的勸請，我立即顯現神變於人間弘揚密法。

說罷，便降臨在瑪拉雅山頂聖種五賢的面前，為他

㊺二十三句悲哀詞：此二十三哀詞在《集密意續》中有詳述。

們宣講《集密意續》等續部。

藏傳佛教前譯派（寧瑪巴）有三大心要——經、幻、心：心，是大圓滿；幻，是《大幻化網》；經，即是《集密意續》。很多上師在勸導他人修持時，都提到這三大心要。當時密主金剛手為五大聖者宣說的，就是其中的《集密意續》等。

此外，密主又到西方鄔金剎土達那夠卡洲，為金剛手的化身（也有說是金剛薩埵的化身）極喜金剛，宣講了《吉祥密續》、《竅訣續》、《普巴續》、《佛母續》等。他們也一脈相承，一直傳給鄔金蓮花生大士，之後逐漸興盛起來。

阿努約嘎的弘揚有兩條途徑：一是密主金剛手傳給五賢者，從他們再傳開；二是金剛手傳給極喜金剛，極喜金剛再輾轉傳至蓮花生大士。所以，在這一傳承當中，也有蓮師。

大圓滿傳承上師的歷史，以前我也譯過一些，像《上師心滴》裡就有，《聞解脫》裡也有。

阿底約嘎興盛的歷程

這裡特別要講述的，是竅訣阿底約嘎興世的歷程，這一歷程分天界與人間兩種。

阿底約嘎在天界弘揚的情況

首先，講一講在天界弘揚的情況：

三十三天的天王護賢，從他的心間意化出五百天子。其中，長子普喜藏的智慧、技藝，在所有兄弟中獨占鰲頭，他常常喜歡獨自一人在禪房中靜修、念誦金剛密咒，在天界中被譽為「勝心天子」。

天子在水牛年出現四種夢兆：一、夢到一切如來光芒四射、普照十方，光芒之中六能仁旋繞眾生，最後融入他的頂髻中；二、夢到自己一口吞併梵天、遍入天、大自在天；三、夢到空中日月出現在自己的手掌中，隨即光輝遍布整個宇宙；四、夢到從空中的寶雲中降下甘露妙雨，一時間便呈現出草籽發芽、森林茂密、寶苗成長、鮮花綻放、果實累累的繁榮景象。

清晨，天子將夢境原原本本地向天王陳述。

帝釋天王讚歎道：「唉嗎吙！無勤佛法精華出現時，三世佛陀化身菩提心，十地自在世間殊勝燈，天境莊嚴之您誠稀有。」奇哉！無勤的密法精要出現於世時，三世諸佛的化身菩提心（即勝心天子），您是十地自在，是世間明燈，是天界之莊嚴，您實在太稀有了！（無論天上還是人間，聖者的出現都是非常罕見的。）

天子的第一個夢境，預示著他將受持大圓滿心要以及諸佛的密意，成為法太子。

以前法王如意寶在講《法界寶藏論》時說過：「我們喇榮聖地，不是自己讚歎自己，大圓滿教法就掌握在我們師徒手裡。」當時法王要求輔導《法界寶藏論》，

很多人起先不敢，但法王說：「我有把握，三大護法神完全開許你們輔導。」這樣大家才敢輔導。

其實像大圓滿這樣的甚深密法，並不是誰都可以弘揚的。不管是哪一位上師，沒有一定的把握，只是為了達到種種目的而去弘揚，效果不會好。再加上，如果沒有得到諸佛菩薩的密意，對他人無益不說，還會給自己帶來諸多的不吉祥。

第二個夢境，預示著懾服一切魔眾、徹底根除貪嗔癡三毒。他吞下的三大天王，就代表魔或貪嗔癡。就像我們設計的大鵬金翅鳥，嘴裡含著三條蛇的，分別代表貪、嗔、癡；而只含一條蛇的，就象徵所有煩惱。因此，如果你夢到了吞毒蛇，那就是斷除貪嗔癡之相。

第三個夢境，預示著遣除所化眾生內心的愚暗、燃亮正法之燈。

第四個夢境，預示著將以自然大圓滿的甘露水遣除煩惱的酷熱，並且弘揚無勤任運自成大圓滿之果乘。

勝心天子的這四個夢，完全是自他二利圓滿的象徵。對我們一般的修行人而言，其實有時也可以通過夢來觀察自己的修行。這個道理，《大乘四法經》裡介紹了很多。

比如，當你出現煩惱障時，有四種夢：夢到毒蛇擾亂；夢到群獸發惡聲；夢到落入盜賊的險難中；夢到自己的身上被塵垢所蒙。

當你陷在業障中時，有四種夢：夢到自己墮入大險

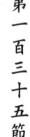

地；夢到高低不平之路；夢到彎曲回旋之道；夢到迷失方向並出現驚恐怖畏。

如果你當見如來，也有四種夢：夢到月亮出現；夢到太陽出現；夢到蓮花開放；夢到大梵天王威儀閑寂。

……

《大藏經》裡對於夢的解釋，有些確實有它所表示的意義，但有些也不過是類似白天的習氣而已。作為凡夫，可能不會有天子這樣的夢，多的不過是「日有所思，夜有所夢」，好的、壞的層出不窮，一一說出來也沒什麼意義。因此，修行人不應特別耽著這些。不過，從修行的角度，對好夢、惡夢的象徵意義作些了解，也是有必要的。

在天子夢到這些的同時，三世諸佛對此非常重視，他們集聚之後勸請金剛薩埵：「具有珍寶神變者，當啟所化所欲門，無勤令其具珍寶。」意即具有珍寶的神變者啊，您一定要為所化眾生，開啟他們所需要的一切修行之門，令他們無勤之中便能具足大圓滿之如意財寶。

通過諸佛勸請後，吉祥金剛薩埵心間出現如意寶自燃輪，交付給金剛手尊者，並且囑咐說：「於諸眷屬當宣說，無二智慧之密意，無為無勤本來佛，共稱大中觀之道。」意思是，你應當為一切有緣的眷屬宣說無二智慧之密意，也即，一切法本來無為也無需勤作，一切眾生本來即是佛陀，這就是本來清淨的密意，是無上大圓滿之道。

大圓滿前行廣釋

（在座的人當中，了解、修過大圓滿的不用多說，對自己心性本自光明的道理，應該是非常清楚的。）

金剛手尊者應允說法，並說道：「金剛薩埵大虛空，本非詞句之行境，我今宣講極困難，然以詞句詮釋言，為令未證者證悟，如應救度瑜伽者。」尊者說，金剛薩埵大虛空（如《法界寶藏論》、《普作續》等所說），本非言語詞句的行境，若是讓我直接宣講極為困難。但是，為了讓未證悟此義的人證悟，我還是要運用詞句詮表、解釋密法的竅訣，相應救度那些有緣的瑜伽行者。

其實自古以來，密法所饒益的，都是那些具足信心的人，而不是所有人。那些不具有信心的人，因為前世累積的善根淺薄，即使學了密法，也不見得今生就有利，甚至有些還要生邪見，並因此墮入惡趣。

但對具足信心者來講，密法的一句一字，似乎都非常熟悉，見聞以後也非常歡喜，是一種說不清楚的熟悉和歡喜。這種人，藏族中有，漢族中也有，乃至西方等很多國家及民族中都有。

這裡所謂「如應救度」，就是對這些自然具足歡喜及信心的人，作不同的、相應的救度。

親口答應之後，金剛手尊者前往東方金剛光明剎土，金剛密如來等金剛部尊眾前，南方珍寶光明剎土，珍寶光明如來等珍寶部尊眾前，西方蓮花光世界，蓮花光如來等蓮花部不可思議尊眾前，北方清淨成就剎土，成就光明如

來等事業部無量尊眾前，以及中方離邊刹土，毗盧遮那佛等真如部之眾多佛前，聽受了稀有佛法精華無勤自然密意、超越因果的法門──阿底約嘎的意義⑤，斷除了增益。吸取了諸佛密意的營養之後，知曉在三十三天具九股金剛杵之中柱的尊勝宮中央宮殿裡，居住著堪為密法法器、具緣之士勝心天子，於是前往尊勝宮。

當時，勝心天子在中柱頂的九股金剛杵上，設置璀璨珍寶組成的寶座，請金剛手尊者入座，撐起各種珍寶組成的傘蓋，供養眾多天物供品。

金剛手尊者以詮表的方式，授予勝心天子王權金剛瓶圓滿灌頂，並傳授了十部竅訣幻化續，又在時際刹那中，圓滿宣講了七個灌頂、五種竅訣、單扎續等諸多竅訣，隨後賜予灌頂，令他成為法王繼承人，並說：「此乃稀有精華法，傳遍三十三天已，願您復化喜金剛，此法廣弘贍洲中。」意思是，這是最為稀有的無上密法，在傳遍三十三天之後，希望您再幻化為極喜金剛（嘎繞多吉）的身分，將此法廣弘於南贍部洲。

阿底約嘎在人間起源的歷史

在印度西方鄔金空行母地區的達那夠卡洲，革扎湖畔金剛洲洞的領域內，有一座百花爭豔、賞心悅目、環

---

⑤堪布講到此處時說：「金剛手菩薩到處去聞法，只是顯現，並不是自己不懂，非得東南西北地去聽課。因此，作為後學者的法師們，在給人傳講佛法時，也應該再三地到善知識面前得受法要，了解你所要講的法門，這個很重要！」

211

境幽雅的園林，國王鄂巴繞匝與皇后光明具光母生下一女，取名為花明。

花明公主具足妙相，天生心地善良，有著強烈殊勝的菩提心，樸實無華、謹慎穩重，捨棄爾虞我詐、放逸無度的俗世生活而出家為尼。（一個真正的出家人，在離開世俗生活以後，心境是非常清淨的，自古以來都是如此。當然，除了一些人為的影視刻畫以外，魚龍混雜的情況確實也有：不信佛但穿上了出家衣，沒有出離心、菩提心，只是逃避世間而進入佛門……但這種畢竟是少數。）她出家以後，比丘尼戒守護得纖塵不染，與隨同的五百比丘尼眷屬一起居住。

水牛年藏曆四月初八的黎明時分，公主進入夢鄉：夢到諸佛放射光芒形成日月，太陽從自己的頭頂向下融入，月亮從足掌心向上融入。

當清晨醒來的時候，公主的相續中生起了證悟，她來到革扎湖畔進行沐浴。

正在這時，金剛手尊者幻化成一隻天鵝王，使勝心天子融於「吽」字中，接著幻現為四隻天鵝，從天而降前來沐浴。之後三隻天鵝又飛到空中，而密主所化現的那隻天鵝，用喙觸碰花明公主胸間三次，並射出一個光輝燦爛的「吽」字，融入公主的心間後便飛走了。

公主對此甚感稀奇，於是便向父王和眷屬們講述了事情的經過。父王也驚奇不已，並且歡喜地說道：「難道要誕生一位佛的化身嗎？」

於是對公主百般關懷，命屬下盡力承侍，為她舉行廣大佛事。

公主沒有出現任何懷胎的跡象而度過了九個月。一天，她的心間出現一個光彩奪目的九股金剛杵，化現成一位具足相好的小童子，只見他右手執著金剛杵，左手持著珍寶手杖，朗朗背誦起《金剛薩埵大虛空續》等經續（他一降生即能背誦，這是用習氣說明前世存在的明顯例證。當然，作為佛菩薩的化現，背誦續部是非常輕鬆的）。眾人喜出望外。國王請來婆羅門相師為他看相。

那位相師極其驚詫地說：「這是一位聖者的化身，一位殊勝大乘教主誕生於世了。」

（印度婆羅門看相很厲害。不僅是古代，聽說現在也有，在印度的個別地方，孩子一降生，都會請婆羅門去看相。）

正因為眾人喜悅到極點，以及他的手中持有金剛，所以為他取名為極喜金剛㊉；又由於眾人皆大歡喜，因而又叫做喜金剛；由於眾人笑逐顏開，因此也稱笑金剛。

（另有一種傳記說，比丘尼做了個夢，十月之後便生下一子，驚恐之中，她把孩子埋進灰洞裡。當時，灰洞裡呈現了很多瑞相。三天以後再去看時，結果孩子站立在那裡，面帶微笑。於是又把他抱回來，精心養育。

待長至7歲時，他請求母親允許自己與班智達辯論。結果在與五百班智達辯論過程中，他的提問，班智達們無人能答；而班智達

㊉極喜金剛：藏音嘎繞多吉；喜金剛為吉巴多吉；笑金剛為呀巴多吉。

213

們提的問題，他卻全都對答如流，最終大獲全勝。當時國王歡喜萬分，賜名嘎繞多吉。

嘎繞多吉是我們大圓滿傳承中，在人間弘揚的第一位祖師。在大圓滿傳承祖師的祈禱文中，先是普賢王如來，之後是金剛薩埵，接著便是這位殊勝化身。）

在他登基之時，密主金剛手尊者親自降臨，在時際剎那中，完整傳授給他王權圓滿寶瓶灌頂等所有灌頂、九界二萬卷等所有續部竅訣，並賜予極喜金剛成為教主的灌頂。

（當時，密主金剛手菩薩也親自為嘎繞多吉傳授了大圓滿的六百四十萬偈頌，也即大圓滿的十七續部。這十七個續部，分為根本續與分支續，根本續即《一子續》，是所有續部之根本，得過灌頂、修過加行的戴在身上，不會墮入惡趣。可見，大圓滿有很多殊勝功德及加持威力。）

灌頂之後，密主金剛手囑咐諸位護法神竭誠協助、盡力護持佛法。

（從嘎繞多吉、西日桑哈以來，阿仲瑪等三大護法神為主的眾多護法神，都承諾保護密法。不僅保護密法，而且還保護所有如理如法修持密法的人。既護「法」，也護「人」。其實，在我們修行密法及弘揚密法的過程中，護法神的幫助與護持，是非常重要的。）

極喜金剛依靠無勤大圓滿，而在剎那間成佛。後來，他的竅訣——三大教言，全部留在文字上，令無數後人有機會修行大圓滿的無上法要。

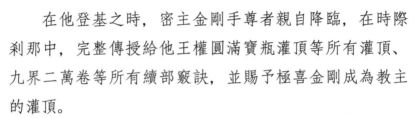
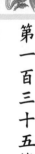

第一百三十六節課

　　無上密法的三大傳承是，如來密意傳、持明表示傳、補特伽羅耳傳。現在正在講持明表示傳。這一傳承中的阿底約嘎，分天界與人間兩條脈絡，天界的講完了，人間的講到了極喜金剛的誕生及成佛。

　　極喜金剛（嘎繞多吉），是大圓滿在人間的第一位祖師，就像漢地禪宗的達摩祖師一樣。這個故事昨天講得很略，想要詳細了解的，可以翻閱《印度佛教史》㊿、《白史》、《紅史》以及相關的密教史等，這些史書對於各個祖師的年代及事件，從不同角度作了解釋，有興趣的可以看看。

上師瑜伽以實修為主

　　這次講《前行》，歷史只是順帶著講一下，我們也不是要研究歷史，或者考證什麼、發表什麼文章，這些都不是。我們是以實修為主，以竅訣為主。

　　尤其是這一上師瑜伽的修法，最關鍵的就是要修持，而且要念蓮師心咒一千萬遍。這個才重要！講這部《前行》，從開始到現在已經歷時三年左右，期間也要求大家每年念一百萬蓮師心咒，如果這樣做了，而且能堅持念完一千萬遍，那傳承上師的加持，就一定會融入

㊿此《印度佛教史》為多羅那他尊者所著。

215

你的心。

　　當然，這還是要下些功夫才行。如果是在古代，修行人除了聞思修行，基本上沒有世間雜事，所以一般修行都很徹底。雖然那個時候傳播佛法不容易，要讓佛法翻越一個山溝、一個區域很費力，即使是著名的全知無垢光尊者、宗喀巴大師，他們的事業正式展開，其實也是幾百年以後的事。但古人有個特點，一旦得到佛法，便非常專注，非常用心。

　　不僅是聞思、辯論、修行，念經也是一樣。念再長的經，比如像《聞解脫經》，一念就是四十九天，但他們毫無疲厭。前段時間在跟幾個法師商量事情時，大家都一致認為：現在的出家人恐怕不願意這樣了，從早到晚，天一亮就開始，一直念到天黑。而且不是一天，是四十九天。這種毅力，對現在人來講很難說，但古人的確是有的。

　　不過，現在也有現在的便利，你要傳播佛法，一瞬間就能傳遍全世界。所以，發了大乘菩提心的道友，在你自己實修的同時，有能力的，也要利用這些來利益眾生。這些條件用不好，比如用網絡來傳播邪知邪見，就會很快蔓延於整個世界；用得好的話，比如用來傳播佛法、傳播對人類今生來世都有利的思想，也很迅捷。

　　迅捷的好處，就是可以讓很多人當下享受到佛法。不過，現在人看得多、聽得多，想得更多，身處如此繁

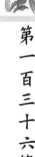

華的世界，讓他完全專注於佛法，也是很難的。

而要超越這些，唯有依靠強有力的加持——傳承上師的加持。只要你以恭敬心、信心長期祈禱，到了一定的時候，上師的加持自然會融入你的心相續，那時候，不管你修任何法門，都會非常容易。沒有上師的加持，修行就像秋冬時節的大地，你如何想生長萬物，也不可能；而一旦有了上師的加持，心便會如春天的大地，生發任何善法苗芽，都很容易。因此，上師如意寶常常強調的，就是傳承上師們的加持。

當你對傳承上師們有所了解，同時也經常祈禱的話，那你自然會生起信心。那時候，當你看到他們的法相，當你聞受他們乃至一句的教言，都會當如意寶一樣恭敬頂戴，這樣一來，你的相續也自然而然會獲得殊勝利益。下面繼續講課：

大圓滿前行廣釋

持明表示傳在人間弘揚之歷史

蔣花西寧求法並成為教法結集者

當極喜金剛獲得成就時，印度聖地又誕生了一位文殊菩薩的化身——名為成藏或勝樂藏的婆羅門子。他的父親是樂護婆羅門，母親叫革哈那。成藏後來捨俗出家，成為五百班智達的主尊（在我們這裡，五百人的話，不可能人人都是班智達。有一部分學得還可以，有一部分是中等，但還有一部分，前世的因緣不佳，即生也不精進，所以一直學不懂），

因為是文殊菩薩的化現，他能講善辯，所以被人們共稱為文殊友⑤阿闍黎。

一次，聖者文殊菩薩為他授記說：「從此處向西方，在鄔金境內革扎湖畔黑慶達金洲大尸陀林⑥中央的金剛洲洞境內，住有一位金剛薩埵的化身、諸佛無勤之教法⑥的教主，他已經獲得諸佛的灌頂，名叫化身極喜金剛，你應當前去求得稀有佛教的精華、無勤成佛的正法阿底約嘎，並作為他的教法結集者。」

於是，文殊友對其餘諸位班智達說：「西方鄔金地方有超越因果之法⑥，所以我們必須前去折服。」

眾班智達商定之後，蔣花西寧、特哦日匝哈德等七位班智達，歷經千難萬險來到鄔金境內。他們用盡周身解數，與化身極喜金剛對因果及內外密法，展開了研討及辯論，始終無法取勝。

這一情節，在大圓滿的歷史中有記載。其實不僅是嘎繞多吉，歷代大圓滿祖師，在佛法辯論及講述世俗道理方面，都是無人能勝伏的。

如今也是一樣，真正的大圓滿開悟者、大圓滿祖師，他們的觀點堅不可摧。以前上師如意寶講《法界寶

---

⑤文殊友：藏音即蔣花西寧。
⑥印度有好多尸陀林，也叫寒林，很多大修行人居此修行。
⑥大圓滿教法，因無需勤作，自然安住即可，故稱無勤之教法。顯宗教法則需要勤作。
⑥在顯宗當中，因果是不能超越的，善有善報、惡有惡報。而在大圓滿的無上見解及最高境界中，是超越因果、無可言說的。

第一百三十六節課

藏論》時說過：「不論從護法神的層面、從人間的層面，如今大圓滿就掌握在我們的手中。這並不是自誇自讚，而是以事勢理⑥³成立的。」

我認為確實如此。如今喇榮以及世間很多在大圓滿上有一定開悟及驗相的人，他們不論在修持的覺悟方面，還是佛法及世間的學問方面，都有相當的權威性。不論是顯宗的佛教徒，

還是世間的非佛教徒，如果你認為密法不合理，那也可以擺在桌面上探討。像嘎繞多吉一樣勝伏一切，我們不敢說，但以多年學習顯宗、密宗的體會，以及與宗教界、學術界交流的經驗來看，沒有一個人可以在理論上，否認無上密法大圓滿的觀點，讓我們抬不起頭來，不敢再修了，這是不會有的。

在我看來，多數人的成見，是因為不了解密法造成的。如果他們能作些了解，甚至潛心學習研究，之後以公正的態度來辯論，那絕對找不到半點真實的破斥理由。

當時，蔣花西寧在嘎繞多吉面前就失敗了。失敗之後，他問諸位道友：「既然我們輸了，那向化身極喜金剛請求這一無上大圓滿超越因果之法好嗎？」

---

⑥³事勢理：真正以理來推測的時候，根本沒有任何違害，完全可以成立，這種正理就叫做事勢理。

特哦日匝哈德說：「雖然有求法之心，可是我們已經侮辱了他，實在不敢求法。」有些人說：「剛開始我們不懂，但求法後一定會生起定解，所以應當求法。」

就這樣，大家商量後，決定誠心誠意進行懺悔。有些人頂禮或轉繞化身極喜金剛；有些人痛哭流涕，淚流滿面；文殊友躬身頂禮而泣不成聲，心裡暗想：「我已經侮辱了這位化身（僅僅是理論上的辯論也不至於，可能因為懷著必勝的信心，態度上有些傲慢），信口開河說了許多辯論之詞，所以必須斬斷自己的舌頭來作懺悔。」想到這裡便尋找刀刃。

化身極喜金剛知道他心中所想，於是說：「罪業不會因為你斬斷舌頭而得清淨，撰著一部超越因果的殊勝論典吧，這樣一來可以淨除罪業。」

其實，以造論的方式悔過，是最好的懺悔。

現在也有些知識分子，沒學佛的時候，在文章裡的確對佛教、對密法有不恭敬的地方，現在想起來很後悔，也在念金剛薩埵。有些也知道嚴重性，甚至想刺破舌頭以示懺悔。

其實這也不必。如果你真想懺悔，最好是重新發表文章，你可以這樣說：「我曾經如此如此說過，但那時我的見解不對，思想也不成熟，而現在，我在對佛法進行了認真學習、研究以後，有了新的認識和見解……」這樣把自己的認識與體會講出來，以此勸誡他人，是最

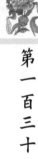

好的懺悔。

最近，我們收到各個院校知識分子的一些論文，從中看到，有些人對佛教很有信心，也有相當的認識。而有些人只是說得大，其實並不了解佛教，甚至也有誤解的地方。

所以，起初因為不了解而犯下過失，也是正常的，只要以後認識了，再以造論或寫文章的方式懺悔，也是很好的。

世親論師的故事大家都知道。當時他在克什米爾的班智達那裡聽受小乘佛法，後來廣攝徒眾。但他聽說哥哥無著造了許多大乘論典，便進行毀謗。無著菩薩知道以後，擔心他造下重罪，於是派了兩個人，到他附近念誦兩部大乘經典：《十地經》及《無盡慧所說經》。

世親論師聽後，開始尚未認可，但聽到後來，已完全領悟到大乘佛法的善妙，知道自己造了謗法罪業。於是來到無著菩薩面前，想斬斷舌頭懺悔此罪。無著菩薩制止了他，請示彌勒菩薩以後，對他說：「你必須廣造大乘論典，才能懺悔清淨。」

從那以後，他便開始撰寫大乘論典，比如彌勒五論的注釋、《無盡慧所說經廣釋》、《十地經釋》、《唯識三十頌》、《唯識二十頌》等，數量眾多。

他知道哥哥與彌勒菩薩可以像人與人一樣對話，便請求哥哥說：「我也想見一見哥哥的本尊。」無著菩薩

大圓滿前行廣釋

請示以後，轉達彌勒菩薩的話說：「你誹謗大乘佛法的罪業太重，這一世見不到，待罪業清淨後，下一世方可得見。」

就像世親論師一樣，我們在研究學問的過程中，如果因不了解而說了不妥當的話，一旦醒悟以後，也可以發表文章來懺悔。漢傳佛教中以前就有這樣的大德，非常著名，他在後期的文章中，也對早年曾對密宗有過的看法，作過懺悔。而有些大德，可能是環境的原因，說了過失以後，尚未懺悔就圓寂了。這樣的話，在他未來生世的修道中，會出現何等障礙也很難說。

不過，現在的漢地已經不像以前了，大家對密法了解了以後，多數人是接受的。只不過，藏傳佛教中個別人的行為，導致了很多人對整個密法產生誤解，這是非常遺憾的事情！

對於這樣的誤解，作為學修密法的人，我們每個人都有責任去澄清。比如，在適當的場合中，你可以給大家解釋一下：什麼是密法的本質？修持密法可以獲得什麼樣的成就？還可以講一下藏地成就者的公案，等等。

其實現在的藏傳佛教，已不僅僅屬於藏地，它被西方、東方的各個國家所認同，人們對密法的信心，可以說前所未有。究其原因，不僅是它在理論上有著清晰的詮釋，而且在大家的修行實踐中，的確對生活、對禪修都提供了極大的幫助。這一點是有目共睹的。

第一百三十六節課

可是極個別人的不良行為，確實也為它的弘揚帶來了負面影響。當然，這些人是不能代表藏傳佛教的，而他們的不良行為，更是與藏傳佛法毫不沾邊。你們稍加調查就會知道，他們在我們藏傳佛教中，根本就沒有地位；你們再了解一下佛教教理也會知道，其實他們化緣、欺騙信眾的手段，也並不高明。只不過漢地有些人把他們當上師而已，在藏地，他們哪裡有阿闍黎的位置？所以，這些人說的、做的，都不是藏傳佛法。

這些問題，是應該指出來的。有些佛教徒不敢出頭露面，「只要我自己修好，就阿彌陀佛了」。這樣專心修法，一方面是很好，但從另一方面來講，本著對佛法負責任的態度，該說的話，也一定要說。

剛才講到，他們向極喜金剛作了懺悔，同時也向他祈求大圓滿法。而沒有緣分的人，就返回去了。

每當看到這裡，我都會有一些感慨：在大圓滿祖師嘎饒多吉面前，沒有緣分的人，還是當面錯過了！

不過，這種事自古以來並不少見，再具相的上師，不生信心的人也無緣得度。就算是佛陀來了，也是如此。記得《大智度論》裡就有這麼一則公案：

有一次，佛與阿難一起入舍衛城乞食。這時有個貧窮的老母立在街頭。阿難尊者對佛陀說：「這個老人太可憐了，佛陀您一定要救度她啊！」

佛說：「我與她無緣。」

阿難說：「您只要靠近她，她一見到您的相好光明，自然會發起歡喜心，那不就是因緣了嗎？」

於是佛陀向她走過去。但一靠近的時候，她便馬上轉身背向佛陀；佛從四面來，她也是轉向另一方而背向佛陀；佛同時現四個化身立於她的四面，她便仰面向上；佛從上面出現，她又低頭向下；佛從地下湧出，她索性用雙手捂住雙眼，不肯看佛。

佛對阿難說：「還要作什麼因緣呢？世間的確有這種人，因為毫無得度因緣，不得見佛。」

這個公案再明顯不過了：連佛陀度人都要因緣，更何況是其他人了？因此，當眾生得度的因緣未至，再努力也是無濟於事的。包括有些道友的父母、親友，你想度他，他就是不理你，即使你也能現六個佛身，他也不會看的，就像那個老母一樣，頑固至極。有些道友出於孝心，一直在努力，但十年、二十年下來，他們不僅沒有改變，反而越來越頑強，甚至更加誹謗了。

當無緣之人走了以後，文殊友只是依靠上師稍作表示，便恍然大悟，從而通達一切萬法。

這就是持明表示，上師稍加指點或表示，弟子就開悟了。其實禪宗中也有這種情況。

有一次，百丈禪師隨侍馬祖，恰巧有一群野鴨從天上飛過。

馬祖問百丈：「這是什麼？」

百丈說：「野鴨子。」

「哪裡去了？」

「飛過去了。」

這時馬祖用力擰他的鼻子，百丈痛得大叫。馬祖說：「又說飛過去了！」百丈禪師當下開悟。

這就是一種表示傳。

當時蔣花西寧開悟以後，為了使他圓滿佛法，極喜金剛傳授給他王權寶瓶灌頂，並將九界二萬卷等所有續部、竅訣完全交付於他，並為他取名「文殊友」。

之後，化身極喜金剛寫下所有言教的意義，並恩賜教言道：「心之自性本來佛，心無生滅如虛空，若證諸法等性義，不尋彼性住為修。」心的自性本來是佛，心是沒有生滅的，就如虛空一般，如果證得一切諸法等性之義，那就不必在其他地方尋求修行，如如安住在這個上面，就是修了。

其實這種境界，顯宗經典裡也提到了。如《大集大虛空藏菩薩所問經》云：「有情無生亦無滅，有情本來常清淨，有情自性如幻相，有情既悟證菩提。」

文殊友通達了所證悟的意義以後，他也用偈頌來表達證悟的境界：「吾乃蔣花西寧也，已獲大威德悉地，證悟輪涅大平等，顯現一切妙智慧。」他說，我是蔣花

大圓滿前行廣釋

225

西寧，文殊菩薩之好友，現在已經獲得大威德[64]悉地，證悟了輪迴與涅槃大平等之義，顯現了一切勝妙智慧。

後來，他又依教奉行，撰著了《菩提心.金溶石》作為懺悔（這部論在藏文中有，我們應該學一學。無上大圓滿有很多值得學的，你們應該多學一點）。同時，他也作為化身極喜金剛教法的結集者，將大圓滿阿底約嘎傳給西日桑哈。

西日桑哈接法、傳法

西日桑哈，誕生於中國漢地秀夏洲（秀夏洲是古代地名，現在尚未考證出來。不過根據歷史中提到的，他曾在西安及五台山一帶待過），父親名叫具善，母親名為光明母。他長大以後，在阿闍黎哈德白拉前學習聲明、因明、曆算等大小五明，並且通達無礙。

那天我在西安一個大學講課，他們對密法很有信心，許多老師對唐密、藏密都有研究。後來我說：「西日桑哈是漢族人，應該是你們這裡的人吧。」之後大家在這個上面，也做了些研討。

在25歲時，西日桑哈幸遇阿闍黎文殊友，圓滿求得甚深大圓滿阿底約嘎聖法的所有續部傳承及竅訣，現前了離戲殊勝的證悟。

在光明大圓滿法中講到：如果這一世沒成就，只要下一世在25歲之前能遇到自己的根本上師，便可於即生現前成就。我是23歲時來到喇榮山溝，值遇金剛上師

---

[64]大威德即文殊菩薩的忿怒相。

的，但能不能成就還不知道。只是為自己找些教證，安慰一下。

現前證悟以後，西日桑哈將大圓滿法傳與鄔金第二佛、智者嘉納思扎、大班智達布瑪莫扎、大譯師貝若扎那。

有一天，布瑪莫扎與嘉納思扎在印度一花園中散步，這時金剛薩埵在虛空中現身，並說道：「善男子，你們兩位曾於五百世做班智達，並且是相互求法之好友，但你們至今尚未成佛。如果你們想修習無勤大圓滿法，於此生證得無上佛果，那就到漢地清涼尸陀林依止西日桑哈尊者吧。」

布瑪莫扎聽後立即動身前往，並在漢地依止西日桑哈九年，之後返回。返回後他對嘉納思扎（藏文又譯作益西多）詳細說了自己依止西日桑哈的經過。

隨後嘉納思扎也來到漢地，他以神通力一天走了平常人要走九個月的路程，在尸陀林遇到西日桑哈，從此依止上師二十一年，最終現前了佛果。（以前上師如意寶常講，有人認為依止上師不重要，大圓滿修法只要聽個灌頂，簡單直指心性就可以，其實這是不合理的。就像印度的布瑪莫扎與嘉納思扎，他們都是長期依止上師的。）

這以上講的是持明表示傳。

每一位傳承上師，其實都有很多精彩的故事，但這

大圓滿前行廣釋

裡沒有廣講。不過，對我們而言，平時常常祈禱這些傳承上師是很重要的。

以前上師如意寶念誦的《持明傳承上師祈禱文》，我做了一張光盤，待會兒放給你們聽。我自己常常在家裡放，車上也放，有時就在上師對傳承上師的祈禱聲中睡著了，醒來以後很歡喜。

這個祈禱文是全知麥彭仁波切造的，從嘎繞多吉、嘉納思扎、布瑪莫扎、蓮花生大士、貝若扎那，一直到麥彭仁波切以上的大圓滿傳承祖師都有。而且上師如意寶對傳承上師的祈禱方式，真正會迎請到他們，所以，待會兒念的時候，大家也跟著默默祈禱。

這個念誦聲音，是在1987年10月左右，上師如意寶講《文殊大圓滿》時錄製的。那時候科技還不發達，就是用一般的錄音機錄的。去年他們把聲音處理了，做成了光盤。

這應該是二十多年前的事了。當時在講《文殊大圓滿》的過程中（當時是丹增活佛記錄整理的），法王說：「這次我傳的人太多了，接近一千個人了……」就是在為那一千人傳法的時候，法王如意寶念誦了這個祈禱文。

這次為大家播放，我也由衷地祈願：依靠歷代傳承上師的加持，讓我們每一個人的相續中，都能真正生起大圓滿的覺受，同時對人身難得、壽命無常等所有加行修法，生起堅固的定解。

我相信，當這些理念在上師們的加持中自然生起以後，我們一定會變成很好的修行人。否則，雖然今天大家同在這個教室裡聽課，但四五年、六七年以後，或許某些人的見解就變了，甚至可能完全不承認因果（當然並不是大圓滿超越因果的境界），形成那樣的邪見，那就太令人難過了。

所以，希望通過歷代傳承上師的加持，通過麥彭仁波切金剛語的加持，通過上師如意寶金剛語的加持，讓我們每一位的相續中，都能真正生起慈悲菩提心，都能生起大圓滿的無二光明覺性。

（下面由音頻播放法王如意寶念誦的《持明傳承上師祈禱文》。）

唉瑪吹！

自相清淨十方剎土中，持明傳承上師大悲尊，

卑若我者猛厲作祈禱，大悲垂念祈求賜加持！

法界廣大周遍剎土中，法身普賢父母具加持，

無散密意大悲速關照，予我信士灌頂賜加持！

自相無滅五光剎土中，報身五部父母具加持，

無散密意大悲速關照，予我信士灌頂賜加持！

調化種種眾生剎土中，化身三部怙主具加持，

無散密意大悲速關照，予我信士灌頂賜加持！

達納郭夏空行眾會中，復化極喜金剛具加持，

無散密意大悲速關照，予我信士灌頂賜加持！

大圓滿前行廣釋

寒林索薩洲之宮殿中，　持明吉祥獅子具加持，

無散密意大悲速關照，　予我信士灌頂賜加持！

寒林尸洲清涼大苑中，　殊勝八大持明具加持，

無散密意大悲速關照，　予我信士灌頂賜加持！

域境寒林成就刹土中，　持明成就男女具加持，

無散密意大悲速關照，　予我信士灌頂賜加持！

妙拂蓮花光明宮殿中，　鄔金蓮花顱鬘具加持，

無散密意大悲速關照，　予我信士灌頂賜加持！

雪域道場吉祥宮殿中，　廿五成就王臣具加持，

無散密意大悲速關照，　予我信士灌頂賜加持！

不定深藏威嚴淨處中，　百八度生藏師具加持，

無散密意大悲速關照，　予我信士灌頂賜加持！

調伏無邊眾生宮殿中，　教藏傳承上師具加持，

無散密意大悲速關照，　予我信士灌頂賜加持！

虛空無際浩瀚刹土中，　佛子持明聖眾具加持，

無散密意大悲速關照，　予我信士灌頂賜加持！

頭頂日月蓮花坐墊上，　大恩根本上師具加持，

無散密意大悲速關照，　予我信士灌頂賜加持！

智悲妙力無與倫比者，　加持根本喇嘛仁波切，

根傳上師明妃及眷屬，　刹土無量宮殿與聚集。

平等廣大遊舞之神變，　現空身之舞姿蘭賽蘭，

歡笑語之韻音德日日，　樂空意之密意塔拉拉，

加持智慧雲霧特賽特，　紅光鮮花雨降陀洛洛，

悉地甘露妙雨達拉拉，現今剎那降臨於此地！

祈禱賜予身語意加持，祈禱賜予五智慧灌頂！

修法之果此刻現成熟，祈賜殊勝共同諸悉地！

嗡啊吽　班匝瑪哈　格熱波達雅　達拉薩瓦薩　瑪雅　噴噴　嘉納阿唯　夏雅阿阿　嗡熱樂熱樂吽救吽

戊三、補特伽羅耳傳：

那麼，此後在藏地雪域這片領土上，到底是如何將精華密法弘揚開來的呢？

往昔佛陀在世時，藏地這塊土地上並沒有人類眾生（個別歷史中說有，不過多數說沒有）。後來，聖者觀音菩薩化現的雄猴與度母所化現的羅剎女二者，繁衍了人類眾生。當時既沒有正法、法規，也沒有長官、頭領，就像茶磚一樣，處於無頭無尾的狀態中。（那個年代，差不多是漢地的周朝時期。）

肩座王時代

此時，印度百軍王生下一位太子，他的所有手指、腳趾猶如天鵝蹼一般連在一起，雙目好似鳥的眼睛一樣，由眼瞼遮蔽著。看到生下這樣一個兒子，他的父王說：「這是非人之子，還是驅逐出境為好。」

王子稍稍長大便被擯除國境，由業力所牽而徒步流浪到藏地，遇到一些牧童。他們問：「你是從哪裡來

呀？到底是誰呀？」

他便用手指指向天空。那些牧童認為他是天人，於是大家肩背土石、壘成高座，請他作為首領，人們共稱他為「肩座王」⑥⑤，他就是除蓋障菩薩的化身。

實際上，藏地的國王或上師，多數是不同佛菩薩的化身。我想這並不是杜撰，否則，在佛法的弘揚面臨諸多艱難的今天，藏地這片土地，為何能這麼自然地給整個世界帶來如此豐富的精神食糧呢？

你們應該知道，雖然你們不是生在藏地，但你們所學的這些知識，你們心靈的成長，卻與藏地歷代國王以及高僧大德對於佛法的護持與傳承，密不可分。一定要知道感恩！

古代的求法者是非常知道感恩的。當時的羅扎瓦（譯師）和班智達，有赴印度那爛陀寺、戒香寺等求法的傳統。他們歸來以後，每當眺望遠方印度上空的白雲，便不禁歡然淚下，合掌祈禱：「在那朵白雲之下，就是我從前求學的印度聖地，那裡有那爛陀寺，有我大恩上師居住的地方……」雖然他們已身在藏地，但懷念與感恩之心，卻溢於言表。

我想在座的也是一樣。不論你從哪裡求得了正法，你對那個道場，對那個民族，乃至對那片土地上的山山水水，都應該有一種感恩之心。這也不是我執著自己的

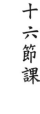

---

⑥⑤肩座王（涅赤贊布）：是西藏第一國王，也是吐蕃天座七王之首。

民族，當你從佛法開闊的視野來看的時候，你相續中的知識和智慧，與你曾經生活過的這片土地、人民以及它的歷史，怎麼會毫無關聯呢？

記得那次在印度朝拜那爛陀寺時，一進入到那裡，我就特別感傷。當時我想：「在這裡，曾經誕生過無數高僧大德，龍猛菩薩、月稱論師、法稱論師、寂天菩薩……我學習他們的論典那麼久，今天才來到此地，但此時，這裡卻成了一片廢墟。」

不過，當我帶著感傷走過那片廢墟的時候，又確確實實地感到，他們的確來過！尤其是當我來到金剛座前，看到那棵菩提樹，不共的信心更是油然而起，同時對佛陀於2500多年前降臨人間，也生起了深深的感恩。

大圓滿前行廣釋

拉托托日年贊王時代

剛才講到了肩座王，從肩座王之後（這次不想講很多歷史。其實，我在出家前對歷史很感興趣，甚至想成為研究歷史的學者，但命運沒有讓我成為那樣的一個人），經過大概有二十八個王朝，到了聖者普賢菩薩的化身拉托托日年贊期間，永布拉崗⑥皇宮頂層樓上出現了三寶所依：身所依——十一面觀音像；語所依——《寶篋經》、《百拜懺悔經》等經藏；意所依——一肘高的

---

⑥永布拉崗：在山南地區乃東縣境內，是西藏最早的一座王宮遺址，公元前一百多年，涅赤贊布所居地方。

233

水晶佛塔。當時天空中授記說：「再過五個朝代，會懂得其中的意義。」這就是正法的開端。

所以，藏地正法的開端，是從拉托托日王開始的。據覺囊派多羅那他尊者所著《印度佛教史》的觀點，拉托托日國王與世親論師同一時代；而據根登群佩大師的《白史》，世親論師四大弟子之一的陳那，與松贊干布⑥⑦同時。這樣在時間上差距就很大了。

因此，中央民族大學的東噶.洛桑赤列，在其《東噶藏學大詞典》中說：「此二朝代在時間上有些不符，尚待後來的歷史學家研究、考證。」這是我很早很早以前記的，也許正確，也許不正確。但剛才在心裡一浮現，就拿出來供你們參考。

松贊干布王時代

在此之後的第五個朝代，聖者觀世音菩薩的化身國王松贊干布出世。

他建造了鎮肢寺、鎮節寺及拉薩大昭寺，迎娶至尊度母化身的漢族文成公主⑥⑧，以及顰眉度母化身的尼泊爾赤尊公主⑥⑨，同時迎請12歲及8歲的兩尊覺沃佛像入藏。這兩尊佛像，現在分別供在大昭寺與小昭寺內。

---

⑥⑦拉托托日年贊，是公元4世紀的人；松贊干布，是公元7世紀的人。
⑥⑧文成公主：唐太宗室女。公元641年，松贊干布派遣大臣祿東贊迎請至吐蕃。
⑥⑨赤尊公主：尼泊爾國光冑王之女。公元623年與吐蕃王松贊干布聯姻。

在此期間，囤彌桑布扎創立文字，從而結束了西藏無有文字的歷史。

他在15歲時前往印度，依止班智達天明獅子，學習了聲明，並從《三寶雲》等經藏開始翻譯，譯出了二十一種觀自在經續，並將拉托托日年贊時代的玄秘神物——《寶篋經》、《六字真言》等，翻譯成藏語。所謂的前譯派，就是從囤彌桑布扎開始，到榮索班智達之間的翻譯派系。

後來，國王松贊干布從自己的白毫間幻化出一位化身比丘，名為阿嘎瑪德，調伏了印度聖地的外道國王，並從印度與銅洲交界處的一株蛇心栴檀中，取出了五尊栴檀觀音⑩（印度那一尊，以前我們去時見過），同時塑造了拉薩的十一面觀音像。可以說，國王松贊干布時期，才真實地樹立起佛教的法幢。

---

⑩五尊栴檀觀音：現今兩尊在拉薩，兩尊在尼泊爾，一尊在印度。

235

第一百三十六節課

第一百三十七節課

在講完「上師瑜伽」之後，寧提派的大德們都會講一講傳承上師的簡介，所以，全知華智仁波切也簡單敘述了各個傳承的歷史。透過這些歷史，後學者一定會對前譯寧瑪派的教法生起信心。

其實，不管你修學什麼法，它的法脈、淵源，是必須要了解的。即使是一項世間學問，它的創始人是誰、如何傳到現在等，這些問題也要先弄清楚，更何況出世間的甚深密法了？因此，學習藏傳佛教時，了解它的歷史是有必要的。

現在很多人對密法的了解，只限於淺顯的道理，學個修法、聽個灌頂、持兩個咒語，就認為是藏傳佛教的修行人了，其實恐怕還不是。任何一門學問，你要學通、學圓滿，可能有一定的困難，你想把自己算作其中的一員，那至少也要有個比較全面的了解，才是恰當的。

《敦珠佛教史》（又名《藏密佛教史》），我基本上譯完了，可能今年或明年會出來。裡面人名、地名比較多，看起來可能不像看小說那麼輕鬆，不過，當你詳細了解《大幻化網》的傳承，瑪哈約嘎、阿努約嘎、大圓滿的傳承，以及伏藏法門的傳承以後，一定會生起信心的。所以，到時候可以多看看。

大圓滿前行廣釋

要知道，信心和智慧不是一天兩天就成熟了，做人也好，學知識也好，至少得五年以上、十年以下。否則，只是去去寺院、見見上師，問幾句話、拍張照片、得個灌頂，然後一回漢地就說：「我已經學習了藏傳佛教⋯⋯」這可能還算不上吧，只是個形象而已。

因此，佛法甚深，真正想學習和了解的人，一定得花些時間。

下面繼續講補特伽羅耳傳。

赤松德贊王時代
國王下決心光大佛法

國王松贊干布之後，又過了五個朝代，聖者文殊菩薩的化身國王赤松德贊誕生。

當他13歲時，父王不幸去世。登基之後，在17歲之前，他一直與鄂達日樂貢和拉桑樂華等諸位大臣共議國事，在世間法方面非常幹練，出兵征服了許多邊陲地區作為附屬國。不過，那時他對佛法似乎還並不熱衷，這些是傳記中記載的，後來印度人拍了個紀錄片，算是比較真實。

其實，在描述歷史時，不管是寫文章，還是拍電影、拍紀錄片，我認為真實是第一位的。否則，歪曲了本來面目，看著就不倫不類了。比如，拍虛雲老和尚，那虛雲老和尚作為修行人、作為佛教泰斗，這些都應該

如實展現；要拍「唐僧」，那玄奘大師的風采、當時的真實經歷，也應當作為主體。否則，太過於戲劇化，從未發生的也加進去，以至於毫無佛教的味道，就不太合適了。所以，對於歷史，對於事實，一定要尊重！

後來，赤松德贊國王翻閱祖先的完整史料，從中得知，拉托托日年贊時期是正法的開端，國王松贊干布時期樹立起法幢……乃至他最終發現，歷代國王全部是依靠佛法治理國家，於是便下決心：一定要將正法發揚光大。

這樣發誓之後，就有了後面的迎請靜命論師、蓮花生大士，以及建立僧團、翻譯經藏等，一系列興盛佛法的壯舉。

其實，不僅是在國王赤松德贊之前，就是在整個藏地歷史上，大多數國王都是崇信佛法的。除了朗達瑪滅佛以外，個別國王就算不信佛，也不會去特別地破壞佛法。不過，前天有個領導說：「文化大革命，才是中國最大的滅佛運動」。我說：「是你們說的，不是我說的啊。」（眾笑）

但不管怎麼樣，赤松德贊王時代，的確是一個不共的時代。在這一時代中，佛菩薩的化身紛紛降臨。

迎請靜命論師

國王發願之後，便與崇信佛法的班瑪貢贊為首的主要法臣商議，其餘大臣也出謀劃策。當時藏地還沒有具

足三寶所依的寺廟，所以商量之後，大家一致同意建造寺廟。

在尋找淨地⑦上師時，國王前去請問他的國師——住在桑耶青普的妙定⑦尊者。國師依靠寂止光明智⑦了知，在印度東方薩霍⑦地區，住有大堪布靜命⑦。於是便告訴國王：「此次淨地，一定得請靜命大堪布來。」

這位大堪布第一次來的時候，是公元763年。當時經尼泊爾國王介紹，藏王的使者巴塞囊見到菩提薩埵，並陳述了邀請之意，而菩提薩埵也有意來藏弘法，便同意了。巴塞囊立即返回藏地，把事情原委告知藏王。赤松德贊非常歡喜，寫了一封邀請函，重新派巴塞囊及幾位歡迎使者赴尼泊爾，正式邀請大阿闍黎菩提薩埵。

奉上邀請函之後，菩提薩埵非常高興地接受了，並與使者們一同前往藏地。

當他們抵達青普的倫珠宮時，國王獻上頂禮，並唱起《十三歡喜歌》來迎接菩提薩埵。兩人親切會面之後，菩提薩埵為國王及兩位王后授三皈依，並傳授了十善法、十二緣起法。

---

⑦淨地：修建廟宇等建築物之前舉行的一種密宗淨地儀式。
⑦妙定：釀當珍桑波。
⑦寂止光明智：通過寂止而得之一種神通，有的史料中說他是用肉眼通而得知。
⑦今孟加拉國一帶。
⑦大堪布靜命：即大堪布菩提薩埵。他原是薩霍國王故瑪得謝的太子，於那爛陀寺依止智藏論師出家，受具足戒。為中觀自續派論師及東方三中觀論師之一，設計修建桑耶寺，度預試七人出家，並開始建立僧伽制度。

但因為止法的傳播，觸怒了藏地的所有鬼神，於是接連發生種種災難，又迫於信奉黑教大臣的壓力，菩提薩埵便回尼泊爾去了。

之後，國王在大臣的輔助下，用他的智慧制服了信黑教的大臣，並在民眾中通過了修建寺廟的倡議。後於公元771年，又遣使迎請菩提薩埵入藏。菩提薩埵入藏之後，便著手規劃及興建藏地第一座寺廟——桑耶寺。

全知麥彭仁波切在《中觀莊嚴論釋》中說：「我們應當特別感謝靜命大堪布，在當時外道及魔障都非常猖狂的時代，依靠他的發心與加持，藏地才得以修建第一所寺院，並建立第一個僧團。」

當然，這一切，也都是赤松德贊王與蓮師的恩德。以前我隨法王去印度時，聽貝諾法王說：「其實藏地的所有教派，都應該感謝『師君三尊』⑦。若非他們降伏魔眾、建立道場、樹立佛幢，哪有之後全民信教的景象？尤其是舊譯寧瑪巴教派，理應得到尊重。但遺憾的是，現在某些出家人，甚至是格西，好像也沒有什麼感恩之心……」所以，他投資拍了一部《蓮花生大士傳記》，並把錄像帶送給我們。我去年又看了一下，都老化了，90年代的產品，現在放不了了。

剛才講到建寺廟。在修建的過程中，他們要砍除阿雅巴羅洲的一堆荊棘叢時，住在該處的惡龍得知後，喊

⑦師君三尊：蓮花生大士、靜命大堪布、國王赤松德贊。

來所有鬼神作為援助，召集二十一優婆塞（當時還沒受戒，後來是在蓮花生大士面前受的戒）等鬼神的軍隊，到了晚上，就把人們白天所修砌的建築摧毀無餘，並將所有的土石都歸回到原地。

那個片子裡面，這一段拍得還可以。雖然是十幾年前看的，但還是有印象：那些鬼神，好像是用泰國那種骨架做的，看著有點怕人，一到晚上，那些骨架就跑過來，「哇哇哇」，把所有的牆都推倒了……

就這樣，他們白天建，鬼神晚上拆，建了五年都沒建起來。

因為這個緣故，藏人見到進度太慢的工程，都會開玩笑說：「你是不是在建桑耶寺啊？」所以，有些建寺院的也要看看，一個小小的寺院，五六年都建不好的話，是不是鬼神不太配合？不過，也可能是施主不配合（眾笑）。剛開始答應得好好的，但建到一半時，施主就變卦了，怎麼說也沒辦法。

迎請蓮花生大士

其實，桑耶寺並不大。以前我去看過，還沒有我們的尼眾大經堂大，只是院子大一點。桑耶寺有三層，分別依漢、藏、印三種風格修建。它經歷過兩次火災，但沒有被燒壞，「文革」期間雖然有一些毀壞，不過還是保留了下來。以前它是寧瑪派的寺院，現在屬於薩迦派了。

---

⑦修行人觀不淨觀時用的人體骨架。

第一百三十七節課

當時因為一直不能建成，國王便請問堪布：「發生這樣的事，是因為我業障深重，還是堪布您沒有加持，要麼是說修建寺廟的事不能如願以償？」

堪布回答說：「我雖然菩提心已經純熟，但是依靠這種寂靜方法，實在不能調伏它們，這些鬼神，必須要用降伏法才可調伏。如今在印度金剛座，有一位化生的鄔金蓮花生大士，他精通五明、諳熟勝義的功用，曾於五台山開取曆算的伏藏，通曉天文地理，並已獲得共同與殊勝成就，可以摧毀一切魔眾，隨心所欲吩咐天龍八部，所有鬼神聞風喪膽。他足可制服一切惡魔，如果請他來，所有鬼神就不會再來為非作歹，也會讓大王的心願得以徹底實現。」

蓮花生大士在降魔方面，的確有不共的力量。講《七句祈禱文》時我就講過：不論現在還是未來，在我們修學的過程中，單單是依靠菩提心和寂靜的方法，面對某些鬼神是非常困難的，必須要依靠蓮師的威猛修法，才能度化他們。末法時代，魔王本來就猖狂，所以一定要多祈禱蓮花生大士。

蓮花生大士的像，三四年以來我一直在做，等外面學員修完加行後，做獎品用的。學院裡面的話，到時再說吧。

大家都知道，哪裡有蓮師的像，哪裡就一定有不共的力量。像我們喇榮五明佛學院，在末法時代還能聚集

大圓滿前行廣釋

這麼多人修持善法，而且威力極其強大，這明顯已經不是單單靠人力所能成辦的。這一切如此自在，與諸多空行護法的護持，尤其是蓮花生大士不可思議的加持與護佑，是分不開的。

因此，如果我們想要修行圓滿，想要道場圓滿，想要利益眾生的事業圓滿，就應該建造蓮花生大士的佛像。這對當今時代來講，尤為重要。我甚至在想，如果能在世界各個大城市，都安放一尊蓮花生大士的塑像，由僧眾開光加持，那對整個世間將會產生何等的加持！

其實，供奉蓮師是不分教派的，他不單單屬於印度或藏傳佛教，他的誓言也不分別民族或國家，他就像太陽任運照耀每一個山川、盆地，溫暖每一個動物、每一株植物一樣，不論你是誰，不論你在哪裡，只要祈禱，都能獲得他的加持。

菩提薩埵當時介紹的，就是這位蓮花生大士。菩提薩埵是中觀自續派三大論師之一，菩提心已經純熟，但遇到這些困難時，也無能為力，所以要求國王迎請蓮花生大士。

國王聽了喜憂參半，他說：「那會不會請不來這位大師呢？」

菩提薩埵胸有成竹地說：「因為有以前的發願，所以一定能請來。從前，在尼泊爾境內有個養雞人叫薩來，他的女兒勝樂母分別和養馬、養豬、養雞、養狗的

四個人，生下了四個兒子⑱，這四個人在建造夏絨卡繡佛塔⑲時，曾經發願將來於藏地共同弘揚佛法。其中，一個人以修建佛塔的功德，迴向到藏地去做國王，弘揚佛法；一個人要以菩提心創建清淨戒律的道場；一個人想成為密宗上師，在國王弘法時，調伏一切鬼神魔眾；最後一個人則發願做使臣，在兄長們弘揚佛法時，為他們傳遞信息。」

四人這樣發願時，旁邊有一頭牛（牠聽得懂人語），每日辛辛苦苦馱石頭，卻沒人替牠迴向，便生起惡心：「他們建立佛幢，願我毀滅佛法。」後來他變成了朗達瑪，在前弘期與後弘期的中間，將師君三尊所弘揚的佛法，基本摧毀了。不過在牛發願時，有一隻烏鴉也立即發了願：「若他毀壞佛法，我就降伏他。」後來烏鴉也如願轉世為拉龍華多，降伏了朗達瑪。

這種前後世的緣起道理，《百業經》裡講了很多，那些看似複雜的人、事關係，其實都與前世的因緣以及善惡願有關。因此，在與這麼多僧眾一起開法會時，不論你在學院、不在學院，一定要發善願，千萬不要發惡願。有的人控制不了惡心：「這一輩子我是沒辦法了，但下一輩子，我一定要變成什麼什麼，啃你的骨

---

⑱這四個兒子：養馬人的兒子，是國王赤松德贊的前世；養豬人的兒子，是蓮師的前世；養狗人的兒子，是靜命論師的前世；養雞人的兒子，是使者瓦徹月的前世。
⑲夏絨卡繡佛塔：今在尼泊爾首都加德滿都城中心。

頭⋯⋯」一般人想都想不出來的惡願，心裡也發了，嘴上也說出來了，這樣實在是不好。

當時聽堪布講述完過去生的因緣以後，國王又派遣瓦徹月、降魔金剛、欽釋迦光、普吉祥獅子，各帶一藏升金粉、一斛金飾前往印度。他們拜見阿闍黎蓮花生大士後，獻上供品請求道：「務必請大師前往藏地，加持寺廟地基。」蓮師應允後，便啟程前往。

來藏途中，蓮師時而取伏藏，時而調伏鬼神，依次降伏了十二地母、十二護母、二十一優婆塞等藏地的所有鬼神（真正的高僧大德，他去任何地方時，只是去一下，也會調伏當地的鬼神，要麼降伏，要麼令其生菩提心，所以，他們的事業非常自在）。

桑耶寺建成　佛幢高豎

蓮師來到紅岩以後，開始舉行寺廟淨地儀式，那時所有鬼神都已皈依了，不但不敢危害，而且都盡力來協助。就這樣，很快建造起四周由四大洲、八小洲、羅剎洲、日月、鐵圍山所圍繞的三層桑耶自成寺（從我的分別念推斷，學院的建築樣樣順利，也跟護法神、土地神等協助有關，應該也是在法王如意寶面前承諾過吧）。

該寺竣工之後，堪布靜命、阿闍黎蓮師、大智者布瑪莫扎三位大師為寺院開光，拋散三次鮮花。當時，大殿內的所有寂猛本尊及空行都湧到殿外，轉繞佛殿、佛塔一周後，又各自回到了大殿之上。當花撒向忿怒護法

神頂上時，這些忿怒尊神的身上開始燃起火來，噴射出智慧的火焰。其中一尊護法的火焰蔓延到地上，國王擔心整個佛殿被火燒了，但大士立即以淨水澆熄，地上被火燒過的痕跡清晰可見。

這些歷史，有些導遊講得不錯，以後你們去的時候，最好請他們講一講。現在那裡還保留著許多珍貴之物，像蓮師的手杖、靜命菩薩的頭蓋骨等，雖然經歷了「文革」，但還是保存下來了。

法王如意寶1986年講中陰法門時，回憶前世自己成為降魔金剛時，蓮花生大士為桑耶寺開光，就在那裡為他們傳講了《六中陰》……我們在下面聽到這些，都有一種說不出來的無比信心。

總之，桑耶寺就像漢地的白馬寺一樣，是藏地的第一座寺院。你們以後去拉薩，一定要去朝拜，非常有加持！

從桑耶寺落成及開光以後，靜命堪布開始傳講戒律，弘揚顯宗教法；阿闍黎蓮師與布瑪莫扎弘揚密法。當時鄔金第二佛與大智者布瑪莫扎二位尊者，為意子君臣友三人⑧、妙定禪師等堪為法器的具緣者，明顯地宣講了區分、決定、自解的法門（嘎繞多吉的教法），也就是轉了大圓滿阿底約嘎等內三續法輪。自此以後的傳承，也

大圓滿前行廣釋

---

⑧君臣友三人：君指國王赤松德贊、臣指大譯師貝若扎納、友指空行益西措嘉。

即從蓮師、布瑪莫扎，一直到我們現在的根本上師，被共稱為補特伽羅耳傳。

《大圓滿前行》中，我找人畫了一些圖，標示出我們大圓滿的傳承祖師：從普賢王如來一直到法王如意寶。

不過，在別的書裡，這被改成了他們自己的傳承上師。當然，也不是不可以，不同的傳承有不同的上師，應該可以。但是，某些上師敢不敢稱大圓滿祖師，這是要考慮的。要稱祖師，一定要對大圓滿的弘揚起到極大貢獻才可以，單是講一講、念個傳承，就立為大圓滿的傳承祖師，這恐怕有點困難。比如，禪宗裡的一個小和尚，說六祖之後的祖師就是他，那肯定行不通。因此，一定要名副其實。

做什麼事情一定要觀察，並不是別人做了什麼，我也一定要做，一定要攀比。其實，如果沒有願力，或者因緣不具足的話，單單是名稱一樣、形式一樣，也不見得會有一樣的功德。

所以，對待任何善法，保持一顆清淨的心，是非常重要的。

第一百三十七節課

ཆོས་སྐུ་ཀུན་ཏུ་བཟང་པོ།
1、法身普賢如來

ལོངས་སྐུ་རྡོ་རྗེ་སེམས་དཔའ།
2、報身金剛薩埵

སྤྲུལ་སྐུ་དགའ་རབ་རྡོ་རྗེ།
3、化身極喜金剛

འཇམ་དཔལ་བཤེས་གཉེན།
4、文殊友

ཤྲཱི་སིང་ཧ།
5、西日桑哈

ཛྙཱ་ན་སཱུ་ཏྲ།
6、嘉納思扎

ཞི་མ་མི་ཏྲ།

7、布瑪莫扎

པདྨ་སཾ་བྷ་ཝ།

8、蓮花生大士

ཁྲི་སྲོང་ལྡེའུ་བཙན།

9、赤松德藏

བཻ་རོ་ཙ་ན།

10、貝若扎那

ཡེ་ཤེས་མཚོ་རྒྱལ།

11、益西措嘉

ཀློང་ཆེན་རབ་འབྱམས།

12、無垢光尊者

250

རིག་འཛིན་འཇིགས་མེད་གླིང་པ།

13、持明無畏洲

འཇིགས་མེད་རྒྱལ་བའི་མྱུ་གུ

14、無畏如來芽

དཔལ་སྤྲུལ་རིན་པོ་ཆེ།

15、華智仁波切

འཇམ་དབྱངས་མཁྱེན་བརྩེ་དབང་པོ།

16、蔣揚欽哲汪波

མི་ཕམ་རིན་པོ་ཆེ།

17、麥彭仁波切

ཆོས་རྗེ་འཇིགས་མེད་ཕུན་ཚོགས།

18、法王晉美彭措

大圖滿前行廣釋

伏藏法是寧瑪巴的特法

不僅如此，鄔金第二佛還為君臣具緣者，傳授了相應各自根基的不可思議法門，並撰寫在金紙上隱藏成伏藏，發願以此饒益未來的隨學者，並交付於護法神來保護。

這種伏藏法門，是特別稀有的。我對伏藏法門，也算稍微有點研究，至少從小就有信心，講的話，應該也不算外行。像伏藏法的來歷、藏傳佛教裡有哪些伏藏大師等，以後有因緣的話，可以講一講。

說到伏藏大師，蓮師曾親自授記有真假之別。如果是假伏藏師，他的伏藏法是用分別念寫的，給人修是有害的；而真伏藏法，則具有極大的加持。這方面，法王如意寶講過很多差別，在麥彭仁波切的著作裡，也有辨別真假的竅訣和教言。

不過，現在去漢地的「伏藏大師」不多，所以暫時也不用強調，如果以後多了，區分一下真假也有必要。佛教徒一定要有智慧，跟得上社會發展的智慧。比如，當見到有真有假的時候，要有辨別的能力，不要特別迷信、特別傻。當然，要具有超越的智慧很難，但是基本的智慧還是要有。否則，就像一個世間人，沒有智慧，哪個部門都不會要；同樣，如果你不會做人，又不懂基本的佛教道理，那不論出家還是當居士，待在任何一個佛教團體裡，都是不合格的。

剛才說蓮師將伏藏隱藏之後，當授記時間到來之際（往往是幾百年後），獲得昔日願力的大成就者之化身一個個驟然降臨於世，開啟甚深伏藏之門，攝受眾多具緣補特伽羅而饒益眾生，所有的傳承共稱為六種傳承[81]或九種傳承[82]等。

在共同傳承如來密意傳、持明表示傳、補特伽羅耳傳之上，再加上其他的傳承，就是所謂的六種或九種傳承。而其他的傳承中，有些是授記某位弟子是未來的取伏藏者，及其時間、地點等；有些是由蓮師等將表示經函伏藏於岩石或虛空，並特別交付於空行、護法神守護；尤為不共的是發願灌頂傳，就是依蓮師的發願力，將正法伏藏於某具緣弟子的心性智慧中，待未來因緣聚合時，就在這位大成就上師的意藏中流露出來了。

這種伏藏法，前譯寧瑪派中非常多，其他教派有是有，但不多。尤其這裡講的「六種傳承」，榮索班智達和無垢光尊者都說，這是寧瑪派的特法。

看過《法王如意寶傳記》的都知道，法王如意寶一生取過許多伏藏。法王的確與一般人不同，怎麼看、怎麼說也不是一般的「人」。為什麼呢？就在我們親眼目睹的過程中，分別念根本無法想像的事情，一瞬間就能

大圓滿前行廣釋

---

81 六種傳承：如來密意傳、持明表示傳、補特伽羅耳傳、黃紙詞句傳、空行囑咐傳、發願灌頂傳。
82 九種傳承：如來密意傳、持明表示傳、補特伽羅耳傳、空行囑咐傳、發願灌頂傳、教授授記傳、修持加持傳、耳聞實修傳、行持事業傳。

呈現。比如造論典，都是毫無勤作地流露出來，寫下來一看，又全是金剛語，絕對不是分別念能夠臆造的。像以前去五台山，法王作《文殊大圓滿》以及其他文殊法門時，都是這樣，非常稀有。有一次，法王去桑耶青普神山，取了作明佛母修法等許多伏藏法，其中有些就是「空行囑咐傳」，是空行母或護法神親自交付的。當法王去尼泊爾的某個山洞時，蓮師時期的一個普巴金剛法當時就呈現了，這就是「發願灌頂傳」。

我經常在想，能遇到這樣的上師善知識，能遇到這樣殊勝且具有不共加持的教法，這一生都非常有意義。所以，希望你們也珍惜這一傳承，沒有必要改來改去，否則，最初的緣起破壞了以後，將來修什麼法也不一定會成功。這一點，一定要用智慧觀察！

寧提派創始者——持明無畏洲

在藏地，化身伏藏大師層出不窮，其中持明無畏洲（即晉美林巴，也稱智悲光尊者），是聖者心性休息親自化現為善知識形象（聖者心性休息，我以前很長時間都不知道是誰，也問過很多人，後來才從某些書中得知，這是觀音菩薩的一個異名），也有說是布瑪莫扎與國王赤松德贊的化身，他從鄔金第二佛、大智者布瑪莫扎、全知無垢光尊者等處圓滿地受持了如來密意傳、持明表示傳、補特伽羅耳傳，而完美無缺地為具有緣分的諸補特伽羅廣轉法輪，並安住

在圓滿正等覺的境界中。

總之，智悲光尊者在28歲時，開取了意伏藏——龍欽寧提法，寫成書面的經函、論典之後，保密七年。然後傳法，並開創了龍欽寧提派。尊者於公元1798年示現圓寂。

再說上師與依止上師的問題

現在有人說自己是智悲光尊者的化身，但我聽了，還是有點懷疑。

像無垢光尊者、智悲光尊者、麥彭仁波切、如來芽尊者、華智仁波切，他們是真正的佛，是佛化作善知識顯現於人間的。當然，佛既然可以化現為妓女、屠夫的形象，轉世成為一般的上師，也未嘗不可。但是，這些尊者確確實實已將所有分別念消於法界，與普賢王如來無別。那些自稱是他們轉世的人，在我不清淨的眼識當中，不要說尊者們本人，做他們弟子的資格，可能都沒有吧。

藏傳佛教的確有「轉世」一說，但轉世的活佛，我不敢全部否認，但也不會全都承認。那些了不起的前輩大德，他們再來的時候，也許的確會「裝」得很平庸，但也許像我開玩笑說過的：就連老人家們自己都不知道變成這樣的人了。

這樣的人，如果只是平庸，不說也罷，但有些在行為上太不如法了，不僅沒有給佛法增添光彩，反而盡是

大圓滿前行廣釋

帶來壞影響。有時我也矛盾：一邊是信心，我對前輩大德確實非常有信心；而一邊又是邪見，眼見這種「魚龍混雜」的局面，就難以克制地生起邪見和分別念。

當然我也在懺悔。學佛這麼多年，也知道要觀清淨心：不僅是他們，連螞蟻也是普賢王如來的化身……但在用正知正念觀照的同時，可能是學過因明的緣故，分別念還是很重。

要知道，我們的這些傳承上師，他們都有一個非常重要的特點：無我利他。無論是言教上，還是實際行持上，都沒有自己的事，純粹是利他。我依止上師如意寶那麼長時間，所見所聞無非如此。而在上師如意寶的傳承弟子中，繼承這一特點的也非常多。雖然他們還不能說與上師完全相同，但同樣是忘我的，同樣是為了佛法與眾生付出一切；而他們自身的境界，也的確與佛菩薩無二無別。這樣的上師，才值得依止。

如今很多人想依止上師修學佛法，但是在依止之前，一定要謹慎，至少要知道他來自哪裡？他在那裡是怎樣的一個人，學識如何，威望如何？……

如果是我，比如今天要依止一位漢族師父，那我不會很草率，一看身披黃色袈裟、掛串大念珠的，就認為是六祖的化身，馬上去頂禮、接受佛法，我不會這樣做。而會先去了解，看他是浙江來的？還是北京來的？如果是浙江的，那是哪個寺院的呢？知道了寺院以後，

我會打個電話：「請問你們這邊有沒有一位師父法號什麼什麼？他今天到了我們這裡，我想依止他學法，但不知道……」如果他在那邊確實也攝受了一些弟子，也有傳法的資格，那我才會去依止。

這種謹慎是有必要的。如果連這點時間都沒有，一聽到來了一位上師，就像餓狗遇到精肉一樣撲上去，這就太不理智了。「餓狗遇到精肉」，是個很好的比喻。狗餓的時候是不觀察的，見到肉，不會管上面有什麼、沒什麼，先吞下去再說。但如果以這種方式依止上師，大多數會後悔的。有些人是得完法以後，才開始了解這個人到底怎麼樣，這顯然次序已經顛倒了。不過，至於說「得法」，有時是否能得到也不好說，像以前我講過的，自他都有要考察的條件。

今天本來應該觀清淨心的，但一說起來，又說了這麼多。如果有不合理的地方，我也在傳承上師及各位道友面前懺悔。

智悲光尊者等上師是真正的佛陀

那麼，智悲光尊者是什麼樣的人呢？如頌云：「身雖現為人天相，殊勝密意為真佛。」他的身體雖然顯現的是人天之相，但是內在的智慧、悲心、力量，乃至一切殊勝密意，卻是真正的佛陀。

不僅是智悲光尊者，其實如來芽尊者、華智仁波切等傳承上師，也都是如此，他們絕對不是普通的

大圓滿前行廣釋

「人」。這一點，以後大家一定要清楚！當然，所謂真佛般的上師，必定有真實的功德，只是自己給自己加個名稱——「我是普賢王如來」，這是不算的。

因此，華智仁波切說，他的至尊上師（如來芽尊者）也曾親口說過：「眾生怙主金剛持——我的至尊上師（智悲光尊者），的確是圓滿正等覺大金剛持，他為饒益眾生，化現為補特伽羅的形象而降臨世間。這並非是我以虔誠的信心與恭敬心作讚歎的。如果你們能夠修持、祈禱，那麼在我的上師與你們之間，除了我以外，再沒有其他傳承隔斷。我也是從最初幸遇金剛持上師之後[83]，一直依教奉行，以三歡喜依止上師，從來沒有做過任何不稱上師心意的事，甚至讓上師斜視一眼的事也沒有做過，可以說，傳承的金線沒有被破誓言的鏽所污染，因此傳承的加持與眾不同。」

法王如意寶在讚歎、感恩自己的上師時，也常常淚流滿面，並以同樣的詞句引用這個教證：「眾生怙主金剛持，我的上師托嘎如意寶，他是真正的佛陀，他為饒益眾生而化現成人的形象降臨於世間。這不是我僅以恭敬與信心讚歎而已。如果你們祈禱修持，那在我的上師與你們之間，除了我以外再沒有其他傳承隔斷。從我依止上師以來，從未做過令上師不歡喜的事情……」

---

[83]如來芽尊者依止上師的時間並不長，當時從石渠到藏地，路途遙遠、交通不便，但他是多次不顧辛苦前往拜見。

這段話，在我的印象裡，很熟悉，而且感受也很深。

我自己的話，也說不上是傳承上師。至於在依止過程中，從最初到上師圓寂之前，讓上師不稱心的事，應該也做過很多。尤其是出國的時候，心裡是不想，但有時還是讓上師不高興了，「今天上師不高興了」、「這次又讓上師不高興了」……想起這些，也只有懺悔。

所以，也不敢說自己傳承清淨。只不過，我對上師確實有信心，而這種信心分析起來，又綜合了三種心態：歡喜心、恭敬心、畏懼心。喜、敬、畏，這就是我的信心。

我特別隨喜像如來芽尊者那樣的依止——讓上師斜視一眼的事都沒做過，但在長期依止的過程中，除了極個別處處依教奉行的弟子以外，這也確實是很難的。

不過，即使做不到這一點，也不要緊。要緊的是，要有真正的信心，最害怕的就是生邪見，一旦因此對上師進行誹謗，甚至徹底毀壞誓言，那自己以後無論傳什麼法，做什麼事，對他人相續是不會有利的。因此，在依止上師時，心一定要清淨。

總之，我們要知道，真正的上師與佛陀無別，他們因為自己的依師、修行乃至清淨的傳承，給我們後學者帶來了無盡的加持。

以上簡明扼要地敘述了傳承上師的歷史，如《日月

大圓滿前行廣釋

吻合續》云：「若未宣說歷史義，於此大密了義教，將有不誠信之過。」如果不說歷史，這一最了義無上密法的教義，可能會讓人不起誠信，有如此過失。而這樣追溯傳承的起源及講述歷史，有著使後學者生起誠信的必要，所以，此處在宣說上師瑜伽的同時，也講述了傳承上師的歷史。

精進修持上師瑜伽

這樣的上師瑜伽，蓮師心咒的念修數量絕對要圓滿一千萬遍，因此應當盡力念誦，務必達到要求。

倘若不這樣，認為這些僅僅是前行法門，並不那麼重要，或者聲稱要修高深莫測的正行法，而沒有空閒時間來修前行，表面觀修生圓次第等等，這些人正如世間俗語所說：「牛頭未熟嘗其舌，床尚未暖伸其足。」

「牛頭未熟嘗其舌」，意思是，煮牛頭時，如果外面的肉還沒熟，裡面的舌頭更不可能熟，所以，這個時候如果你想吃牛舌，那肯定是枉費心機。「床尚未暖伸其足」，睡覺的時候，床都暖了，你再把腳伸展開，這樣腳就不會冷，但床還沒暖好你就伸腳，肯定會凍著的。

這兩個比喻，都是說明修行要按次第來，先修加行，再修正行，否則，次第亂了，只是浪費時間而已。但很多人不願意修加行，一來就先求灌頂、再求竅訣，

「我沒時間等，您給我傳個竅訣就行了」，可見，大德們強調次第是有針對性的。不過，我們學院裡要好得多，聞思修按部就班，該強調的也強調，而且，竅訣也不是常常講。

其實，捨棄前行法的修行，無有芝麻許實義。這一點，大家務必要記住！

不修人身難得、壽命無常，一上來就修生起次第、圓滿次第、大圓滿，口口聲聲「車確」、「托噶」，即便偶爾生起了少分暖相，能看到點光什麼的，這些也都不會穩固，很快會消失的，就像沒有打地基的建築一樣。

有些人雖然在修前行時，裝模作樣、敷衍了事，但在修正行時認為「那些是前行法，現在不需要修了」而放棄，這種做法，與捨棄前行法是一樣的。

可見，前行法實際上是一切聖道的基礎，不管是共同加行、還是不共加行，捨棄了它，就好似沒有牆壁而求牆壁上的畫一樣，必將斷絕正法的根本。當然，修得好的人，一定是抓到了這一根本。有了根本，其他的就好說了。所以，有些大德認為，在前行沒有修完之前，正行法門都沒有必要去看，甚至也沒有必要去學。

因此，每一位修行人不管在何時何地，都要精進修持，力爭對這些前行法生起無偽的定解。

《大圓滿前行》講了幾年了，但只是聽一遍還不

大圓滿前行廣釋

夠，以後每年至少要看一遍，這樣就會生起定解。我經過二十多年的觀察，有一點是非常清楚的：重視加行的人，修行一定會圓滿；而不重視加行的人，好高騖遠，最終是修不成功的。

其實，從講解的角度而言，直斷、托噶這些竅訣，講起來反而簡單，但要修的話，除了極特殊的根器，確實是很難的。所以，按照華智仁波切等傳承上師們的次第，一定要對加行長期下功夫，打下穩固的基礎，這一點非常重要！

當然，聞思也很重要。尤其是年輕人，學習五部大論，為自利可以遣除內心的疑惑，為利他可以弘揚佛法，所以，一定要廣泛聞思。但人畢竟會老、會死，那時候，因明、中觀、俱舍全都用不上了，唯有依靠《前行》的竅訣。因此，聞思時就應廣泛聞思。

我自己想想，也是因為年輕時廣泛聞思，才有了現在這樣的佛教基礎；修行時，就從加行開始，一步一步次第修上去，然後修正行，這樣非常穩妥，沒有任何危險性。而在所有的修行中，尤其要著重精進修行這一加持的入門——上師瑜伽，這是殊勝的要訣。

這段內容，希望大家再三體會、再三思維。有些人只想聽深法、聽密法，但有時傳密法，不過是製造一個緣起而已。去年傳了《大幻化網》，誰開悟了？很難的！

其實，《大圓滿前行》就是最深的法，但可惜的是，即使每天在講，也很少有人知道。

結文偈

雖視大恩上師為真佛，卻因性情剛強違師教。
雖知三界眾生為父母，卻因蠻橫粗暴出惡語。
我與如我惡業眾有情，此生及諸生生世世中，
願以寂靜調柔之言行，依止上師道友祈加持。

這是華智仁波切作的結文偈頌。他謙虛地說：雖然也能將大恩上師視作真佛，但卻因為自己的性情剛強，言行上常常違背上師的教言；雖然也知道三界眾生都曾當過父母，但卻因為自己的蠻橫、粗暴，常常出惡語損害他們。我與如我一樣的惡劣有情，在得到這一法門之後，從今生乃至生生世世當中，願能以寂靜調柔的言行，以三喜依止、供養曾得過甘露妙法的所有上師及道友，願能以廣大的悲憫心對待一切老母有情，並作真實饒益，令其獲得解脫。祈願上師、諸佛菩薩以及空行護法時時賜予加持！

【強力生起證悟之智慧、加持之門——
　　　　　　　上師瑜伽引導終】

大圓滿前行廣釋

不共加行圓滿矣！！！

第一百三十七節課

第一百三十八節課

往生法

《大圓滿前行》在大科判上，所講之法分了三個部分：共同外前行、不共內加行、修持正行支分捷徑往生法。從今天開始講往生法。

講比較長的法時，包括以前講《入行論》，這次講《前行》，中間我會有些擔心，擔心自己能否講完，也擔心發心人員會半途而廢。但現在看來，《前行》的後面已所剩無幾，也希望能善始善終。

現在要講的這個往生法非常重要。我們知道，對每一個人來講，不論你信佛不信佛，死亡都是無法超越的。而當你離開世間的時候，如果有一種簡捷的修法可以助你往生，我想誰都會希求的。而這一「往生法」，就是這樣的修法。

有了這一修法的境界，何時遇到死亡，也都不必害怕了。

首先是華智仁波切結合這一修法引導，對根本上師作的禮讚句：

尤為悲憫愚昧之眾生，尤為攝受罪孽深重者，
尤以善巧法調難化眾，無等上師足下我敬禮。

265

他的根本上師如來芽尊者，具有三種不共的功德：

一、對愚昧的眾生尤為悲憫：

在聖者看來，雖然所有眾生都有可哀愍的地方，但對那些不知取捨、愚昧無知的眾生，他會更加悲憫。這和世間人正好相反，世間人喜歡有能力、有才華的人，對粗俗、下劣的人避之唯恐不及，但他的上師在廣大悲心的推動下，對這些相續被邪知邪見蒙蔽的人，反而更加慈悲，更加關愛。

二、對罪孽深重的人更加攝受：

罪孽深重，是指造了嚴重的自性罪，比如五無間罪，或嚴重的殺生、邪淫等十不善業；或者是破了三乘的戒律，比如，破了別解脫的根本戒，已被僧眾開除，破了菩薩戒的根本學處，或者破了密乘的根本誓言，這些因為煩惱深重、喪失正知正念而犯下嚴重罪業的人，是沒有人願意攝受的，但他的上師對他們更會攝受。

當然，這種攝受，並不是超越了別解脫或密乘的規矩，把破戒、破誓言的人留在僧團裡，而是在大悲心的牽引下，以其他的方法攝受。

三、對剛強難化的眾生巧設方便：

每個眾生都有不同的根基、界性與意樂，所以真正是佛菩薩化現的上師，他會以種種方便來調化他們。即使是再剛強難化的眾生，也還是有相應的善巧方法。

廣一點來說，如果是在旁生面前，則以旁生的方式

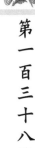

去度化牠；在餓鬼面前，則以顯示神變等方式來調化它；而如果是在一般的凡夫人面前，則以傳法等方式來度化，等等。

比如，有善巧方便的上師，講一堂課當中，也可以讓所有人的心都歡喜。而沒有善巧方便的上師，心雖然是好心，但因為採取的措施呆板，反而會讓很多人產生誤解，甚至生邪見，這樣就適得其反了。

因此，善巧方便很重要。我們所接觸的人，什麼樣的都有，不一定每一個都是戒律清淨、有學問、有智慧，有些可能什麼都不懂，有些則是常常犯錯，而且屢教不改。對於這樣的人，你一定要有善巧方便，或寂靜、或忿怒，恰當而耐心地調化他。如果只是一種方式，行就行，不行就趕走，可能不會有好的效果。

其實，善巧是建立在深刻的悲心和了解上的。這種上師具有智慧，遇到工人、農民，他有共同的語言；遇到知識分子，他也有共同的語言；即使具有邪知邪見甚至誹謗佛法的人，他也可以與之溝通，並漸漸化解對方的排斥，甚至給他留下很好的印象：「原來佛教徒是這樣的啊！原來佛教也並非以前我想像的那樣……」這樣一來，各行各業的人，各種心態的人，都可以被調化。

而如果缺少善巧，心又太切，那不論做什麼、說什麼，往往會一口咬定，過於極端。如果是在個別的問題上，不得已用一下這種方式，也許還可以，但處理所有

大圓滿前行廣釋

問題都是如此，可能於事、於人，都難有好的效果。

因此，以後大家攝受眾生也好，平時的社會交往也好，應當懂一些善巧方便，這樣你什麼人都可以接受，甚至攝受。有些人除了一兩個人以外，跟誰都合不攏，一張口就得罪人，到頭來弄得自己也不敢說話，別人也不願接觸。其實這也沒有必要。真正佛菩薩化身的上師，他對什麼樣的人都能引導，即使是再剛強的，也可以令他趨入正道。

總之，華智仁波切的上師，就具足以上三種不共的功德，所以他說：在這般無等上師足下，我恭恭敬敬三門頂禮。

這個偈頌，我們也可以念。你可以觀想你最有信心的上師，只要他也具足這三大特點——悲憫愚昧眾生的真實悲心、攝受罪業深重者的力量、調伏剛強難化者的善巧方便，那你也可以觀想他，並這樣作頂禮讚歎。

往生法平時就要修

那麼，今天講的這個往生法引導，不管是年輕人、老年人，從現在就應該開始修了。

如果不提前修好，死相出現時，就來不及了。因為那個時候很痛苦，在醫院裡也好，在家裡也好，多少個人圍著你，也沒有誰能代你感受痛苦，如《入行論》云：「臨終彌留際，眾親雖圍繞，命絕諸苦痛，唯吾一

第一百三十八節課

人受。」而且，人在痛苦中是不容易修法的，平時的小痛苦都不行，何況是生命將絕時的痛苦了？

因此，平時就應該多修福。修了以後，當你的身體及感受被無常所壞時，你平時所修的布施等福德，就能跟隨你去往後世。其實也只有這些，才是你未來世的資糧。如《雜阿含經》云：「老死之所壞，身及所受滅，唯有惠施福，為隨己資糧。」

即使你對這些不感興趣，也一定要為了臨終修一下往生法，而且平時就要修好。比如一個戰士，如果他在上戰場之前，就已熟練掌握刀槍等各種武藝，那上了戰場以後，也一定能運用自如，毫無懼色。同樣，修好往生法以後，死亡何時降臨也能輕鬆面對。這就是一個修行人與世間人不同的地方。世間人怕死，不論他有多少財富，是什麼樣的身分，因為從未修過佛法，所以對死亡特別恐懼，但修行人是不怕死的。

當然，這也要有修行才行，而且要了解死亡。記得以前我講《佛子行》時，引用過噶當派所講的思維死的九種理由。

首先，人是決定會死的，這有三個理由：一、思維死主決定會到來，你無法阻擋；二、思維壽命不可能增加，卻在不間斷地減少；三、思維即使是在生時也沒有閒暇修行妙法，但卻決定當死。

其次，死期是不定的，也有三個理由：一、思維生

大圓滿前行廣釋

於南贍部洲之人壽量無定；二、思維死緣極多而活緣極少；三、思維這個身體極為脆弱，所以死期不定。

最後，死時除了佛法以外，其餘的都毫無利益，同樣有三個理由：一、思維死時除了佛法以外，以財富無益；二、思維死時除了佛法以外，以親友無益；三、思維死時除了佛法以外，以此身無益。

可見，唯有修持了善法，才能坦然面對死亡。而我們現在修的往生法（也即頗瓦法），是往生極樂世界修法中的捷徑，是密宗與顯宗結合的修法。在許多往生淨土的修法中，有些竅訣太簡略，講得不夠詳細，而《前行》裡的這一修法是很適當的。

所以，得了傳承以後，平時就應該修一修。而且修好以後，還要隨時測試。就像你練好了功夫還要復習，還要常常檢查刀槍一樣，現在你為死亡、為往生極樂世界做好充分準備以後，到時便可自在運用、自在往生了。

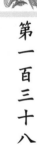

乙三（修持正行支分捷徑往生法）分三：一、往生分類；二、往生修法；三、往生儀軌。

丙一（往生分類）分五：一、利根者見解印持法身之往生；二、中根者生圓雙運報身之往生；三、下根者無量大悲化身之往生；四、平凡者具三想之往生；五、以大悲鐵鉤超度亡靈之往生。

丁一、利根者見解印持法身之往生：

在這一世中，生起了對無偽實相的無誤見解並且不斷修行、串習的人，在臨終的時刻，通過本來清淨的密道，依靠法界覺性的要訣而往生於法身界中。

這是利根者的往生法，與《六中陰》裡講的法身往生法相同。要做到這樣往生，首先要求灌頂、修加行，然後依靠上師直指大圓滿的教言，認識覺性與法身無二無別。對此境界有所證悟之後，到臨死中陰階段，便可在自本淨剎土現前成就，迅速獲得普賢王如來的果位。

這種往生有兩種情況：一、死相現前時，由上師或道友指點提醒而明觀；二、自己明觀而往生。

由上師或道友提醒而明觀

長時間生病以後，從醫生、護士或身邊人的表情上，知道自己已無可救藥了，或者已感覺到一些四大分解的痛苦，發現死相已經具足，知道今天不死，明天也會死（不過有些人猜不準，跟人說自己要死，所有東西都送人了，但第二天又好了。以前學院就發生過這種事），如果上師就住在附近，就讓人去迎請。然後首先是要懺悔，觀修金剛薩埵，或在上師面前懺悔都可以，懺悔今生乃至無始以來的一切墮罪。一定要懺悔！這個很重要。其次是散掉平時自己最執著的東西，財產或各種物品等，可以供養上師或僧眾。還有就是要受戒，以前沒受過戒的，要受居士戒或出家戒。

大圓滿前行廣釋

做完這些以後，就可以調整坐式，由上師或同壇灌頂的金剛道友提醒以往所得的教授，像《上師心滴》或其他中陰竅訣裡所講的那些。然後上師或道友要不斷地提醒他：「在你所認識的本來面目中千萬不要退轉，一定要受持普賢如來的本地⋯⋯」這樣再三提醒明觀之後，自己就安住在這種境界中往生。

自己明觀而往生

有些人不需要上師或道友的提醒，自己可以安住在這一境界中。如果是這樣的修行人，在發現死相現前時，可以用毗盧七法的坐式或蹲坐，憶念以前根本上師為自己直指的光明與空性無二無別的本來清淨正見，安住在這一大圓滿無上見解中，將你現在修行的道光明與本有的基光明融入一體，最後於法身本淨中獲得成就。這就是利根者的法身往生法。他根本不需要經過中陰長道，在法性中陰界中，一剎那間就得到成就。

不過蓮花生大士也說過，在對認識覺性上從未串習、也從未認識過的人面前，再怎麼為他指點，他也無法因此而往生。這就像對盲人指點色法、對惡狗指點星星一樣，對毫無了解的人作指點，是不會有真實作用的。因此，這種往生方法只適合最上根者。平時修大圓滿有一定成就的修行人，此時依此往生，是非常多的。

那麼，這樣往生都有些什麼相呢？一般來講，外

相：會呈現萬里無雲的晴空；內相：身體上的光澤長時間不會消失；密相：出現藍色「吽」字、紅色「啊」字等各種文字相。

在大圓滿十七大續部中，個別續裡對這種往生法的修法、成就相，以及往生後遺體的火化方法等，都有詳細說明。

剎那往生法

在修這裡講到的法身往生法，以及下面要講到的報身與化身往生法時，通常是在出現死相並有充裕時間修持的前提下進行的。但如果是突然橫死的情況，那就要用到《六中陰》裡講到的「剎那往生法」了。

不論根基利鈍，剎那往生法都是非常重要的。所以，平時在修持其他往生法的同時，也要修持剎那往生法。

修的時候，心裡常常懷有「假設我突然就會死去，必須一心專注在頭頂」的念頭。這種觀念是一大要點。如果這樣修了，一旦真的突然死亡時，利根者一剎那間便能憶念頭頂上有上師，或阿彌陀佛、釋迦牟尼佛等本尊，這樣瞬間便可在本來清淨的法界光明中自解脫。

丁二、中根者生圓雙運報身之往生：

對於生圓次第無二瑜伽極為嫻熟，並且對於如幻的聖尊身相有純熟妙力的人，臨終時刻在中陰的迷亂景象

大圓滿前行廣釋

出現的同時，往生於現空雙運智慧身中。

跟法身往生不同的是，這種修行人對空性缺乏定解，一生主要修持生起次第與圓滿次第，比如上師瑜伽、金剛薩埵、普賢王如來、釋迦牟尼佛、觀音菩薩等，以觀想如幻的聖尊為主。

修持這種往生法，在臨終的死相出現時，如果沒有上師指點，就自己觀修。觀修時坐式如前，在頭頂觀想自己最有信心的本尊，本體是自己的根本上師。然後觀想在自己體內中脈下端的臍下部位，把自己的心識觀想成白色的「啊」（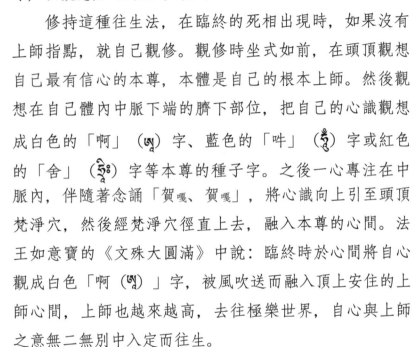）字、藍色的「吽」（）字或紅色的「舍」（）字等本尊的種子字。之後一心專注在中脈內，伴隨著念誦「賀嘎、賀嘎」，將心識向上引至頭頂梵淨穴，然後經梵淨穴徑直上去，融入本尊的心間。法王如意寶的《文殊大圓滿》中說：臨終時於心間將自心觀成白色「啊（）」字，被風吹送而融入頂上安住的上師心間，上師也越來越高，去往極樂世界，自心與上師之意無二無別中入定而往生。

這是中根者的往生修法。因為平時修的是生圓次第，常常觀想金剛薩埵等本尊，那麼到了臨終時，就可以將你最有信心的本尊觀在頭頂上，然後將自己的心識融入本尊的心間，在與本尊的智慧無二無別的境界中，立即於現空雙運的報身剎土中獲得成就。

能這樣修成當然最好，但有些密法竅訣中也說：臨

第一百三十八節課

終時刻，即使觀得不清楚，但因為你平時對上師、本尊或文武百尊特別有信心，所以也能獲得成就。比如，平時如果你對自己的根本上師非常有信心，那麼在你死亡的時候，因為各種恐懼、痛苦頓然出現，迷迷糊糊當中，要仔細觀想白色的「啊」字等可能不一定做得到。但是，因為你平時對上師有很大信心的緣故，那時候上師就會出現，你見到上師時一生起信心，便立即於清淨的智慧——明空雙運中獲得解脫。

報身往生法修成時，外相：行者住處乃至整座山的周圍等，都會被彩虹所縈繞；內相：頭頂梵淨穴處出血或黃水，出現圓溜溜的水珠或者浮腫的現象等；密相：出現五種金剛舍利或其中之一，並出現本尊身相、標幟等。

與文武百尊結上善緣自在解脫

更簡便奇特的是，如果與某些殊勝對境僅僅是結上善緣，也能獲得成就。

如喬美仁波切的竅訣中就說：即使你從未得過灌頂，也從未得過任何密法的傳承，但如果與文武百尊畫像、大幻化網壇城等結上善緣，經常看到、聽到或者去了解，也必將獲得成就。這是蓮師的特殊法行，因而與其他密法不同。

牧羊人遇人身鹿頭本尊而解脫

從前有一個牧羊人，他經常帶著羊群到山上放羊，

到了中午，就帶著口糧到附近一所寺院吃中飯。

他每次吃飯的地方，是在寺院的一塊牆壁下面。這面牆上有一幅壁畫，畫的是文武百尊裡的一位忿怒本尊。我們知道，五十八位忿怒本尊形象各異，而這幅畫像中的本尊，是人的身體、鹿的頭。但他並不知道這是誰，代表了什麼，只是每天來畫像下吃飯時，便分出一半自己的口糧給這位本尊，並說道：「好朋友，這份是你的，一起吃吧！」日復一日，天天如此。

後來，牧羊人死了，在中陰境界裡，當這位本尊在他面前顯現時，他立即認了出來，並習慣地說道：「我的好朋友，一起吃飯吧！」就這樣，他成就了。這是一個真實的故事。

老婆婆聞紅啄木鳥頭本尊而解脫

還有一個老婆婆，她常常路過一所寺院，並能聽到裡面僧人念經的聲音，而且常常聽到這麼一段內容：「……本尊有著紅啄木鳥的頭、人的身體，手裡持著弓和箭，放著光芒……我在這位本尊面前恭敬頂禮、祈禱……」

這段文字時不時地從她腦海裡浮現出來，所以老人也常常在想：「怎麼會這樣呢？人的身體、紅啄木鳥的頭？手持弓箭，還放著光……」因為總是聽到，而且非常好奇，所以她不論白天晚上，一次一次地思索著，並且也很想見到這位本尊。

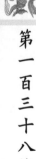

後來她死了，就在中陰自現界中，那位本尊現前了——人的身體、紅啄木鳥的頭，手持弓箭、放著光芒，她一下子認了出來。這樣她不僅遣除了疑惑，同時也獲得了解脫。

中陰時認出文武百尊便得解脫

其實在中陰階段，本尊顯現的速度很快，從未與中陰法門結上善緣的人，他也不認識，只是覺得是個什麼動物，怪怪的，這樣就錯過了解脫的機會。

因此，不說跟所有本尊結上善緣，就是像牧羊人和老婆婆那樣，只是與個別本尊結上善緣，功德也是不可思議的。學院大幻化網的壇城是寂靜本尊壇城，按續部所說，僅僅從外面看到這種壇城的相、佛塔的相，也能獲得成就，所以功德非常大！

如果能對此祈禱、修持，那更不用說了。文武百尊裡的每一尊，其實都是相應於我們的分別念而顯現的，懂的人見了會生信心，但如果被不了解密法的人見了，很可能會生邪見：「怎麼佛教裡會有這麼多具有動物頭像的聖尊呢？」其實他們不知道，當你死亡並趨入中陰界時，就會見到這些聖尊。如果你在平時有所了解，那時候，你就知道這是五部佛的顯現。顯現寂靜本尊，你知道是寂靜本尊；顯現忿怒本尊，你知道是忿怒本尊，在你生起這種清淨意念的一刹那間，所有貪嗔癡當下消失，這時你也就獲得了成就。

大圓滿前行廣釋

丁三、下根者無量大悲化身之往生：

獲得密宗能成熟之灌頂、沒有染上破誓言的過患、對生圓次第具有勝解[84]並擁有中陰竅訣的人，通過觀修「吽」字阻塞不淨的胎門，依靠大悲心的牽引和轉為化身道用，而往生清淨剎土，正如《中陰聞解脫》頌云：「封閉胎門當憶有寂界，需要精進淨觀之一刻。」意思是，此時應當封閉胎門並憶念上師的竅訣，當顯現男女雙運或剎土景象時，一定精進地觀修清淨相，比如觀作上師佛父佛母，或者清淨剎土等。

按蓮師的中陰竅訣所說，下根者的這一往生修法，在臨終時作右側臥，然後在自己的前面觀想化身釋迦牟尼佛、觀音菩薩、蓮花生大士或自己的根本上師；如果沒有觀想的能力，就在前面擺放這些像，然後為了一切有情而發願：「現在我就要離開世間了，但願我今依靠這次死亡，而轉生為利益一切眾生的化身，廣利有情……」

然後把自己的心識觀想成明點，經由中脈，伴隨著「賀嘎、賀嘎」的念誦聲不斷上引，到達左鼻孔時，這個明點就徑直融入你前面所觀想的上師或本尊心間。如果在這種境界中神識離身，那麼後世一定能轉生成一位利益眾生的化身。

化身往生的成就相，外相：在天空中出現如鮮花或

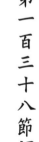

第一百三十八節課

---

[84]不敢說有很高境界，但有穩固見解。

展開的哈達一樣的美麗彩雲等；內相：左鼻孔流出黃水或白紅菩提，或出現圓溜溜的水珠等；密相：出現許多細微的舍利子，整個頭蓋骨或心臟完好無損，或身體裡的部分骨頭或肉不會燒壞，並出現本尊的標幟等。

以這種方式而成就的化身，實際就是來這個世界利益眾生的，現在所謂某某的化身，有很多是這樣的。因為他想利益眾生，不想去往清淨剎土，也不想在本尊的本體中示現成就，所以就以化身的方式來到娑婆世界。

這一化身呈現怎樣的身分，與修行人臨終時的發願有關：你在將自己的心識融入上師或釋迦牟尼佛心間之前，如果發願將來成為一個有智慧的人，那你就應該將自己的心識觀想為藏文「德」字，然後融入；如果你想擁有弘法利生的能力，就將心識觀成藏文「吽」字；如果你想成就無量的悲心，那就觀想成藏文「舍」字。

以上這些修法都很殊勝，當然這是對修行人而言的，世間人不會關心這些。他們所關心的只是生存而已，怎麼掙錢、怎麼買房、怎麼買車、怎麼交朋友……日復一日地過，想的也無非是這些。他不會考慮死時如何面對，死後又去往哪裡，因為他不相信來世；即使有來世，多數人的態度也是「到時候再說吧」。至於度化眾生，那更是天方夜譚了。

因此，這些修法完全是對修行人講的。作為一個修行人，即使不能做到法身或報身往生，但這個化身往生

法，應該也不是特別困難。如果你平時就有利益眾生的發心，到了那時候，以猛厲發願作為前提，也可以顯出自己的「特長」。

昨天講考班裡填表，有個道友在「特長」一欄裡填的是：利益眾生。我看了以後很歡喜，有這樣的特長，那你死的時候，肯定會發願成就化身來度化眾生的——這個道友臉都紅了。沒事，只有我看見了，其他人不一定能注意到。不過你敢寫的話，也應該能承當。

丁四、平凡者具三想之往生：

一般的普通人，可以依靠具足三想——將中脈作為道路想、心識明點作為旅客想、極樂清淨剎土作為去處想，從而往生。這種往生法後面會詳細地講，因為要求不高，所以很適合一般的平凡者。

我們的目標是解脫，所以，不論是自己念佛、觀修，還是依靠上師、道友指點，應當力爭往生極樂世界。如果實在沒有這個能力，也絕對不會墮入三惡道。

不墮三惡道的方法

蓮花生大士說，若有人在旁邊為臨終者念觀音菩薩聖號、阿彌陀佛聖號等，則此人不會墮入三惡道。

某些中陰法門中說，若臨終者自己念，或有人在旁邊為其念一遍「南無寶髻如來」，依靠寶髻如來多生累

劫的發願力，此眾生必定不墮惡趣。這是一個很重要的
竅訣。不論人或旁生，當你見到任何一個眾生正在死亡
線上掙扎時，假如沒有能力念頗瓦超度，就多念「南無
寶髻如來」。

或者，也可以念《聖大解脫經》裡頂禮三寶的偈
頌：「南無布達雅，南無達瑪雅，南無桑嘎雅。」

此外，蓮花生大士還說，如果死時作右側臥、頭朝
北，在這種姿勢中斷氣，以釋迦牟尼佛涅槃時就採用這
一臥式的緣起，此人不會墮入惡趣。

這些方法是非常可靠的，作為相信因果的人，見到
道友或可憐的眾生離開時，應當盡力為他念一念，或者
幫他實行。

丁五、以大悲鐵鉤超度亡靈之往生：

具有殊勝證悟、心境調柔、了知中陰身心相續的瑜
伽士，可以超度其他臨終者或中陰身往生。

本來，超度亡靈者必須是獲得見道的菩薩，如米拉
日巴尊者說：「尚未親睹見道諦，切莫超度諸亡靈。」
還沒有證悟真實諦的人，見到屍體就「啪的、啪的」，不
一定有什麼利益。

超度亡靈的最佳時刻，就是在臨終者外氣已經中
斷、內氣還沒斷盡的時候。

如果遇到這樣有著確定性的時候，找不到一地菩薩

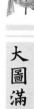

大圓滿前行廣釋

也沒關係，只要請稍微熟練往生竅訣的人來作往生儀式，也絕對是有利的。就像一個剛剛出發上路的旅客，友伴要轉變他的方向是很容易的，同樣，此時他正要去往後世，只要稍作引導，便能讓他避免投生惡趣等處。

相反，如果身心已經脫離，成了中陰身並隨著業力飄蕩的時候，要超度這樣的亡靈往生，還是有一定的困難。超度這樣的中陰身者，必須是對中陰界瞭如指掌、自心已經獲得自在的人。

當然，如果是這樣的一位瑜伽士，那麼已經離開血肉之軀的中陰身，依靠他作超度的外緣也容易轉變。這位瑜伽士先將處在中陰界的亡靈勾招到他的靈牌上，然後對他作往生法儀式，這樣就能將他的神識送到清淨剎土中。

華智仁波切超度亡靈得酸奶

這裡講一則華智仁波切自己的公案。

據《華智仁波切略傳》中記載：仁波切常以普通遊方僧的身分獨自來去，沒有人認識他。有一次，他來到康區的一戶人家門前，恰巧主人的母親剛剛去世，請來當地一位特別有名望的上師為其超度。因為他也是僧人裝束，主人也將他請了進來。

進門以後，他看見那位上師坐在高高的法座上，小侍者坐在旁邊，他們正在為亡靈念超度儀軌。於是華智

仁波切坐到角落裡，他以神通觀察發現，那位上師表面上在念誦往生儀軌，但他心裡想的是：「超度完以後，主人是否會將那匹最好的黑馬供養我呢？」而那個中陰身也了知他的這一心念，於是躲得遠遠的。尊者再觀察他的小侍者，發現他對亡靈有極大悲憫，正一心一意地念誦儀軌，所以中陰身又被感召了回來，但侍者卻沒有能力超度她。

尊者想：若未與亡者結上緣，就無法超度她。於是便對主人說：「能給我一點吃的嗎？我餓了。」主人很不高興：「佛事做完後再給你吧。」

結果，超度儀軌結束後，大上師得到了那匹黑馬，有慈悲心的小僧人得到了一張小黑牛皮。而他得到了一碗酸奶，已與亡者結上了緣，於是他默默地將亡靈超度到了清淨剎土。

爾後尊者一邊笑著，一邊自言自語道：「貪心上師得黑馬，悲心扎巴得牛皮，超度亡靈得酸奶。」

蔣揚夏巴唱情歌超度亡者

剛才的小侍者雖然無力超度，但他的悲心卻能勾招亡者，以前上師如意寶也講過一則以唱情歌來勾招的公案。

塔爾寺的蔣揚夏巴上師，有一次為兩個橫死的姑娘超度。超度過程中，起先他念了很多儀軌，但後來不念

大圓滿前行廣釋

了，唱起了草原上流行的情歌（按藏地傳統，人剛剛死是不能歡笑，也不能唱歌、跳舞的。所以他的侍者很緊張，眾人也都不理解）。上師唱完情歌後，才又開始念超度儀軌，之後算儀式圓滿了。

後來侍者問上師：「今天您為什麼唱情歌呢？」

上師說：「這兩個女孩子生前是有名的歌手，突然進入中陰界，我怎麼念經也勾招不了，於是我只好唱情歌，她們貪戀這個，所以被勾招過來了，趁她們專注之時，我將其超度了。」

可見，如果不是大成就者，中陰身階段是很難超度的。華智仁波切也說過，那時的神識如野狗一般，漂泊不定。因此，一般人想在人死以後，將其神識勾回到他原來的身體上作超度，實際上沒有任何實義。

當然，如果念誦的人有悲心，對三寶有信心，那麼念阿彌陀佛名號、念咒語，對亡靈也必定是有利的。就像剛才那個小侍者，他有悲心，所以中陰身就回來了。能回來就很好了！即使超度不了，也不至於生邪見，否則一生邪見就墮落了。而回來的話，依靠佛語不變諦實力的加持，依靠僧眾的加持，很有可能讓他就此往生極樂剎土的。

其實這些道理，就我們自身也是適用的。當我們自己已經進入中陰階段時，如果有人為我們念經，那時候你要清醒地意識到：「我現在已經是中陰身了，如果我

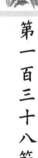

能按照儀軌的詞句轉變我的心識，那現在當下就能前往清淨剎土。」這完全是事實。以前上師如意寶就講過：中陰身不像人活著時心力很鈍，他那時候的心比現在聰利九倍，也極易轉變，而且想到哪兒就能到哪兒。

因此，在座的各位學到這些道理以後，一方面，在為亡者念經時，要懷著利他的心，要盡力用清淨的念誦饒益他；另一方面也應該祈願，一旦我們自己成了中陰身時，也能夠以那種極為聰利的心，來憶念生前學過的這些竅訣，從而立即往生極樂世界。

大圓滿前行廣釋

第一百三十八節課

第一百三十九節課

下面繼續講「以大悲鐵鉤超度亡靈之往生法」。

自未解脫無力超度他人

在超度亡靈的事情上，華智仁波切認為，大多數徒有虛名的上師或活佛，雖然沒有修法的境界，但在超度亡靈時，如果有慈悲菩提心，不牽扯自私自利的心，那麼單單依靠菩提心也可能利益亡靈，同時，也不會成為自己修行的道障。

反之，既沒有一地菩薩的境界，也沒有利他心，一門心思謀求一己利養，僅僅依靠口頭會念誦來超度亡靈，又任意接受死者的往生馬等等，這實在是極其下劣的行為。

供養往生馬的習俗，現在藏地還有。你要請某寺院最大的活佛來超度，那他只要念一遍往生儀軌就可以得到。但一般來講，若是自身沒有接受能力卻接受了，就會形成道障；而且，這種超度對亡者也沒有利益。

如頌云：「己未趨至解脫之乾地，然卻致力引導他人者，此二之理少許不相合，猶如溺水之人救溺者。」如果自己還沒有到達解脫乾地，卻花很多心思力氣引導他人，

⑧往生馬：藏族民俗，一般指為亡人作超度時，亡人家屬將自家最好的馬配上死者最好的衣服供養給作超度的上師，表示已將亡靈完全交付於這位上師請上師作超度。這種馬稱為往生馬，至今仍有此風俗。

這兩種狀態——自未解脫與超度他人，是根本不相合的，也就是說，這種人根本做不到。就像一個人自己還溺在水裡，無法自保，那他怎麼能救護其他的溺水者呢？

可見，要做真實超度，對超度者有嚴格的要求，一般人做不到。不過饒益是有的。就像以前講的，只要你有利他心，以講經說法度化眾生完全應理，不一定非得是一地菩薩。否則，有講法資格的人就很少了。而且，佛陀沒有這麼要求，甚至也沒說必須是資糧道、加行道者，只是在任何情況下都強調的，就是一定要有利他菩提心。

超度也是一樣。作為凡夫，雖然我們不能像聖者那樣做直接與真實的超度，但也並不是不能超度。比如，你們居士去助念，好心好意念頗瓦、念往生儀軌，對亡者就一定有利。而《地藏本願經》、《無量壽經》等經典裡都講過，為人誦經、超度，不僅於人有利，助念者的功德更是不可思議。

接受亡財後一定要念經迴向

現在漢地寺院做佛事，常常規定一些費用，比如，放一次焰口要多少多少錢。如果你已經規定了，那在接受以後，等於是作了承諾，就應當如理如法去做。否則，亡靈得不到絲毫利益，眼睜睜地盯著你，還是很可怕的。

前段時間學會裡邊規定，凡評上終身學員的人，死的時候，我要為他念100遍觀音心咒，當時我也承諾了。前

兩天他們給我發來三個人的名單，說是這種情況，後來我給忘了。但今天早上一醒過來，突然想起來了，馬上坐好念了300遍。當時我的感覺中，好像這幾位亡者一直在盯著我。對我而言，念100遍觀音心咒當然很簡單，但對他們來講，即使是念一遍，也是非常珍貴的。

因此，以後不管是個人、僧眾或居士團體，承諾為亡者超度以後，就應當如實去做。完全超度也許有困難，但盡力念誦諸佛菩薩名號、讀誦具有加持的經典，肯定會饒益亡者的。而如果你接受了供養，但卻沒有念，那是很麻煩的。我的話，超度得到的錢財不敢用，把這些湊到一起，或者刻觀音心咒，或者請僧眾念經。我知道自己沒有超度能力，但既然收了，就全部做佛事。如果什麼都不做，到時候被亡人盯著，也是挺恐怖的。

下面就講幾則這種公案。

丹增秋佩大師重新為亡者迴向

從前，大證悟者丹增秋佩大師轉繞匝日神山期間，在他的境界中，出現了昔日他所超度並收取了往生馬的一個人，那人從血海⑧中露出頭來，並且喊著大師丹增秋佩的名字說：「我的往生馬你都接受了，卻不好好超度，現在我該怎麼辦呢？」

大師一看，驚恐萬分地說道：「我將轉繞神山的功德迴向與你。」於是那人便不見了。

大圓滿前行廣釋

⑧據說血海是指當時匝日神山附近的一個湖。

丹增秋佩大師是有境界的人，亡者也是在他的境界中出現的。但我的話，境界倒沒有，只不過當時醒的時候，在我的分別念中有一種特別奇怪的感覺，或者說是很明顯的直覺吧，好像那三個人在等著我，所以趕緊念了300遍心咒。

當時丹增秋佩大師把轉繞匝日神山的功德迴向給亡者以後，亡者就消失了。其實，這就像還債一樣。

傑美泰秋丹增圓寂後重新超度亡者

不僅如此，即便是具有殊勝證悟的高僧大德，如果接受亡財供養以後沒有念經迴向等，也會成為地道的障礙。

從前，竹慶仁波切傑美泰秋丹增圓寂時，

弟子迎請哲美揚炯滾波尊者念誦遺體火葬儀軌。結果尊者一整天始終念誦沐浴儀軌進行勾招，反覆超度，完全像對一個普通人作超度一樣（一般來講，對高僧大德不需要勾招，或者做遣魔沐浴儀式，只是念《繫解脫》、《普賢行願品》或者祈禱文就夠了，因為他們不是普通人）。

諸位僧人問這樣做的原因，尊者解釋說：「他（傑美泰）生前接受了超度亡者的黑馬供品，可是當時卻沒有對死者誦經念儀軌作迴向，被他超度的這個亡者是一個罪業深重的人，因此對他的地道成就稍有障礙。但現在通過我們倆並肩協力，已經卓有成效。」據說這位亡者名叫各洛丹增（各洛也即果洛，是青海那邊的一個地方。亡者是果洛州的人，名叫丹增）。

像這樣的大上師都要受影響的話，那我們就更要注意了。不說大的供養，就是接受少量亡財，也應該念咒語迴向。有時我走在路上，他們會交過來十塊、二十塊寫著亡人名字的念經錢，一交到手裡，一般我當下就念幾句觀音心咒，「嗡瑪尼巴美吽……」；而且我也不會用這個錢，像剛才說的，拿去刻觀音心咒，或者請僧眾念經。

藏地一直有這種規矩：家人死了，在紙條上寫個名字，裹著十塊、八塊的，多少隨緣，交給講經說法的法師等，每人給一份，請他們超度、加持。其實這是很好的習俗。供養僧眾也好，供養法師也好，結上緣之後，他們經常將講經說法等的功德迴向給亡者，利益極大。

這種規矩漢地還沒有，為超度家人，供養自己最好的房子、車子，以前沒有，以後也不一定會有。但是作為修行人，不論多少，只要你接受了亡者的供養，就一定要好好迴向。

接受信財亡財過多轉世為蛇

《極樂願文大疏》裡有一則公案：一次，唐東加波尊者在一塊磐石中看見一條大蛇，蛇身上下密密麻麻遍布著眾多小青蛙，牠們一刻不停地啃食著牠。尊者以神通觀察，知道這條蛇前世曾是個僧人，接受了太多的信財亡財，但卻沒有認真超度、迴向，如今就成了這樣。而那些啃食牠的小青蛙，就是牠曾經的施主變來的。

可見，超度不容易，而因果也是不虛耗的。一講因

果，每個人都擔心，甚至毛骨悚然，其實這樣很好，說明法入心了，有效果。以前上師如意寶講《百業經》時就是這樣，大家天天心驚膽戰，「這樣也不對，那樣也不對，那我死後必定墮落，怎麼辦哪？」不過，有這種感受的人，修行上大都非常警惕，反而一生受益。

綜上所述，即使是身居上師大活佛之位的人也是一樣，如果在接受亡財時，既不發心也不作迴向、發願、念儀軌等，而自認為「我是如何如何了不起的上師、大活佛，我是堪布、法師，別人供養我理所當然、天經地義……」，實在沒有什麼好處。

古代的藏地怎麼說也好得多，佛教興盛，環境單純，但現在的話，這種人可以說比比皆是。可是你要想想，即生你可能有錢財、有地位、有名聲，但下一世呢？今生一結束，可就是另外一種景象了，而且，想要再回到這個世界，幾乎是不可能了。

想想那種可怕的景象，為何現在不收斂一些呢？

活佛也不應致力於接受供養

其實，就算是活佛，也不應該致力於接受供養。

在藏地，即使是被無誤認定為高僧前輩轉世的那些活佛們，最初也需要從藏文的元音字母開始學習，換句話來說，包括文字讀誦以上，他們都和普通人沒有差別需要學習。那這樣就可以肯定地說，將前世所精通的文字讀誦忘

得乾乾淨淨、卻沒有遺忘生圓瑜伽的人，絕對不會有。

　　我非常讚歎這個推理，以前也在不同的地方用過。也就是說，所謂活佛應該是有功德的，但轉世以後連字母都忘了，何況那些功德呢？如果沒有前世的功德，或者沒有通過修學成就功德，只是以活佛的稱號斂財，就不合理了。

　　現在漢地的居士、出家人喜歡活佛，這個我沒有意見，我個人對活佛、對高僧大德，沒有任何私人的仇怨。但我從負責任的角度，想要勸阻那些傷害佛教、欺騙信眾的現象。

　　任何一位上師、活佛，稍微有些不如法，有些自私自利心是正常的，大家都會理解。在這個世界上，要做到完美、圓滿，除了正等覺釋迦牟尼佛以及真正的佛菩薩化身以外，是不可能的。但是如果做得太過頭了，名義上是「弘法利生」，甚至頗有名氣，而實際上的所作所為卻與佛教完全不相稱，只是借用「活佛」、「上師」的名稱，來騙人、騙錢、行非法之事，那就像這裡所說的「實在沒有什麼好處」。

　　很多居士崇拜活佛，一聽說某某的前世是什麼什麼，就崇拜得不得了，但這個前世的話，有時很難講。我曾在微博上說過：你要尋找上師，主要看他今生是否具有上師的法相，而不是他的前世是誰；釋迦牟尼佛在任何經典裡都不曾說，作為上師的標準，他的前世必須

大圓滿前行廣釋

是某某、必須怎麼怎麼……

其實，前世是很難了知的。但因為一般人難以了知，就說自己的前世是普賢王如來、無垢光尊者、智悲光尊者、如來芽尊者、麥彭仁波切、華智仁波切、唐東加波、龍猛菩薩、月稱菩薩……好像印藏的高僧大德都來示現了一樣，這樣也不盡合理。當然，諸佛菩薩的化現無處不在，這一點我承認，但是，你自己的前世是不是真是這樣呢？

我這麼說，也許會得罪一些人，也許會直接、間接受到攻擊，甚至是一些大的方面的攻擊。但我的存心，完全是為佛法、為眾生，也是在這樣的發心下，為大家出個主意、提個建議，或者也可以說，是發個警告的信息吧。

不過，有人會利用前世，恐怕也跟很多人的認識有關。他們的認識和我正好相反，他們認為，依止善知識時不用看今世，只看前世足矣。但華智仁波切說得很清楚，就算是無誤認定的上師、活佛，也要從頭學。

的確是這樣。即使是特別了不起的高僧大德，他們轉世以後，小時候也要從「嘎喀嘎阿……」三十個字母開始。為什麼呢？一轉世已經忘得一乾二淨了！三十個字母很簡單，任何其他民族的人，一教就會，但連這個都忘了，那生起次第、圓滿次第就不必說了。因此，即使是真正的活佛，因為有胎障等各種原因，所以今世一定要從頭學起。既然要從頭學起，就不應該一上來就借

前世的名義，在今生攝受弟子。

但遺憾的是，很多人這樣做了。所以，從這一點我們就可以理解，上師如意寶為什麼一生未認定一個活佛；而現在看來，這也是上師對佛教的一大貢獻。按理來講，法王比誰都有資格、有能力、有權威，但他不這樣做。現在也有人在漢地說，自己是法王認定的，但在法王身邊待過近二十年的道友都知道，法王從來沒有認定過一個活佛。這就是對佛教負責任的態度。

當然，我也不是不承認「轉世活佛」。活佛是有的，也的確有歷代高僧大德轉世的活佛，像薩迦、噶舉、寧瑪、格魯、覺囊，各派中都有依照佛教儀式並由高僧大德認定的活佛。但就是這些活佛，也應該謹慎。

我自己不是活佛，只是一個名不副實的堪布。但作為堪布，有些事情不想則已，一想就特別害怕，覺得即生接受供養多了，下一輩子不是在地獄，就是在餓鬼道。因為我也知道，自己本身不是能接受供養的人，而且，接受供養以後，通常又沒有好好迴向，綜合各方面來看，自己就能認定，下一輩子肯定是很糟糕的。

如果是這樣，那目的純粹是為了供養，甚至不擇手段的人，就更要謹慎了。否則，事情做過了再後悔，也許就晚了。

因而，華智仁波切認為：即使是那些被無誤認定的小活佛們，也不要在剛剛能騎馬時就開始享用信財亡

大圓滿前行廣釋

財，而要稍稍將精力放在修學發心、閉關修持上面，難道不是嗎？

尊者的教誡很中肯。因果關係的確很深奧，一般人無法恰到好處地掌握，因此，不論大人物、小人物，遵循這些金剛語是不會錯的。作為普通的修行人，道友們一邊聞思，一邊也可以看看別人的行為，從中發現一些是非曲直，進而做到心中有數，還是有必要的。否則，作為一個佛教徒，說話做事太盲從、太愚癡、太極端的話，就難以體現佛教是真理之道。因此，大家應該理性起來，應該進入正信且富於智慧的軌道。

具三想往生法接引平凡者

那麼，在這裡所講的這個往生法，是平凡人具三想的往生法，或者叫做心識上師㊇之往生，這也與《無垢懺悔續》所說的「依靠臨終光環聲往生」的意義相吻合。

所謂的「依靠臨終光環聲往生」，就是在臨終時刻，將自心觀成一個光環明點，伴隨念誦「賀嘎」、「啪的」之聲，往生到清淨剎土。此處所講的修法——具三想往生法，不僅與這一續部的意義一致，而且，如果你結合顯宗修法來看，很多地方也都是相通的。

當然，具有殊勝證悟的補特伽羅，不需要這一修法，他們依靠法身、報身、化身往生法即能成就。

㊇心識上師：觀想自己的心識與上師的智慧融為一體，成為無二無別。

死亡讓瑜伽行者小成佛

其實，對於這種有修行境界的人來講，死亡不過是一種分別，如《無垢懺悔續》中說：「死亡乃分別，可引空行剎。」在度過這一分別念的階段以後，神識可以被直接引往空行剎土。

因此，死亡對於不同的人，有不同的意味：世間人一聽說自己得了絕症，馬上要死了，一定極為痛苦，即使學了一輩子佛，不論出家人、在家人，還是會非常悲傷的。而如果是一個修行有素的瑜伽士，他根本不會痛苦，因為對他而言，死亡可以讓他小成佛，如續中說：「所謂之死亡，瑜伽小成佛。」

雖然不是「大成佛」，「小成佛」已經是很大的成就了，因此，如果你有一些境界的話，死時又何必傷心呢？就要示現「小成佛」了，多好啊！真正的修行人多數是如此，今生今世已證得堅地，生死自在，因此表面上示現死亡，但實際上只是像從現在的一個地方去往另一個地方一樣。

平凡者需要具三想往生法

當然，這種生死自在，不是每個人都有的。對一般人而言，最重要的，是平時要斷惡修善，而與此同時，也要學會把握好臨死時的心念。

《毗婆沙論》記載道：舍衛城有兩個人，一個人一生修善，另一個人一生造惡。修善的人在臨終時，因為

順次生受業⑧所感，後世的惡報提前，出現地獄的各種景象。這時他有點詫異：「我一輩子行善，不曾造惡，為何出現地獄之相？」但轉念一想：「應該是我後世的果報提前成熟，將來可以不再感受了。」於是欣然接受。因為他對業果的信心毫不動搖，地獄相立即隱沒，天界的景象顯現，這樣他便生天了。

　　而造惡之人臨命終時，因為一生造惡的緣故，順次生受業提前顯現，他見到了天界之相。他想：「我這一生造的全是惡業，不曾修善，如果真有因果，那我應該墮地獄，不可能生天，為何會出現天界之相呢？」此人立即斷定：「根本沒有因果！」就這樣，因為生起邪見誹謗因果，天界景象消失，現地獄相，他當下墮入地獄。

　　從這則公案裡，一方面，我們要了解因果不虛：不論你修善造惡，後世的苦樂是絕對不會欺惑的。對一個皈依佛門的人而言，因為相信前世後世，所以一生斷惡行善，死時很安詳，而後世也會更加安樂。但不相信有來世的人，因為總覺得人死了就沒了，所以死時非常恐懼，即使是科學巨匠，也往往如此。而且，如果這一世多作惡業、缺乏善行，那後世一定是更加痛苦。

　　而另一方面，也是要著重說明的，就是臨死時的心念很關鍵。如果具有相當的觀想能力，就像前面講的，那些一生修習生圓次第等的行者，他們完全可以在生住

⑧順次生受業：現世所造之善惡業，將於第二世受果報。

中陰、臨死中陰、轉世中陰三種不同階段，於法報化三身中獲得成就。但如果沒有這種修行能力，即使平時也在修善，臨死時也很可能會變得手忙腳亂，甚至意識也糊塗了，而一旦失去正念，那就往生無份了。

因此，所謂「往生法引導修法差者」，對於修道尚未獲得穩固或者罪孽深重之人而言，一定要依靠具三想往生法這一要訣。

若依三想往生法必定解脫

如果擁有這樣的竅訣，那麼無論他罪業何等深重，也必定不會墮入惡趣。就算是造了無間罪徑趨直下的人，如果遇到這一教言，則一定不需要墮惡趣。在顯宗裡，沒有比五無間罪更嚴重的罪業了，但是擁有這一竅訣的人，也一定會解脫。

如續云：「日日殺梵志，及造五無間，以此道解脫，不為罪業染。」所謂梵志，也即志求梵天果位的婆羅門，類似於現在基督教中的牧師或道教中的道士等，也是修行人。我們知道，殺一般的人與殺修行人的果報是不同的，殺後者要重得多。因此這裡以此為喻，說即使你天天殺梵志，甚至造五無間罪，但依靠這一具三想往生法來修，依然能夠解脫，不會被罪業所染。

此續中又說：「九竅⑧⑨之上方，意念可往生，不為罪

---

⑧⑨九竅：人體感受五種外境的感覺活動所有九處門戶或穴竅：眼二、耳二、鼻二、口和大小便口各一，共為九竅。

業染，生於清淨剎。」人的這九竅，實際是輪迴之門，在九竅的上方有梵淨穴，如果意念從此而出，將不會為罪業所染，並生於清淨剎土。

其他續中也說：「頭頂日月坐墊上，具相上師尊足前，若知趨入中脈道，造五無間亦解脫。」死時在頭頂上觀想日月坐墊，之上安坐自己的具相根本上師，面帶微笑，慈悲觀照著自己，然後，如果你能修持趨入中脈之道——將自己的心識觀作「啊」、「吽」、「德」、「舍」等種子字，經中脈融入頂上上師的心間，上師也漸漸去往清淨剎土，依此修持的人，即使造了五無間罪，也會解脫的。

因此，希望大家重視這一修法，其實在整個修行的末了，最終的正行就是往生法。我們每個人的前途，說難聽一點，只有「死路一條」，也許這聽著不吉祥，但說直一點就是如此。而在這條死路的盡頭，如果你能用上這個修法，那你未來的生命就完全不同了。當然，那時候是否做得到，還要依賴於現在的努力。

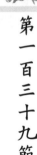

堪布嘎巴，是我以前聽過法的一位堪布，他獲得了虹身成就，往生時非常吉祥，我在《密宗虹身成就略記》中有記載。雖然他的境界很高，但他每天晚上都修頗瓦法（往生法），「賀嘎、賀嘎……」，外面都聽得到。

像這樣的大德每天都要修的話，那更何況我們呢？所以，這個往生法平時就要修。如果現在不修，只是像

300

學者了解普通知識那樣，聽聽而已，到時候可能未必用得上。而如果你真的想從輪迴中永遠獲得解脫，那就應該把它當作生命中最有意義的事情來做，認真實修。

只要修持好了，就像剛才講的，再重的罪業也能獲得解脫。

此往生法乃不修便可成佛法

所以說，這一深道往生法的教言，是不修便可成佛之法，也是以強制性的方法使罪孽深重者得以解脫的密道。

這裡的所謂「不修」，不是說完全不修，而是說不必用三大阿僧祇劫長久、費力地去修，只是在練習好這一簡易修法之後，便能往生，即使是罪業深重的人，也可以強制性地往生。因此，和顯宗的淨土法門相比，有些念佛的修法是很殊勝，但說實在的，這裡所講的這個往生法有更多的竅訣，而這種竅訣可以讓你直接往生，毫無疑問，也毫不費力。

因此，遇到這麼好的法門，不修太可惜了。就像你撿到一個如意寶，但如果不祈禱，只是閒置在那兒，也就白白浪費了。

有緣者應當依此法而往生

金剛持佛說：「日日殺梵志，及造五無間，若遇此教言，無疑定解脫。」這和上面教證的意思是一樣的。

在座的可以想一想，在你值遇佛法之前，即使不是

「日日殺梵志」，也肯定造了很多業。不說其他的，單單飯桌上的殺生，恐怕已經是相當多了，再加上，從小到大有意無意的殺生，乃至身口意的種種自性罪，那更是不計其數。而在學佛以後，進入別解脫戒、菩薩戒、密乘戒以來，煩惱深重也好，沒有正知正念也好，佛制罪肯定也造了不少。

如果我們能像阿底峽尊者一樣，有錯即懺，哪怕生了個錯誤心念，都立即用木製曼茶盤供養、懺悔，那修行上一定很有進步。可是，我們有這個能力嗎？沒有。凡夫人就是這麼可憐，造惡業有特長，但一說到懺悔、修善，就既懶惰又無力，修不到什麼功德。

所以，對我們這些人來講，這個往生法再適合不過，到了最後關頭，我們唯一能依靠的就是這一修法了。

這一修法具體怎麼修，下面會講，這裡首先介紹一下它的重要性。而能遇到這種教言的人，也可謂是有殊勝因緣，因此希望大家珍惜。

前段時間我翻開筆記，發現很早以前上師如意寶也講過一遍往生法。當時是在道孚的古屋神山，漢僧只有五六個，上師講了六天，我在下來之後也是一邊譯一邊講，最後又用藏文理成了文字，裡面有很多上師的教言。當時上師也說：「遇到這麼殊勝的修法，如果你們不修，是很可惜的。高僧大德離開世間時，心中多數都有把握，但作為一般的修行人，也可以有自己的境界，

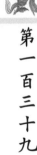

尤其是，如果能運用這一往生法，解脫是有把握的。」

蓮師說：不修成佛法我有

鄔金蓮花生大士也說：「修持成佛法皆具，不修成佛法我有。」通過修持而成佛的法門，各個教派都有，但不修便可成佛的法門，我有。

當初米拉日巴遇到絨頓拉嘎上師時，一聽說不修可以成佛，便整天睡大覺，等著成佛。如果你們也這麼理解，「反正我遇到蓮花生大士了，遇到這個『不修成佛法』了，看來我很有緣分⋯⋯」，於是就懶散度日，其實這是誤解。所謂不修，剛才講了，是說不必曠劫苦修，但這一修法本身，如果想要到時候運用自如，平時一點也不修，是不行的。

因此，一定要修。但修這個法，跟修其他法的確不同：一方面，阿彌陀佛的願力宏大；另一方面，來自蓮師乃至我們一切傳承上師的教授，又有不共的加持。

珍惜與佛法結上的善緣

尤其是這些解脫竅訣，像聞解脫、繫解脫、往生法，能遇到這些修法，的確是一種善緣、一種幸運，理應歡喜。

法王在一個道歌中就說⑨：「六道輪迴中的苦樂顯現，此起彼伏、交替輪番，變化莫測如春日的天氣，搖晃不定、不可依靠，唯有具善緣修正法的修行人，何時

⑨堪布邊背藏文邊翻譯成漢文。

303

大圓滿前行廣釋

何處都處在快樂中，多幸福啊！」

確實是這樣的。世間人在苦樂中沉浮，今天快樂、明天痛苦，今天雖然富有、明天卻可能倒閉……忽風忽雨、是是非非，一生都沒有快樂可言。但一個真正的修行人，他不會這樣，他用修行將一切都轉成快樂了。這就是佛法體現在生命中的緣起規律。

法王還有一個教言說：「我在小小年紀時，就被善緣的布穀鳥以美麗動聽的歌聲召喚，來到上師托嘎如意寶的佛法花園中，享用了勝乘妙法的美味甘露，而這最初的緣起，就是從小值遇佛法。」

我想很多道友也是如此吧。往昔的善緣，就像布穀鳥的歌聲一樣，把你們召喚到了喇榮，從小小年紀就開始接受大乘佛法，行持大乘佛法，這無疑是非常殊勝的因緣。

一般來講，如果年輕時就與佛法結上善緣，即使你後來的修行不怎麼成功，一生的見解或行持，也是不會退的；而如果你年輕時的緣分是在惡法當中，與惡友為伍，那一輩子的修行，都會受此影響。因此，一定要珍惜自己的好緣分，活著的時候，用佛法調伏相續，很快樂；死的時候，又依靠佛法往生淨土，更加快樂。

當然，如果你不是在年輕時遇到佛法，而是在中年、老年時，那你就更應該珍惜。特別是這個往生法，如果修好了，那一定會有美好的來世。現在很多人重視「相」，一個修行人死了，「有沒有瑞相」、「有沒有

舍利」……其實，這些有也可以，沒有也可以，不是關鍵。最關鍵的，對你個人來講，就是來世的開端如何。你今生死去的那一剎那，就是來世的開端，如果你一生行善，死時很安詳，那來世也必定有一個快樂的開端，並且從快樂到快樂；但如果你一生造惡，死時充滿恐怖，那來世的開端就是地獄烈火，一旦成了那樣，何時才能解脫呢？

因此，希望人人都珍惜與佛法結上的善緣。尤其是，不論你一生的行持如何，一定要把握好這個往生法，用它為你的生生世世創造最美好的開端。

三大智者的教言

那若巴：關閉輪迴之門

大智者那若巴說：「九門乃為輪迴窗，一門即是大手印，關閉九門啟一門，無疑趨入解脫道。」

九門，也就是上面講的九竅，這九門是輪迴的窗口，而解脫之門就是大手印。關閉九門，開啟梵淨穴往生之門，則一定會趨入解脫道。

瑪爾巴：平凡而死亦無懼

南岩瑪爾巴羅扎尊者也曾經說：「我今修持往生法，反反覆覆修煉已，平凡而死亦無懼，具有前修之把握。」

有一次，瑪爾巴與弟子們在河畔散步時，見到一條

獵狗追趕一隻鹿子，鹿子在驚慌之中跳河溺死了。這時瑪爾巴要修奪舍法，便對弟子們說：「你們有的去鹿的後面擋著獵狗，有的就看著我的身體。」說完，就開始將心識轉移到鹿子身上。一會兒，就見死鹿從水中躍出，來到尊者的院子裡便倒下了。

尊者復活過來，同弟子們一起去看那隻死鹿。這時獵人們也趕過來了，並想把鹿子拿走。尊者笑著說道：「不是我修奪舍法，你們的死鹿早就被水沖走了，所以別想奪走牠。」弟子們便將上師修法的經過告訴了他們。

但獵人們不信，就說：「如果你能再修一次給我們看，我們就把牠作供養了。」

於是瑪爾巴又示現奪舍，鹿子立即復活，走了一段又倒下了。尊者醒了過來。

這時，獵人們都驚奇不已，生起了強烈的信心，同時把鹿子的屍體及其他眾多供品作了供養。供養以後，他們請問法義，於是瑪爾巴唱了一首「具有把握」的道歌。就在這首道歌裡，他唱到了剛才的那個偈頌，他說：「我現在活著時就修持往生法，反反覆覆修持以後，即使是平凡而死，也毫無畏懼，因為我從前已經修煉好了，具有必定往生的把握。」

笑金剛：往生法乃摧毀中有之嚮導

至尊笑金剛說：「此等往生融合[91]之竅訣，乃為摧毀

第一百三十九節課

___

[91]融合：將自心融合於阿彌陀智慧之教言。

中有之嚮導，具足此道之人可有否？命風進入中脈人安樂，彼將趨入法界唉瑪吹！」

至尊笑金剛，即米拉日巴尊者。尊者在依止瑪爾巴羅扎苦行很長時間以後，上師為他灌頂。灌頂時，上師讓他進入壇城，指著繪製的勝樂金剛壇城說道：「這是繪製的表相壇城，而真正的壇城，你看！」說著，手指虛空，立時於空中顯現出勝樂金剛的六十二壇城：二十四殊勝剎土，三十二勝境，八大尸陀林，空行等所有聖眾環繞，雲光繚繞。這時，米拉日巴尊者信心充滿、歡喜無比，而上師與所有本尊及聖眾眷屬同聲說道：「為汝取名為笑金剛。」這就是尊者「笑金剛」名號的由來。

據尊者的道歌集記載：當尊者在布仁地區的紅崖博托居住時，有一位僧人仰慕尊者之名，前來拜見。但來到洞裡一看，除了一個煮水的壺以外，別無一物。他心裡想：「怎麼連一尊佛像、一頁佛經都沒有供奉呢？眼前的生活都如此糟糕，死時會有什麼結局呢？」

正在他這樣打妄想時，尊者也立即知曉了，於是對他說道：「你用不著為我擔心，我是具有最殊勝的佛像和經書之人；我死的時候也絕無後悔，必定是十分快樂的。」之後又唱道：「我身佛陀壇城內，住有三世如來體……以大智慧作墨汁，以五根筆而書寫，所顯無不成法身，無需經書心快樂……」

來人一聽，知道尊者有神通，同時也認為其他有關

大圓滿前行廣釋

他的成就等傳言也是真的，從而生起了不退的信心，並請求尊者攝受。

尊者知道這是個有緣之人，於是給他灌頂，並傳了口訣。他修行之後，生起了善妙覺受，又來拜見尊者，並說：「在我沒有得受過內心安樂之前，我是個特別貪財的人，現在見您對一切都毫無貪著，我也願意效仿您長期住山修行。」

尊者聽了很歡喜，唱了一首「嚮導」之歌，歌中處處體現了一個修行人的快樂和自在。其中這裡的這個教言，就講到了中陰之嚮導：「這個將自心與上師阿彌陀佛的智慧融為一體的竅訣，就是摧毀中有的嚮導，不知你們當中是否有具此往生把握的人呢？往生的人將會非常安樂，他將自在趣入法界，唉瑪吚！」

來人叫者頓惹巴，他與大眾聽了尊者的道歌以後，歡喜異常，又向尊者請求了見修行果的法要。

今天，我們知道了往生法的重要，也知道這是摧毀輪迴的真實嚮導，但是在座的人當中，有幾人用得上呢？姑且以百年來計，一百年之中，有些人死時很吉祥，用上了這個竅訣；但有些人不但用不上，可能中途生了邪見，最終也墮入了惡趣。

因此，希望大家珍惜這個修法，也珍惜自己的修法因緣。

第一百三十九節課

第一百四十節課

下面講往生修法。

丙二（往生修法）分二：一、修煉；二、運用。

丁一、修煉：

在我們身體還健康，尚未遇到嚴重疾病時，就應該修往生法了。

往生法在藏文裡叫「頗瓦」。以前朝五台山時，有個漢族和尚向法王求頗瓦法，讓我翻譯。當時我對這些術語還不熟，加上「頗瓦」一詞在藏文中有兩個意思：往生法、肚子。他一直「頗瓦、頗瓦」的，我就不太明白，說來說去，才知道是求往生法。

在台灣、美國、新加坡那邊，說到往生法，大家常稱作「頗瓦法」，當然也有稱「往生法」的。其實它的本意是遷識，就是通過修行將神識遷移到別處。

對每一個人而言，不論你活著時如何，當你離開世間時，最需要的就是頗瓦法。也許你在風光、快樂時，不會有疾病和死亡的顧慮，或因忙碌於家庭、工作和事業，也顧不上這些。但是，一旦你得了不治之症，比如癌症晚期等等，那時候，就不得不直面無常、思考來世了。

如果你相信來世、相信淨土，就應該選擇頗瓦法，因為在那樣的情況下，你也知道，即使你再執著世間的

大圓滿前行廣釋

一切——家人、好友、名聲、財產……也不得不放棄；甚至是你最珍愛的身體，也要留在人間、化為灰塵。若是如此，還能依靠什麼呢？就是對來世最有利的修法。

也許有人問：「那平時修頗瓦法，會不會讓我快樂、不痛苦呢？」

其實，和長遠的痛苦相比，眼前的痛苦不算什麼。如果你想現在就不痛苦，有方法的話，也可以；但如果你想在來世，在生生世世中不痛苦，就一定要往生清淨剎土。輪迴中的苦是難以忍受的，不說惡道的苦，就是人間的苦——生老病死苦、苦苦、變苦、行苦、求不得苦……想一想都受不了。

因此，為了徹底離開所有的痛苦，我們應該學習往生引導，並依此往生淨土。

平時要反覆修煉

在上師前求得往生引導以後，平時要反反覆覆加以修煉，並於未出現驗相之前，一直精勤努力。

精勤是很重要的。即使是很小的目標，像學院裡有些做小生意的人，他們僅僅是為了生活，早上4點就起來做工了，而且一向如此。這種精勤如果能用到佛法上，不管是誰，死時他一定是有把握的。但是，這裡這麼多修行人，早上4點就起來的又有多少呢？

有個道友回了趟家，回來以後他說：「我家附近的

很多鋪子、工廠，凌晨3點還在上班……」可能這也是當今人的生存現狀吧，不論城市鄉間，人們為了一點利益，特別特別辛苦！他們辛苦的目的，在我們看來，不過是幾十年的溫飽而已，目標很小。但是，就是這麼小的目標，他們卻肯付出那麼大的努力，而我們呢？我們的目標是來世，沒有比這更大的目標了，但我們有沒有這樣努力呢？沒有吧。

因此，修行時也可以用這些來激勵自己，尤其是在修這一往生法時，修出驗相之前，一定要精進，要反反覆覆修煉，修多少年都可以。

在你修持的過程中，有一點要了解的是：當你的身心還算健康，風脈明點全然無有衰退，正處在旺盛時期時，要依靠往生法直接往生極樂世界，有一定的困難。

這是什麼意思呢？就是不要用往生法「自殺」。有些道友心情低落的時候，就拼命修頗瓦，「啪的！啪的」，想走！他不敢用吃藥、割腕這些平常的方式，覺得往生法是最好的安樂死，所以就拼命修。但這是很困難的。為什麼呢？因為依你現在的身體狀況，還去不了。你現在可以修，可以熟練它，但不到臨死的時候，要實現往生，是不容易的。

這是華智仁波切的金剛語，希望大家記住！整部《前行》的前前後後都非常珍貴，沒有哪一段文字是要捨棄的，應當全部接受。

大圓滿前行廣釋

死時是否用得上，依賴於平時的修煉

平時是在修煉，還去不了，但真正到了臨死之時，比如生了重病，明顯活不了了，或者已經極為年邁，那時候往生就容易了。

打個比方，在夏季，果實正處在茂盛繁榮時很難採摘。像我以前去馬爾康，就見過小孩子用長棍子敲蘋果，那時蘋果還不熟，所以使勁敲也掉不下來。但是到了秋季，瓜熟蒂落時，你不用敲也不用摘，只是衣邊稍微碰觸一下，它就掉下來了。

同樣，心情不好時，任你喊多少個「啪的」，也往生不了，但是當你壽命已盡的時候，稍微觀一下，就修成了。

當然，這也要看你平時的修煉情況，以及當時是否想得起。如果你平時就不珍惜這個竅訣，也不修煉，只是當作一般的學問，學了也就過了，那到了臨死時刻，心識本來就混亂，再加上後世的迷亂景象一現，要想起往生法，恐怕有一定的困難。因此，平時一定要串習，依靠串習的力量，死時不僅想得起，而且能運用自如。

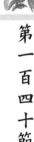

不過我也知道：說易行難。儘管我天天講，但自己在死時是否用得上，還是個問號。如果自己用不上，那就跟聾子彈樂器一樣了，音樂送給你們，你們受用了、用上了，而於我自己卻毫無利益。不過，能這樣也好。

因此，你們除了其他的法義，往生法也要放在心

312

裡。否則，一旦無常到來時，你的世界將出現翻天覆地的變化，你的心識將放下熟悉的一切，獨自前往陌生之地，那時候的感受非比尋常。在那種恐懼和焦慮之下，不管是誰，哭哭啼啼沒有用，你平常對佛法的膚淺理解，也用不上了。

那什麼用得上呢？就是你平時對往生法的修煉。這種修煉，就像你上戰場之前，先要把武器運用自如，上舞臺之前，先要把動作、臺詞弄熟練，上運動場之前，先要把運動項目訓練好一樣，平時就應該再再實踐。要知道，世間人為了一點榮譽，幕後、場下花了多少功夫？千百萬次的訓練！一想到這種執著，我們對自己的修行一定會滿懷慚愧。我們自認為在修行，自認為很精進，可是跟他們比起來，除了目標之外，我們的確不如他們。

因此，希望大家重視這個頗瓦法，並且要長期修持。修好以後，平時偶爾修一修就可以，到用的時候，立即把你從前所觀修的都用上，直接往生。

這個往生法是很殊勝的，當然，這種法門在密宗裡還有很多，了解的人是不得不承認的。在漢傳佛教，《觀經》裡是講了九種根基的往生，但是在這之上，最利根者安住自己本位、直接解脫的竅訣，卻並未宣說。儘管未宣說，但這也是佛經的教義，這個道理，以前在其他場合裡應該介紹過了。

大圓滿前行廣釋

丁二、運用：

那麼，具體在何時運用這一往生法呢？

當自己出現死相，知道無論如何也無法避免死亡，並出現了隱沒次第㉒等的時候，就該修往生法了。而除此之外的時間裡，一律不可以依靠這種方法來往生。假使你這樣做，其實就等於自殺。

自殺的話，世間是常有的。現在人的心態很奇怪，家庭、感情、工作，生活上稍有不順，也許只是遇到一點點事情，就覺得活著沒什麼意義了。其實，人生也並不是只有一條路。如果只有一條路，那它一被堵死，你說「無路可走了」，於是選擇自盡，也可以。但實際上也不是。

因此，你只是缺乏勇氣而已。就存活而言，我有時候覺得，街頭的乞丐還是有一定的勇氣。他每天為了少少的財物，風裡來、雨裡去，一點一點地積累。也許你會覺得，這種生活方式缺乏尊嚴，但他就是這樣活著的。想一想他們，我們其他人又何必自殺呢？

尤其是佛教徒，想借往生法自殺是不明智的。當然，出家人一般不會。一是就整個社會比例來看，出家人不多，所以很少聽說出家人自殺；二是作為真正的出家人，他們本來對世間的東西就看得淡、看得破，怎麼會走那條路呢？而作為在家居士，我想你學佛以後，跟

㉒隱沒次第：人死亡時出現種種減盡次第之死相。

非佛教徒應該是不一樣的。為什麼呢？因為佛法很寬廣，稍稍入心的話，人也就變得豁達了。人一豁達，又怎麼會自殺呢？

我們知道，在西方的哲學中，並沒有東方的佛教與孔孟思想那麼深奧的知識，然而，當西方人把他們的思想用於心理治療時，卻拯救了許許多多的人。如果是這樣，那我們學了佛法，有了佛法智慧的人，又何必選擇狹隘之路呢？

因此，你不應該拋棄這個人身，而應該用它為後世修積資糧，或者就像前面講的，好好修煉往生法，到時機成熟時就可以往生了。否則，不管你用什麼方式自殺，當你離開這個世間時，或許你已避開了生前的痛苦，但迎來的不見得是快樂，在眾多惡業的牽引下，可能會立即出現種種惡相；如果真的墮入惡趣，要再得人身，就遙遙無期了。因此，一定要深思！

不僅如此，其實這樣做的過失也是很重的。如續中說：「時機成熟當往生，非時往生殺本尊。」時機成熟時才能往生，其他時間裡，如果你用往生法離開世間，就有殺本尊的過失。戒律中也說，比丘自盡犯墮罪。因此，這種「非時往生」，佛教中是不允許的。

那麼，何時才是往生的成熟時機呢？就是出現死相時。

大圓滿前行廣釋

三種隱沒次第

所謂死相，就是人在接近死亡時所出現的相，也叫隱沒次第。本來隱沒次第多種多樣，但從淺顯易懂的角度來講，包括五根、四大、明增得這三種隱沒次第。

這些隱沒次第是一定要知道的。否則，缺乏了解的話，到時候或許就來不及了。當然，如果是橫死，就不會出現這種次第，神識在瞬間就要離開，那時候最好用剎那往生法。還有種情況是，有些老人發覺不到死相，因為他是在睡夢中死的，或是邊念經，邊吃飯，人就死了……我家鄉的居士林就有這樣的。這種死法，雖說沒有任何死亡的痛苦，也算吉祥，但有一個問題是，他可能沒有觀想的準備，就在和平常一樣當中死去了。

而如果是生了病，倒是一種提醒，人也會考慮這個，甚至常常留意是否有死相，這樣的話，反倒容易把握了。

五根隱沒次第

五根隱沒次第：按藏地的習慣，人如果實在不行了，就可以請僧人來念經了。當有人在枕邊念經時，只是聽到一片嗡嗡的聲音，而聽不清字字句句；或者，雖然沒有那樣，但別人的交談等對他來說，也好像是從遠處傳來的聲往生法音一樣，僅僅能聽到聲音，卻聽不清楚說的是什麼，這時表明耳識已經滅盡了（如果只是病得久了，一時聽不清楚，這還不一定是死相，別搞錯了）。

同樣，眼睛看色法時，也只是模模糊糊，看不清究竟為何物，說明此時眼識已經滅盡了。

以此類推，鼻根嗅香氣、舌根品味道、身體接觸到所觸時，沒有絲毫的感覺，那這就是最後的隱沒次第了（如果是感冒或有其他疾病，感覺不敏銳，這個不必擔心，應該不是。明顯的隱沒，像這裡講的這種，自己會發現的）。

這時候，旁邊有善知識的話，可以請求為自己做個千佛灌頂。或者，如果得過大圓滿灌頂，也修持過，甚至對本來清淨有一些認識，只是此時自己觀不起來，可以請上師或誓言清淨的道友，為自己直指心性的本來面目。就像《上師心滴》講的那樣：就在你現在所認識的光明當中，不要退轉，受持堅地……

這樣再三直指以後，我們就一定會記住的。好比國王吩咐下人，下人一定會聚精會神地聆聽，並記住國王的話，同樣，要離開世間的這個人，對旁邊上師或道友為他提醒的觀想次第，會仔細聽受，並清晰記憶。

即使不能做這些，旁邊的人也可以看看，這個人的外氣接近要斷了，人也動不了了，這時就可以為他念頗瓦或助念，因為這也是超度的最佳時刻。

以上是五根隱沒次第。在座的不妨想想，現在各位執著的根識受用，終有一天也會如此隱沒的。

四大隱沒次第

四大隱沒次第：在五根隱沒之後，首先是肉界融入

大圓滿前行廣釋

地大。按《俱舍論》，人身上的肉、骨等堅硬部分稱地大。當融入之時，身體會出現如墮坑中或被山所壓一樣的沉重感，在這種下墮、下滑的感覺中，有些臨終的人口裡就會喊「向上拽我」、「把我的枕頭墊高」，等等。

普通人這時會害怕的，但修行人不同，因為他提前有準備。如米拉日巴曾在道歌中唱道：當初我因為畏懼死亡而入山修行，反反覆覆觀修無常及死期不定，而現在我已獲得無死堅地，早已遠離死的畏懼。⑨³

尊者的確是我們修行人的典範。你們中的有些人也很不錯，雖然很年輕，在家時工作、待遇也很優越，但一學佛法，心就被點醒了：待遇再好、容貌再美，終究抵不過死亡閻羅卒，與其在平淡瑣碎中過一生，不如趁現在身心還健康時，到寂靜地方修無常、求解脫，這樣當我離開的時候，一定會自由自在、逍遙灑脫……

我想很多人的修行、出家，的確是基於這樣的思索。有了這樣的思索，再加上精進的修行，到了那個時候，一定是不害怕，也不痛苦的。

肉界融入地大之後，是血界融入水大。融入時，會無法控制地流出口水或鼻涕等。

接著是暖界融入火大。此時，口鼻全然乾燥，體溫

⑨³米拉日巴尊者說：「吾初畏死赴山中，數數觀修死無定，已獲無死本堅地，此時遠離死畏懼。」

從邊緣向內收，這時有些人從頭頂突突地冒出蒸氣。

最後是氣界融入風大。按密宗的教言，人的身上有這五種風：上行風住於上身，起到呼吸的作用；下行風住於下身，起到排泄等作用；平住風住於中間，起到受持體溫、分辨飲食等作用；遍行風主運動，身體上上下下的活動，全部由遍行風操作；持命風，就是執持生命的風，這些就是通常講的外五風。還有內五風、密五風等很多風，《心性休息》、《句義寶藏論》等都有宣說。

那麼，當氣界融入風大中時，上行風、下行風、平住風、遍行風全部收在持命風當中，以至於吸氣困難，氣息從肺部經過黑白咽喉而劇烈地向外呼出。

此時體內的所有血液收集在命脈中，心間依次流出三滴血，於是長長地呼出三口氣，「哈、哈、哈」（有些只有一口氣。有些病人病得很嚴重，長時間死不了，最後呼吸一次就死了），外氣驟然中斷。

到此為止，人就死了。在一般的醫學裡，不論中醫、西醫，他們對死亡也有描述，不過都是局限在身體方面，並認為人的整個生命過程就是如此。但佛教不僅講到了這些，而且對此後神識如何離開、如何經過中陰，乃至如何投胎或往生等，更有細緻的分析。這種分析是不共的，也可以說，是世間的文學作品、乃至其他宗教教義中所罕見的。

大圓滿前行廣釋

因此，我們遇到佛教，不說別的，能有機緣對這種知識獲得準確的了解，已經是非常慶幸了。

明增得隱沒次第

外氣中斷時，出現明、增、得隱沒次第。

明相：在當時，從頂部來自於父親的白明點快速下降（時間很短），外相就好似月光普照朗朗晴空一般出現白光，也如同白色的閃電；內相出現明、樂、無念中明的覺受，並且滅盡了三十三種嗔心分別念⑨，這就是所謂的明相。此時，五根識融入意識。

增相：明相結束以後，從臍部來自於母親的紅明點快速上升，外相如同日光普照朗朗晴空一般出現紅光，也如同紅色的閃電；內相產生了大樂覺受，滅盡了四十種貪心分別念，這是所謂的增相。此時，意識融入於染污意識（第七識）。

得相：接著，白紅二種明點在心間相遇（剛才是白明點向下來，現白光，具明受；紅明點向上來，現紅光，具樂受，此時二者於心間相合），神識進入到它們的中間，外相猶如黑暗遍布清淨虛空一般出現黑光；內相生起無分別念的覺受，滅盡了七種癡心分別念，然後漆黑一片，突然間昏迷過去，這是所謂的得相。此時，染污意識融入阿賴耶識。

其實這是每個眾生都有的，只不過我們沒學過，不

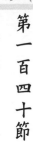

⑨按聖天論師《集行論》，人有八十個分別念。

知道而已。

後來稍微甦醒過來，出現了猶如遠離雲、霧、塵三垢的清淨虛空般的基位光明，按《上師心滴》等教言，這叫近得（共有四相：明、增、得、近得）。此時，阿賴耶融入法界光明。

這個地方很重要。剛才說，在心識入於兩個明點之間時，人會昏厥一會兒。這個時間很短。之後就醒過來了，但此時的醒和平時不同，平時昏厥後醒過來，你可以站起來，但現在你的四大等已經融入，站不起來了。不過出現了基光明。

就在這個時候，按照大圓滿的說法，如果你以前修得非常好，就可以認識自性本面而入定，於法身位解脫；或者於報身位解脫；或者將心識觀成「德」、「吽」等種子字，於化身界自由幻化，度化眾生。這些都是不經中陰，直接成佛或往生。

如果是一個造了五無間罪、業力深重的人，雖然這個光明也會出現，但你不認識的話，以五無間罪業力的牽引，就會直接墮入無間地獄。

或者，此時也會出現極樂世界的相。這種阿彌陀佛的接引，在隱沒次第開始到昏厥之間，是有一些，但一般來講，就在這個時候——你昏厥後醒過來了，以你善願力的感召，阿彌陀佛會現前。如果不能在法身、報身中解脫，此時可以直接往生極樂世界。這是以前上師如

大圓滿前行廣釋

意寶講《空行心滴》時說過的。

其實上師如意寶講過很多竅訣，都是特別殊勝的竅訣。不過，也是自己業力深重，說好聽一點是法務繁忙，說難聽一點是瑣事纏繞，因此一直沒有修行。依止、親近了如佛般的善知識，卻不好好修行，這是我一生最遺憾的地方。雖然我也不是像惡人一樣，無惡不作，但沒有修行的人生，確實令人懊悔。

剛才基位光明過後，會依次出現法性中陰與轉世中陰，這些是正行的支分，所以華智仁波切沒有講。

稍微說一點對我們應該是有利的，可能尊者捨不得吧，說這是正行，就不講了。不過，《六中陰》已經講了五、六年了，不知道你們修了沒有？有些知識還是要了解：臨死中陰出現時怎麼做，法性中陰出現時怎麼做，轉世中陰出現時怎麼做……修行人在這方面有些準備，是有必要的。

除了《六中陰》，《上師心滴》、《傑珍大圓滿》等，也都對中陰或聞解脫法要講得特別細緻。

以上講述了五根、四大、明增得三種隱沒次第。

運用往生法的最佳時刻

對於缺乏修道經驗的人來說，運用往生法的最佳時刻，就是在隱沒次第開始出現的時候。

捨棄一切專心求往生

在這個時候，按《修心七要》所說，最關鍵的，首先是懺悔。懺悔自己以前所作的一切罪業，可以在內心中懺悔，如果有機緣，也可以在僧眾或道友面前懺悔：「我的壽命已經盡了，現在我在僧眾面前懺悔……」

其次，要從心裡完完全全斷除對今生的一切貪執，千萬不要「我的財富」、「我的親人」……想個不停。《極樂願文大疏》中講過，此時你貪戀什麼，後世很可能就轉生到那裡。比如，如果你貪執法衣、缽盂、法器，那死了以後，就會轉成一個眾生，守在那個東西的周圍。這些都是有公案的。現在人喜歡手機、車、房子，如果死時你放不下，那這個道理是一樣的。

有些人不僅是心裡惦記著，還要安排，「我的房子怎麼怎麼處理啊」，「我的銀行卡上有多少多少啊」……其實，你就要走了，應該考慮的是來世，中陰路上根本就用不上你的信用卡。

因此，此時一定要放下一切，沒什麼可耽著的。《札嘎山法》裡講過，修行人臨死時交代財物，是最不光榮的事。為什麼呢？你不耽著的話，就不會談它，就是因為耽著才會談，而且有氣無力：「我的房子給某某，我的床給某某，我的被褥是羽絨的，一定要給某某，他對我照顧得很好……」不過人家可能不一定敢用。（眾笑）

其實，要想在那個時候毫無貪戀，最好是活著的時

候就經常思維這些，調伏內心。一旦訓練有素了，到時便可在無所耽執當中，專心意念：「我即將死去，現在依靠上師所傳的竅訣，將如同勇士射出的箭一樣飛往清淨剎土，我該多麼高興。」充滿自信，滿懷勇氣。

如果自己明觀往生法的所緣境有困難，也可以請有能力的道友助念。

助念是我們的責任

當然，如果是其他道友到了臨終時，我們為他助念，也是一種責任。

前幾年我們收集並編著的《助念往生儀軌》，得到了很多讚歎，說是很靈，念誦中出了許多瑞相。我想這與上師如意寶等傳承上師及諸佛菩薩的加持息息相關。對於這些靈驗，我個人不太喜歡談，學院裡一般也不讓講，講多了，這個、那個的，沒有必要。但裡面所收集的諸佛菩薩名號以及各種經典，加持不容置疑。

因此，有人要離開的時候，學會的道友們一定要去助念。我們是自覺自願去的，不圖什麼功德，也不是非得別人來喊。但有些道友可能不懂，喊了幾次都不去，「我忙，我這個那個……」，其實這對菩薩戒是有違犯的。你明明有能力，而可憐的眾生就在身邊死去，你卻不去超度，不為他助念，過失是很大的。

不過，有的菩提學會做得非常好，他們組織了一個團隊，專門助念。超度完一個，就等下一個，晚上電話

第一百四十節課

都開著，看誰馬上要死了……非常發心！

　　其實我們的儀軌顯密都有，不完全是密宗的，學會的人用它超度時，其他顯宗的助念團，甚至幾百居士的道場，也都特別讚歎。因為用這個儀軌助念以後，常常呈現瑞相，亡者臉色的變化，家人或現場的感應等，很多很多。而這也不是一個城市，很多地方都有。

　　因此，如果我們能放下自己，而把他人的解脫放在心上的話，我相信你會理解這份責任的。

　　當然，這也不僅是對人，還應該對動物。見到正在被宰殺的動物時，假使不能放生，也應該當下念幾聲佛號。也許此時此地不適合大的儀式，但只要你念些佛號，像「南無寶髻佛」、「南無阿彌陀佛」、「南無藥師七佛」，或者念七大如來的真言偈——「諸惡莫作、諸善奉行」，就可以令這些可憐眾生不墮惡趣。而這也是菩薩的超度。

　　當菩薩們隨時隨地這樣超度時，往往會帶來很多好的效應。像菩提學會的道友，他們去各個地方助念時，完全是自費、自願的，而且也沒什麼執著，不計較亡者身上髒啊、臭啊，盡心盡力地助念，幫忙處理後事，特別慈悲。亡者的家人本來是不信佛教的，甚至反對學佛，但道友們的助念和無私付出，讓他們深受感動，最終全都皈依了。這種現象，在東北、南方等很多地方都非常多。

大圓滿前行廣釋

所以，希望大家不要漠視助念的責任。

讓助念成為傳統

考慮到對眾生的利益，以及我們自身的責任，我覺得，很有必要讓助念在漢地成為傳統。

這種傳統藏地歷來就有，從高僧大德到平常的百姓，人人都需要。當然，對大德來講，助念只是提醒一下。像根登群佩大師，他在圓寂時，要弟子給他念宗喀巴大師的《緣起讚》，以及麥彭仁波切的《大圓滿願詞》。念完之後，他說：「太精彩了！我這個瘋狂的根登群佩，已經見到了整個世界的虹光。現在你把門關上，明天早上再來吧。」第二天一早，大師圓寂了。大師臨終前，弟子為他念的是顯密兩篇精華願文，而往生的方式，也是最利根、最自信的方式。

當然，這對我們來講可能很困難，但如果你得過大圓滿的四灌頂，修過本來清淨的教言，也可以在臨終時，請道友為自己念《一子續》、《大圓滿願詞》等特殊的教言。或者，再怎麼樣也應該在佛教的聲音中離開，這對我們的來世很有幫助。

我認為藏地人幸運，也是在這一點上。藏地的人死時，家裡再窮、條件再不好，也要請僧人念七天經。傳統是要四十九天，但做不到的話，至少也要完成第一個七，有能力的，可以第二個七、第三個七……不念經的人家，是沒有的。

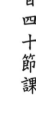

還有就是，不論是誰，一聽到死訊——「某某人死了」，就會馬上念幾句「嗡瑪呢巴美吽」，整個傳統歷來如此。我希望漢地以後也是這樣，能夠習慣性地念一句觀音心咒。

　　否則，人死了就死了，最多歎息兩聲，也不知道念句阿彌陀佛、念句觀音心咒，這樣你即使有顆關切的心，也關懷不到亡者。

　　因此，有些觀念、傳統，確實需要改一改。有了好的傳統，那不管你的親朋好友死了，熟悉不熟悉的人死了，或者哪怕見到一隻老鼠死了，一隻螞蟻被踩死了，聽到哪裡什麼人、什麼東西死了，都會念幾句「嗡瑪呢巴美吽」，你這樣一念，對亡者的利益是非常大的。當然，最好是形成一種傳統。

　　這種傳統在藏地，除了個別在城市長大的年輕人以外，可以說，百分之九十以上的人是有的。既然是好傳統，不管是哪個民族擁有，什麼人身上有，我們都應該去學，不是嗎？漢地的素食傳統就非常好，我們也盡力在藏地的各個地方弘揚，包括開研討會、辯論會時，都時不時地把這種精神傳遞給大家。

　　因此，助念也要形成傳統。如果有能力，就組成助念的團隊，讓其他的道友參加，這樣不僅對亡者有利益，同時也能提升自己的修行。這種助念團，我希望在全國各地都有。當然，至於助念儀軌，不一定非用我們

大圓滿前行廣釋

的，像《地藏經》、《金剛經》，淨土道場的或其他的佛教儀軌都可以。一旦形成傳統了，那會讓相當一部分亡者獲得利益。

這些亡者很可憐，在他離開時，也許沒有任何善事可以伴隨，只有跟著惡業往下墮。但如果你為他念點經，那他就不會墮入惡趣，甚至意識一轉，也有解脫的機會。這樣的公案很多，我想大家也都聽過、看過了。我們都相信利他的功德，而在這樣的時刻給以饒益，功德是不言而喻的。

因此，讓我們從念一句「嗡瑪呢巴美吽」開始，將助念形成傳統。

此時要依此往生法強制性往生

回到我們自己的往生上來。對我們自己而言，學了這個往生法以後，到時候不管是自己明觀所緣，還是道友助念，都必須依靠這一深道往生教授強制性地往生。

這是一種強制性的往生法！所謂強制，就是依靠阿彌陀佛宏大而深刻的願力，依靠你自己清淨的善願力，只要修持它，就會像被抓住頭髮拽走一樣，必定往生極樂世界。能遇著這麼殊勝的法門，我想不管是誰，都會對未來充滿信心，因為這是讓你今生快樂、來世也快樂的真實保證。

有了這樣的保證，臨終時何必要哭呢？不過也要提防親朋好友，讓他們也不要哭。有些地方的傳統，是不

哭就不足以表示尊重，所以對亡者有執著的人在哭，而不想哭的人，也在「嗚嗚嗚」地哭，其實這些都毫無必要。如果他們一定要做些什麼，你可以提前安排好，讓他們助念。這對往生是有利的。

當然，如果是高僧大德，或者是修大圓滿的金剛道友，生前的修行不錯，那時候他正要進入光明，所以一定要讓周圍安靜，除了念經以外，最好不要有嘈雜的聲音。

總之，在往生的問題上，修法的本身也好，裡裡外外的因緣也好，佛教徒一定要先懂得道理；懂了道理以後，單單是理解或者能說還不行，一定要實地去修，要多多少少地做到。這樣的話，才會對自他起到真實的大利益。

大圓滿前行廣釋

第
一
百
四
十
節
課

第一百四十一節課

　　《大圓滿前行》，現在講到了最後一個大科判——往生法。往生法在藏文中叫頗瓦，意思是遷識，遷移心識。

　　現在有個別愚癡的人認為，人死了就什麼都沒了，其實不是這樣。我們的心識還要在業力的支配下流轉六道。為了止息這種流轉，修行人用遷識法可以趨入清淨剎土，不墮惡趣。而不懂這一竅訣的人，死後隨著惡業墮入三惡道，感受無量痛苦。

　　這是真理。對於這種真實的道理，在座有的道友應該是完全明白的，有的是半信半疑，有的則不太相信，但不管你怎麼認識，對於生死這樣的問題，還是應該認真地學習和思考，千萬不要讓邪見蒙蔽心智！

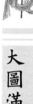

　　末法時代的有些人，智慧極其淺薄，不說釋迦牟尼佛，就是當年的龍猛菩薩、月稱菩薩，以及後來的無垢光尊者、麥彭仁波切、華智仁波切等大德智慧的萬分之一都沒有，卻偏偏要在眾人面前顯露自己的愚癡，說「前世後世不存在」、「修往生法沒有意義」……這樣的人，我們一方面覺得可憐，是生悲心的對境；另一方面，也有必要用教理跟他辯論，摧毀他的所有邪見。

　　畢竟，傳播真理是我們的責任。

往生法是我們臨終時的保證

不過對一個修行人而言，在承認真理的同時，還應該善於運用竅訣。像往生法，其實它是解決生死的真實竅訣，人人都需要，而且非常簡單，是蓮花生大士傳下來的幾種不修便可成佛的法門之一。當然，所謂「不修」，也不是一點都不修，只不過時間很短，有的修一兩個禮拜也可以修成。

除了往生法以外，像繫解脫、見解脫、過解脫、聞解脫等，蓮師還有很多具有殊勝加持的法門。我以前看過喬美仁波切講述聞解脫功德的教言，的確不可思議。因此，作為修行人，一方面要修些甚深的法門，而同時也要重視這些方便法門。有了這種方便法門，我們臨終時也就有了保障。

否則，單憑我們現在的修為，到時候是很難講的。而且我們自己也知道，就佛法的因緣等方面，我們是有很多缺失的。

我們業力深重

不說別的，我們的前半生多數是在造業了。

在座的幾乎沒有正在讀中學、小學的，二三十歲、四五十歲的應該居多。那我們可以想一想，我們的前半生造了多少惡業？也許你可以說，那時候是因為不懂佛法，因為煩惱深重，因為教育不足、環境複雜……但那畢竟是我們一半的人生。對多數人而言，這前半生過得

不僅沒有意義，甚至還造下了極其可怕的罪業。

那現在該怎麼辦呢？應該用你的後半生——不管它有多長，都用它來修行。如果能做大的轉變，就即生解脫；如果做不到，就唯一行善；這一點也做不到，那就少造惡業、多行善法，再不要像前半生那樣了。那樣的生活，在各種各樣的惡業中度過，實在是可憐。

而更可憐的，是我們學佛的道路常常被中斷。本來是有機會修行的，但有些人出了家，又還俗了；有些居士學著學著，就生邪見了，不學了，甚至去學外道了……一聽到這種消息，我就特別心酸：人生本來就短，好容易遇上了佛法，為什麼不珍惜呢？

可能這也是我們的業力深重所致吧。

我們不重視佛法

即使是正在學佛的人，也可以捫心自問：「我重視佛法嗎？」

可能多數回答是否定的。我們的聽課、學法，有些就好像世間的企業培訓或者職業學校的學習一樣，去是去一下，學也學一下，但絲毫都不重視。其實這不是別的，就是你根本不了解佛法的價值。

如果你了解的話，哪怕是聽一堂課，都會有一種特別難得的心。因為這一堂課，從佛教對漫長輪迴的觀察來看，的的確確是「百千萬劫難遭遇」的，絕對不是無緣無故或說碰巧得到的。它是你在過去生世當中，依止

大圓滿前行廣釋

了諸多上師及佛陀，同時又造了眾多善業、積累了無量資糧的結果。尤其是，當你遇到了大乘佛法，遇到了大乘善知識，相續中即使生起了短暫如閃電般的善根，也應該知道：這絕非偶然。

因此，我們應該重視佛法。過去的已經過去了，但假使你的後半生或說晚年，能在佛法的氣氛中走完，那將是非常有意義的。否則，單就人生而言，活著的時候是造惡業，死的時候是無盡的絕望和痛苦，這有什麼意思呢？

我們愛說人過失

不過，有些修行人雖然重視佛法，也學了很多，但他不會針對自己，只會觀察別人，而且常常說人過失。

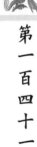

在這種人面前，好像連一個好人都沒有，這個不好，那個也不好，除了自己以外，一個都看不慣。其實，這就是自己修行太差的原因。如果你修行好，心、眼清淨，那麼所得的外境也是清淨的。而且，如果你能反觀一下自己，可能自己也不是那麼優秀，只不過很多過失沒有表露出來而已。

因此，一個凡夫人，是沒有什麼可值得驕傲的，應該多想想自己的過失：「信佛以前，我造了什麼業？信佛以後，我是怎麼懺悔的？怎麼行善的？做得夠嗎……」多方面觀察自己以後，我們會非常慚愧的。

自己是這麼慚愧，為什麼要說人過失呢？

第一百四十一節課

我們不了解死亡

歸結修行中的很多問題，其實有一個重要的原因，就是我們不了解死亡。

誰也逃不過死亡，這是我們知道的。一個人會生病而死，會老了而死，新聞中也常常看到，還有很多死亡是突如其來的，上一分鐘還在人間，下一分鐘卻成了中陰身。其實，這不僅是他人，發生在我們自己身上也是可能的。像我每次出去，到達目的地時都會想：「啊，這次沒有死在路上，很幸運！」因為我知道，不管是誰開車，技術再好，但若是死緣到了，翻進河裡、翻到山下，都是可能的。

這就是死緣不定。死緣是不定的，就算走路出去，死緣一到，生個病，人就倒下了；就算安全回來了，但一睡過去，第二天卻不一定能醒過來……因此，《親友書》中說：沉睡之後還能覺醒，實在是太稀奇了！⑨

其實這才是事實。生命本來就是如此脆弱，就像狂風中的一盞小小燈火，隨時都會滅的。而修行人只有把握到這一點，也就是說，了解並熟悉死亡，才能做到真實的修行。

以前，藏地有一個家喻戶曉的小故事：

一個父親的兒子出家了。有一次，父親對兒子說：

⑨《親友書》云：「壽命多害即無常，猶如水泡為風吹，呼氣吸氣沉睡間，能得覺醒極希奇！」

大圓滿前行廣釋

「人死的時候是什麼情形？到時我該怎麼辦？你為我講個竅訣吧！」

兒子說：「我怎麼知道這種竅訣？我又沒有死過？」

「你不是真正的修行人」，父親說：「真正的修行人，他對死亡非常熟悉，就像是死過好幾回一樣。」

這個竅訣看似普通，實際卻很殊勝。一個修行人只有了解死亡，橫死也好，病死也好，只有為此作了充分的修行，好像死過好多次，到時候才會坦然無懼。

讓往生法成為我們臨終時的保證

因此，現在我們就應該修往生法，讓它成為我們臨終時的保證。

現在修是訓練。就像當兵的在與敵人交鋒之前都有很多訓練，身體上的，槍械上的，這樣訓練好了，就可以真實去交戰。同樣，為了即生的生存，我們應該培訓面對生活的勇氣，這個很重要；但更重要的是，為了後世，我們還應該修習往生法的竅訣，等到幾十年的人生一過，死亡來臨時，通過它而往生清淨剎土。

臨死時的心非常關鍵，這是戒律、中陰法門中都講過的。即使你以前造了深重的罪業，但在臨死時，如果你能觀想「我的罪業現在已經全部清淨了」，並用上往生的竅訣，在毫不恐懼的心態中離去，就一定會前往清淨剎土。

下面我們會講這個往生法的實修，講了以後，有時間的可以多修一修。一般來講，七天或十四天就能修出一些驗相。修好了以後，平常也不用白天晚上地念，只是觀想一下就可以，這樣到臨死時就可以直接運用了。

藏傳佛教中有許多修頗瓦的成功實例。像嘎巴堪布，《密宗虹身成就略記》中有他的記載。他曾與法王如意寶一起去石渠求學，後來在五明佛學院，白天講經說法，晚上就修頗瓦。我們從外面常常能聽到他念的「啪的」、「吼」……後來他往生時也特別安詳，有好多瑞相。

民國時期的圓照比丘尼，也是學藏傳佛教的，她依止的是貢嘎上師。圓寂前，她發願來世轉為男身，並將父母的名字等作了明示，之後依靠頗瓦法獲得成就，也顯現了很多瑞相。

從這些修行人的成就來看，他們自身確實掌握了一種特別神秘、深奧的知識，為一般人所難理解，而這也正是《西藏度亡經》在西方國家受到尊敬、嚮往的原因。

因此，人的目標，不應該只是盯著這幾十年，而應該放眼未來的千百萬劫，乃至生生世世。為了來世，我們應該尋求並修持往生法，這樣在離開世間時，就會很安詳，因為很安詳，就不會墮入地獄，甚至能往生清淨剎土。但如果你沒有竅訣，在嗔心、貪心等各種煩惱中

死去，就一定會墮落。一旦墮落了，再救回來就難了。就像你要救一個將入監獄的人，最好是在他關進去之前，一旦關進去了，再從裡面把他弄出來，就非常不容易了。

為什麼我們要修頗瓦？要修甚深的竅訣？就是要用這些強制性的竅訣，救護我們的心識，讓我們在臨終時超離輪迴。

傳承上師們極為重視這一修法，也正是這個原因。

聽《大圓滿前行》不必灌頂

在聽受這一修法之前，如果得過密法灌頂，是最好的。因為在《前行》裡有些修法是與生圓次第相結合的，像金剛薩埵修法，還有這裡的頗瓦法，都是這樣。當然，如果沒有得過，但對密法有一定的信心，也可以聽受。以前的大德講《大圓滿前行》時，並沒要求灌頂，包括上師如意寶，每次講的時候也都沒有這麼說。

像《空行心滴》、《傑珍心滴》等這些密法，是要灌頂的，否則不允許聽。不僅要得過灌頂，更重要的是，一定要修過加行。這是前輩大德們的傳統，而只有遵循這一傳統，才能獲得真實的利益。因此，我本人希望：想聽密法的，就先把加行修完。

其實應該有這麼一個次第，就像走階梯一樣，一步一步上去。但現在很多人是顛倒的，他從上面往下來：

先修大圓滿的本來清淨；修不成，就修圓滿次第、生起次第；也修不成，就去得個灌頂，然後修加行，最後回到了「人身難得」上面，這時候他才知道：「噢，人身確實難得，修行一定要有暇滿人身！」這種「利根者」是特殊了一點。

因此，希望大家掌握好次第，一步一步上去。

修行不是一天兩天的事

其實修行並不是一天兩天的事。

過段時間，因為一個特殊的原因，我想講一下《事師五十頌》；還有一個《當日教言》，我剛譯完，是帕單巴尊者對「當日瓦」宣講的教言；還有《修心利刃輪》和《孔雀滅毒》，阿底峽尊者的上師達瑪繞傑達撰著的，這些都是非常實用的修心法。

在學大經大論的同時，學些修心法是很有必要的。像以前學《山法寶鬘論》、《開啟修心門扉》時，很多人都有一定的收穫。

我們這邊，大多數人的理論還可以，雖然不是特別精通，但跟一些大學學者相比，我敢說，我們是比較專業的。最近我們收集了很多高等大學的論文，是涉及「佛教與科學」、「生命與科學」等與佛教相關的論文。但在閱讀過程中我們發現，在佛教理論方面，一定要有正規佛學院的系統聞思和修行，否則，名氣再大的

大圓滿前行廣釋

學府也不過是外行。因此，我希望那些投身於這方面的學者們，能夠再有一些進步。

而對我們來講，理論只是基礎，最重要的還是修行，因為我們是修行人。作為修行人，就像阿底峽尊者講的，如果你的煩惱沒減少，自心沒調伏，學再好的論典，修再高的法門，但到了死的時候，跟庸俗的世間人也並無差別。

因此，我們一定要修行。當然，修行更不容易，不是一天兩天的事。連世間教育都要「百年樹人」，更何況出世間的佛法？所以，修個兩三年不見成效，也是正常的。但是，如果你能在佛法的修行中成長，那對今生來世、對自對他，都會有非常大的利益。

下面我們講頗瓦法的真實修法。修法的詞句上比較簡單，也不用講很多的道理，字面上過一下就可以。

真實修法

無論是在修煉的時候，還是運用的時候，往生的修法都是相同的。觀修往生的真正教授，順序是這樣的：

在一個舒適的坐墊上金剛跏趺坐，身體端直，首先從念誦《遠喚上師》⑥頌開始，完整無缺地明觀上師瑜伽修法中包括結座以上的所有次第。

---

⑥《遠喚上師》：祈禱、讚歎、呼喚上師求加持的偈頌。其頌詞和講義，詳見《妙法寶庫27-定解寶燈論講記（下）》。

《遠喚上師》以前翻譯過，大家都有吧？很多大德在祈禱上師加持時，就念《遠喚上師》，念完《遠喚上師》以後，就修上師瑜伽。上師瑜伽要修完整，從明觀到祈禱，到最後結座，上師放光融入自己心間的明點，住於自己的心與上師的智慧融入一體、無二無別的境界中。之後才開始觀想、念誦。

這裡的觀想分四個次第：一、將自己的身體觀作金剛瑜伽母；二、體內中脈的觀想方法；三、在中脈心間位置將心識觀作「舍（ཧྲཱིཿ）」字；四、在頭頂上觀想形象為阿彌陀佛的根本上師。

一、將自己的身體觀作金剛瑜伽母：

念完《遠喚上師》，修完上師瑜伽以後，進入正行觀想：先將整個世界觀成極樂世界，任運自成，清淨莊嚴。再將自己血肉組成的身體，在一剎那間觀成空性，之後在空性當中，將其觀成金剛瑜伽母，身紅色，一面二臂，雙足起舞式，三目直視虛空（不論男女，都可以這樣觀想，這個很重要）。

修往生法時，瑜伽母的表情是寂靜的神情中略帶怒容，右手在空中搖晃能喚醒無明愚癡睡眠的顱骨手鼓（眾生自無始以來，都一直在無明中沉睡，她搖晃手鼓，就是喚醒癡眠的標誌），左手在腰際的部位握著根除貪嗔癡三毒的彎刀，赤裸裸的身體佩帶骨飾、花束，現而無自性（與血肉之軀不同），好似撐起的紅緞帳幕一樣，內外透明。

大圓滿前行廣釋

這是外在身體的觀想法。

如果是我們自己修，就將自己的身體觀成金剛瑜伽母，儀軌中的念誦是「自身觀為金剛瑜伽母」；而如果是在超度，那就要把面前的屍身觀為金剛瑜伽母，並念誦「汝身觀為金剛瑜伽母」，有這個差別。

這是第一步的觀想方法。

二、體內中脈的觀想方法：

又觀想：位於金剛瑜伽母身體中央的垂直中脈，就像空空的室內插入柱子一樣，不向左右任何一方傾斜，挺直地立在身體中央，所以稱為中脈。

為了表示法身無變，而將它的顏色觀成靛樹皮一樣湛藍；為了表示習氣障薄弱，而將它觀成蓮花瓣一樣的薄；為了表示遣除無明黑暗，而將它觀成像芝麻油燈一樣非常明亮（裡外透明）；為了表示不入劣道與邪道，而將它觀成芭蕉樹幹般的挺直。總之，所觀想的中脈具足以上四種特徵。

這四種特徵，如果有觀想能力，就全部一一地觀想圓滿。實在沒有這個能力的話，那就從大體上觀想一個金剛瑜伽母，然後在她體內觀想一根端直的中脈，湛藍色，這樣就可以了。

為了表示善趣與解脫道，而觀想它的上端在頭頂梵淨穴處開啟，就像打開的天窗一樣。梵淨穴的位置，在兩個耳朵向上的兩條線，與前額中間向上的一條線，三

條線交叉的地方，也就是頭頂的中間。以前講《文殊大圓滿》時也講過，你們摸一摸，看有沒有人是空的？那個位置，可能摸不出來，但是觀想的時候，中脈的上端就是在這個位置，就像打開的天窗一樣。

為了表示關閉輪迴與惡趣之門，觀想它的下端在臍下四指正對的部位，絲毫不漏、完全封閉。

中脈的下端封閉、上端打開，這樣觀想很重要。我們現在修的這個頗瓦法，沒有危險性，與其他的圓滿次第不同。其他有些圓滿次第，如果你氣脈修不好，可能會出一些問題。但修頗瓦不會有這些過失。尤其是，如果你經常想著中脈的上方是開著的，下方是封閉的，那你的心識就不會往下墮。而心識往下墮的話，在臨終者來講，一般是要墮入三惡趣的。在有些教言中說，人死的時候，可以從身體的邊緣來觀察他的去處：如果從頭上開始涼，說明他是下墮的；如果熱氣在上方長時間不消失，那麼就有解脫的表示。

以上是第二步，內在中脈的觀想方法。

三、在中脈心間位置將心識觀作「舍（ཧྲཱིཿ）」字：

再觀想：中脈的裡面，正對心間的位置上有一個好似竹節隔斷般的脈節[97]，在脈節的上面，有一個淡綠色的風團明點時刻不停地波動起伏，它的上面有代表自己心識本體、具有涅槃點「ྃ」和小阿「ཨ」的紅色「舍

---

[97]這個脈節在中脈的中間，也就是心間位置。

（ह्रीः）」字。也就是說，我們的心識變成了這個「舍（ह्रीः）」字，最好觀藏文的「ह्रीः」，不要觀漢文的「舍」，因為藏文的「ह्रीः」有自心的種子這樣的含義。

這個紅色「舍（ह्रीः）」字，就像山上的旌旗被風吹動一般陣陣抖動，它是覺性自心的所依根本。也就是說，在眾生階段，它是我們的心識；而如果你認識了它，它就是覺性。因此，一定要觀想這個紅色「舍（ह्रीः）」字。

這是第三步，在中脈心間的脈節上面，有一個動搖的淡綠色風團明點，明點上面有一個不停抖動的紅色「舍（ह्रीः）」字，它就是我們的心識。

平時修煉的時候，就應該這樣觀想。包括到了後面，念「吼」的時候，要觀想通過淡綠色明點的跳動，把心識推上去，經過梵淨穴，投入阿彌陀佛的心間。這樣修煉過以後，臨終時往生就特別容易，但沒有修煉過的話，就難說了，尤其是遇到突然死亡的情況，很難想起這個修法。

因此，當我們健在的時候，就應該修煉這一往生法。到臨死時每個人都會想：「我現在肯定沒希望了，該離開了，那怎麼辦呢？噢，我以前修過往生法，現在可以運用它了。」這樣運用以後，便往生了。

一個人平時有什麼樣的思想準備，關鍵時刻就能用得上，這也是一種自然規律。比如，一個手拿拐杖的

人，他平時就用著它，也覺得這是自己的依靠，而一旦要跌倒的時候，他就會依仗它來撐住身體。同樣，當我們平時修煉往生法的時候，也意識到這是臨終時的依靠，這樣一旦到了臨終，便用上了。

為什麼藏地有無數修行人離開時那麼安詳？有些是念著「吼」字離開的，有些也沒有念，而是在各種吉祥的坐式、臥式中離開的，其實這都與平時修行往生竅訣有關係。

四、在頭頂上觀想形象為無量光佛的根本上師：

接著觀想：在自己頭頂一肘左右上方的虛空中，有一個由八大孔雀嚴飾的寶座，上面有各種蓮花、日、月的三層坐墊，墊上端坐著本體為三世諸佛總體之自性，無等大悲寶藏具德根本上師，形象為世尊怙主無量光佛。

我們常常講，修任何本尊的法門時，本尊的本體都應觀作自己的根本上師。像這裡修的是阿彌陀佛，那麼阿彌陀佛的本體是自己的根本上師；如果是修蓮花生大士，那蓮師的本體也是根本上師。

有些人想：「那我怎麼辦呢？我有很多根本上師，觀想這個，另外的會不會生氣呢？」應該不會，十方諸佛菩薩都是一味一體的，更何況兩三位呢？

頭頂上端坐的根本上師，其形象為無量光佛。無量光佛的身體是紅色，宛如十萬個太陽照耀鮮豔的紅寶石

山一般，一面二臂，雙手以等印托著裝滿無死智慧甘露的缽盂，具足殊勝化身梵淨行的裝束⑱：身著三法衣，以頭上頂髻、雙足輪寶等三十二妙相八十隨好為莊嚴，放射出無量光芒。

這是無量光佛的觀想方法，是在自己——也就是金剛瑜伽母的頭頂上方，一尺左右高的地方觀想的。金剛瑜伽母、阿彌陀佛，這些彩圖，在《大圓滿前行》中都有，是我以前特意請畫家畫的。

在阿彌陀佛的右邊，是諸佛大悲自相的聖者觀音菩薩，身色潔白，一面四臂，第一雙手合掌在胸前，右下手持著水晶念珠，左下手執著白蓮花柄端，花瓣在耳邊綻放。左邊是諸佛力量的主尊密主金剛手，他的身色湛藍，雙手以交叉姿勢執持鈴杵。他們二位尊者，都是以報身十三種服飾莊嚴著。

這裡的二位聖尊與《極樂願文》不同。觀音菩薩，這裡是四臂觀音，但《極樂願文》裡的是一面二臂，也是站式、左手持白蓮花，不過右手是施依印。金剛手菩薩，也即大勢至菩薩，這裡是雙手交叉持鈴杵，而在《極樂願文》裡，是左手以三寶印執持由金剛所莊嚴的蓮花，右手也是施依印。

如果你修《極樂願文》，就照那裡的方式觀想西方

---

⑱在很多修法中，阿彌陀佛的形象、姿態都不同，但在這一往生法中，阿彌陀佛結等印手印、持缽盂、金剛跏趺坐，是化身裝束，非報身裝束。

三尊；如果修《前行》這裡的往生法，那就明觀這裡的所緣境。也就是說，修不同的儀軌時，就按這個修法所描述的本尊形象來修。

有人很不理解：「同一個本尊，為什麼這裡是這樣的，那裡是那樣的？」

其實這並不奇怪。不僅藏傳佛教，漢傳佛教的淨土修法中，西方三聖也是有站、有坐，手勢、裝束各不相同。但是不同並非矛盾，想想我們人，不也是有時站、有時坐嘛，諸佛菩薩的幻變更是無量無邊，為何非要固定一種姿勢呢？那顯現不同的姿勢，又有什麼必要呢？就是為了接引所化。每一個眾生的根基不同，有的對坐著的阿彌陀佛有信心，那佛就顯現坐著；有的對站著的佛生歡喜，那佛就站著，以此與他結善緣、接引他。

不僅是姿勢，諸佛菩薩在形象上也會顯現不同。有些眾生用寂靜方式就能調化，但那些野蠻的眾生，只是用寂靜方式是不行的。所以，有些上師也顯現忿怒相，顯點忿怒相的話，弟子就特別聽話了。為什麼藏地的鬼神在靜命論師面前很傲慢，而蓮花生大士一來，他們卻頂禮膜拜，並承諾永遠護持佛法？原因就在這裡。

那麼，西方三尊或坐或站，各表示什麼呢？

無量光佛雙足金剛跏趺坐，表示不住有寂之邊，既不住輪迴，也不住涅槃；二位菩薩雙足站式，則表示利益眾生不厭倦。因此，站有站的意義，坐有坐的意義。

大圓滿前行廣釋

此外，這一深道往生法的諸位傳承上師以及空行、護法、本尊，也宛如清淨虛空密集雲朵般安住在三位主尊的周圍，他們都是和顏悅色、慈眉善目地注視自他一切眾生，並且以滿懷喜悅之情予以垂念，救度自他一切有情擺脫輪迴惡趣之苦，就像大商主一樣，將所有眾生接引到清淨剎土——西方極樂世界。

這是第四步，觀想在自己（也即金剛瑜伽母）頭頂上的西方三尊。

丙三、往生儀軌：

念這個儀軌時，要一邊觀想，一邊念誦。

這個儀軌中頌詞的意思，已經在前面的四步觀想中作了解釋，現在再從頌詞的字面上過一下。

「唉瑪吙」是呼喚詞，非常稀有的意思。

「自現任運清淨無邊剎，圓滿莊嚴西方極樂土。」先將自己居住的地方，觀想為自現的、任運清淨的無邊剎土，這一清淨剎土，就是圓滿莊嚴的西方極樂世界。所謂自現任運清淨，既不是空的，也不是實有的，是本來清淨的體性。

首先這樣觀想是有必要的，也符合密法裡觀清淨心的修法。其實在生圓次第的見修中，一切萬法本來就是清淨的，無阻無礙。因此，雖然你住的可能是一間小破房子，但在修頗瓦時，先要將整個世界觀成極樂世界那

樣，莊嚴清淨。

正式觀想的第一步：

「自身觀為金剛瑜伽母，一面二臂紅亮持刀蓋（托巴），雙足舞式三目視虛空。」將自己的身體觀為金剛瑜伽母，身紅色，一面二臂，手持彎刀和手鼓（頌詞中是彎刀和托巴，可以這樣念，但按照華智仁波切的講解和圖片，是彎刀和手鼓，所以觀想時就按講解），雙足起舞式，三目直視虛空。

第二步：

「體內中央之中脈，粗細猶如竹箭許，具有空淨光之管，上端開於梵淨穴，下端關閉於臍下。」觀想位於自己體內中央的中脈，粗細就如拇指或竹箭一樣。它是一種空而清淨的光脈，不是肉管，用CT等不一定看得到。其實我們用心識所觀想的，像體內的文字輪等，或者即使是親眼所見的一些光明顯現，像明點、金剛鏈等，世間的儀器也不一定能發現。因此，不能認為中脈是由一般的血肉等物質組成的，它是一種空性、清淨的光管。它的上端在梵淨穴處開啟，表示從此可趨入善趣與解脫；下端在臍下四指處封閉，表示關閉惡趣與輪迴之門。

第三步：

「心間阻斷之節上，淡綠風團明點中，明觀自心紅舍字。」在中脈心間位置的阻斷脈節上，觀想一個淡綠

大圓滿前行廣釋

色的風團明點，在這個明點的上面，明觀自心為紅色的「舍（ཧྲཱིཿ）」字。

這種觀想很重要，如果活著的時候能經常觀想，比如將自己的心識觀成「舍」字、「吽」字、「德」字等，當你離開這個身體時，就很容易，也很吉祥。

第四步：

「頭頂一肘之上方，明觀佛陀無量光，具足相好圓滿身。」在自己頭頂上方一肘高的地方，明觀具足相好的無量光佛，身相圓滿。頌詞比較略，沒有講觀音菩薩和大勢至菩薩，但有能力的也應該觀想。

然後以堅定不移的信心，汗毛豎立、淚水橫流，盡量多地念誦阿彌陀佛名號：

「頂禮供養皈依世尊、善逝、出有壞、圓滿正等覺怙主無量光佛。」

這裡只用了佛陀十種名號的一部分。

今天講的明觀的這段偈頌，學院他們超度時都是只念一遍，我們平時自己修或最終運用時，也是念一遍就可以。然後，阿彌陀佛的名號念三遍、七遍都可以。

下面我們用藏文來念誦一遍。念誦時，最好也能觀想，每一句都隨著上面講義中的意義觀想。我們這裡的念誦方法，和學院平時超度時的念誦是一樣的。

今天就講到這裡，下面大家一起訓練一下。（堪布帶領大家念誦這段偈文一遍，佛號三遍。）

ཨེ་མ་ཧོཿ

唉瑪吹

རང་སྣང་ལྷུན་གྲུབ་དག་པ་རབ་འབྱམས་ཞིང་ཿ

讓 囊 恨 哲 大巴 繞 加 揚

自現任運清淨無邊刹

བཀོད་པ་རབ་རྫོགས་བདེ་བ་ཅན་གྱི་ཞིང་ཿ

夠 巴 繞 奏 得瓦堅 戒揚

圓滿莊嚴西方極樂土

རང་ཉིད་གཞི་ལུས་རྡོ་རྗེ་རྣལ་འབྱོར་མཿ

恙 涅 月 利多吉那 久 瑪

自身觀為金剛瑜伽母

ཞལ་གཅིག་ཕྱག་གཉིས་དམར་གསལ་གྲི་ཐོད་འཛིན་ཿ

呀 戒 夏 逆 瑪 薩 這 托 怎

一面二臂紅亮持刀蓋（托巴）

ཞབས་གཉིས་དོར་སྟབས་སྤྱན་གསུམ་ནམ་མཁར་གཟིགས་ཿ

呀 逆 門 達 現 色那 卡 則

雙足舞式三目視虛空

དེ་ཡི་ལྟེང་དབུས་རྩ་དབུ་མཿ

得葉空 為 匝哦瑪

體內中央之中脈

སྲོམ་ཕྲ་མདའ་སྦྱུག་ཙམ་པ་ལཿ

哦 詫大 涅 匝巴拉

粗細猶如竹箭許

351

ঠৄঙ་སངས་ঝঁད་কྱ་স্নু་গু་ঠৄན༔

洞　桑　惆戒哦革堅

具有空淨光之管

ཡར་স্নེ་ཚংས་ঘৄগ་གནས་সু་হর༔

呀　內　倉　哦　內　色　哈

上端開於梵淨穴

མར་স্নེ་লྙ་འོག་রৄག་པ་ঝঁ༔

瑪　內得惆蘇　巴葉

下端關閉於臍下

স্নঁং་གর་ঠৄগস་ঝঁས་བঠৄད་পঁৄ་স্নঁং༔

釀　嘎　策　記　加　波　蕩

心間阻斷之節上

ঘৄང་গঁ་ঘৄগ་ঝঁ་স্নৄং་স্নঁৄ་ঘৄঝ༔

龍　革特淚　江　傑　為

淡綠風團明點中

হৄগ་པ་ঠৄঁ༔ঝঁগ་ঘৄমর་ঝঁর་গসঝঁ༔

熱　巴舍葉　瑪　波　薩

明觀自心紅舍字

স্নঁ་ঝঁর་লৄৄগ་ঠৄঁৄ་ঠৄম་ঝঁৄ་স্নঁং༔

謝哦徹　剛匝戒蕩

頭頂一肘之上方?

সংས་ঠৄঁ༔স্নঁৄ་བ་མঘৄৄ་ঝঁস་নঁ༔

桑　吉　囊　瓦踏　意　訥

明觀佛陀無量光

མཚན་དཔེ་རྫོགས་པའི་ཕུང་པོར་གསལ༔

參 慧 奏 波 彭 波 薩

具足相好圓滿身

བཙོམ་ལྡན་འདས་དེ་བཞིན་གཤེགས་པ་དགྲ་བཙོམ་པ་ཡང་དག

救 單 地 得 雲 向 巴 扎 救 巴揚 大

པར་རྫོགས་པའི་སངས་རྒྱས་མགོན་པོ་འོད་དཔག་ཏུ་མེད་པ་ལ་ཕྱག

巴 奏 波 桑 吉 滾 波慪花 德 美巴拉夏

འཚལ་ལོ་མཆོད་དོ་སྐྱབས་སུ་མཆིའོ།

擦 漏 秋 鬥加 色 切慪

頂禮供養皈依世尊善逝出有壞圓滿正等覺怙主
無量光佛

下面繼續講往生法。昨天講了往生法的幾段念誦儀軌，按喇榮五明佛學院的傳統，不論是自己修行，還是超度亡靈，都用這個。不僅是學院，寧瑪派的大多數寺院，也都是修這個往生法。

當然，竹欽、白玉派個別傳承上師也有其他的念誦，甚至也有修持一些伏藏往生法的，但對我們來講，不管是在哪裡，經常修的主要就是這個儀軌。

《大圓滿前行》誰都可以學

不僅是這個往生法，整部《大圓滿前行引導文》，學習的人各教派都有。

就像麥彭仁波切的上師蔣揚欽哲旺波，當時他對藏地的八大教派圓融無違，修行、教授，也都是根據相應的情況施行。因此，作為後學者，我們沒有任何必要因為選擇了某某上師、某某寺院或某一法脈，就排斥其他的已被廣大弘揚的正規修法。

尤其是《大圓滿前行》，其實它是總集一切竅訣的法要。它並不是一個範圍狹窄小支派的法門，也不僅僅屬於寧瑪派，它屬於整個藏傳佛教，如今八大教派也都在學習。我去過很多寺院，格魯、覺囊、噶舉等，在彼此交流的過程中他們都認為：這部法非常有加持！雖然

作者華智仁波切是寧瑪派的，但其中的教義卻是共稱的，而且字字句句都是竅訣。

我們附近很多格魯派的格西說，他們正在學龍欽心滴的法，而據我了解，各個教派的很多學者、修行人也都在學。因此，不論是學會裡的道友，還是其他的修行人，我希望你們都能接受這個傳承。這種接受，實際就是以開放的心接納真理。

不要斷他人聞思修的善根

有了開放心態的修行人，行為才會恰當，否則，自認為「我學的是某某上師」，從而為了那邊的「利益」，到學會裡挖掘人才，這樣不好。你自己不是來聞思修的，但斷送了他人的聞思修，又能提供給他什麼呢？

要知道，現在我們需要的，是又有聞思又有修證的高僧大德，以及相對有一些佛教理論素養的虔誠佛教徒，這個才重要。形象上的儀式盡量少做，讓人生信心是可以，但是整天做這些，火供、唱誦……不見得有深入的利益。

一段時間以來，有些佛教徒一直在講如何參禪。至於參禪，我覺得很好，早上、晚上參參禪也可以。但是，如果只是行為上的，一方面太簡單，一方面也很難有實義。因此，最關鍵的還是要聞思，這樣你在打坐的時候，才知道修什麼。不過遺憾的是，現在有些人不願

意到別人面前聽受佛法，不願意作次第的聞思修行，因而以參禪、閉關或其他善法作藉口。其實這也正說明一點：他不了解佛法的真正修行。

因此，有聞思能力的，我希望你們最好是先聞思，如果沒有這個能力，也千萬不要影響別人，斷送了他人聞思的善根。而那些正在聞思的道友，也許一天兩天你看不到進步，但只要長期聞思下去，到了晚年時你就會明白：正是因為聞思，自己的人生才過得有意義。

我們應當接受正法

我們要知道，現在聞思的龍欽心滴法門是正法。真正的佛法，不論是什麼樣的傳承，印度的也好，藏地的也好，都應該接受。漢地的有些寺院或佛教團體很開放，只要是正規傳承的法要，就接受，而這種接受，的確給有緣者帶來了很多利益。

以前有人說：「《入菩薩行論》是印度來的，我們可以學，但《大圓滿前行》是藏地的，有點擔心⋯⋯」好像只有印度的才是正法，藏地的就不一定。

當然，這樣說我也能理解。畢竟印度是釋迦牟尼佛的降生地，是佛法的發源地，而藏地不是。不過，如果從佛法興盛的角度來看，如今藏地的佛法，可以說有如當年的印度，這一點，到過藏地正規的、有聞思修道場的人，心中是有數的。而如果你在這樣的道場待過幾年的話，就會明白：哪裡有佛教的精髓，哪裡就是正法之地。

那佛教的精髓是什麼呢？就是教法和證法。因此，地方是哪裡不重要，能通過聞思修實現教法證法的傳遞，才是重要的。

當然，學法時最好依法不依人。我們接受佛法，一定是從某個人那裡接受，但這個時候你要知道，傳授你佛法的這個人，他莊不莊嚴不重要，重要的是，他的相續中有沒有教法和證法？也就是說，你要看他是否具足戒律、誓言、悲心、智慧。如果他的確是具足資格的上師，那還要看他所傳的法是否相合你的心意……這樣一一觀察下來之後，就可以依止學法。

學法以後，一方面自己要終身修持，另一方面，對身邊那些正被痛苦逼迫的可憐人，也應當盡量地為他們播灑佛法甘霖，以免他們在無助當中乾涸而死。而你用正法所作的饒益，即便只有一點一滴，功德也是不可思議的。

當一天和尚聞思修一天

因此，出家人不能「當一天和尚撞一天鐘」，能吃到飯就什麼都不管了。也許世人的這種說法，是有一些貶義的意味，但我們也可以策勵自己：當一天和尚，就聞思修一天。

不過，聞思修不單單是出家人的事，而應該是佛教徒的事，所以居士也是一樣：當一天居士，就應該聞思修一天。

一般來講，在家人是很忙碌的，但在這種忙碌當中，有些居士卻比出家人還精進、還清淨、還有聞思修的意樂，而且，他在學法修法的成果上，也超過了個別的出家人。按理來講，出家人沒有家庭的掛念、工作的牽連、感情的糾纏，應該將所有精力投入在聞思修上。可是事實上，個別出家人做得不好，比不上一個清淨的在家人。

　　當然，我不是說所有的出家人，在出家人當中，相當一部分是非常了不起的，這一點你們也看得到。因此，任何事都要一分為二地分析。

　　總之，在聞思修的問題上，一方面大家要一如既往，一方面也要有清淨心，不要排斥真正的佛法。像我剛才說的，如果有正知正念，有開放的心態，能接受正規的法要，對每一個人都是有利的。

　　有人說：「《大圓滿前行》是藏傳佛教的，我是學淨土的，不聽！」其實，《前行》最終也是導歸極樂的，看看這裡的頗瓦法就知道了。可是他不聽。不聽的話，對我，沒有損害；對發心人員，也沒有損害。損害的是誰呢？就是你自己。因此，如果你沒有信心，自己封閉了器皿，那麼加持與智慧的月光再明亮，你也是得不到。不過，可能這也是緣分所致。

　　下面繼續講「往生儀軌」。昨天講了往生法的第一段念誦，觀想上有四個次第：一、將自己的身體觀作金

大圓滿前行廣釋

剛瑜伽母；二、體內中脈的觀想方法；三、在中脈心間位置將心識觀作紅色「舍（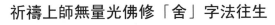）」字；四、在頭頂上觀想形象為阿彌陀佛的根本上師。這些道理，在華智仁波切的講解和儀軌的頌詞上都有。之後是念誦佛號。

接下來講第二段念誦。

祈禱上師無量光佛修「舍」字法往生

念完佛號之後，念誦：

ཨེ་མ་ཧོཿ

唉瑪吥

གནས་རང་སྣང་དོན་གྱི་འོག་མིན་ནཿ

內　讓　囊　敦戒　愢　門那

境為自現了義密嚴剎

ཡིད་དད་བརྒྱའི་འཇའ་གུར་འཁྲིགས་པའི་ཀློང་ཿ

葉　達　傑　加　革　徹　波　龍

百倍信心彩虹縈繞中

སྐྱབས་ཀུན་འདུས་རྩ་བའི་བླ་མ་ནིཿ

加　根　地　匝為　喇嘛訥

皈處總集根本之上師

སྐུ་ཁ་མལ་མ་ཡིན་དངས་མའི་ལུསཿ

革踏瑪瑪因　蕩　莫　利

身非庸俗而為清澈身

第一百四十二節課

དཔལ་སངས་རྒྱས་སྣང་མཐའི་ངོ་བོར་བཞུགས༔

花 桑 吉 囊 特 慪 哦 月

吉祥無量光佛本體住

ཡིད་མོས་གུས་གདུང་བས་གསོལ་བ་འདེབས༔

葉 木 給 洞 為 索 瓦 得

當以強烈敬信心祈禱

ལམ་འཕོ་བ་འབྱུང་བར་བྱིན་གྱིས་རློབས༔

拉 頗 瓦 炯 瓦 辛 記 漏

現前往生聖道祈加持

གནས་འོག་མིན་བགྲོད་པར་བྱིན་གྱིས་རློབས༔

內 慪 慢 畫 巴 辛 記 漏

趣入密嚴剎土祈加持

དབྱིངས་ཆོས་སྐུའི་རྒྱལ་ས་ཟིན་པར་ཤོག༔

揚 秋 給 加 薩 怎 巴 秀

願獲法身法界之佛地

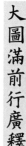

「唉瑪吙」是感歎詞，表示「太稀有了」。

「境為自現了義密嚴剎」，首先將自己居住的地方，觀為自現的密嚴剎土。密嚴剎土一般有五種解釋，比如清淨剎土、自性剎土等，都可以。這樣的剎土，不像現在你我所見的不平、浮躁的世界，它極為清淨，是最了義的剎土。

「百倍信心彩虹縈繞中，皈處總集根本之上師，身非

庸俗而為清澈身」，在這樣的剎土中，在自己所觀想的金剛瑜伽母的頭頂上，有一團自己以百倍的信心織成的金剛帷幕，如彩虹縈繞一般，就在這團光芒中，安住著一切皈依的總集——自己的根本上師。你對哪一位上師最有虔誠的信心，本體就是他。上師的身體並非由庸俗的血肉骨骼組成，而是清澈之身，內外透明，就像彩虹一樣。

「吉祥無量光佛本體住」，本體是根本上師，但在顯現上，是吉祥無量光佛，也就是阿彌陀佛。

「當以強烈敬信心祈禱，現前往生聖道祈加持，趨入密嚴剎土祈加持，願獲法身法界之佛地」，在頂上觀想上師阿彌陀佛以後，就以非常強烈的恭敬心和信心祈禱：「願我在這一座上，能夠現前往生法聖道的成就，祈求上師阿彌陀佛賜予加持！願我依此趨入密嚴剎土（即極樂世界），祈求上師阿彌陀佛賜予加持！願我獲得與阿彌陀佛無二無別的法身法界之佛地！」

我們知道，往生極樂世界以後，便可於一生當中，以菩薩的形象圓滿一切地道功德，並最終成佛。因此在修持時，應當一邊觀想，一邊以強烈的信心祈禱。

用藏文、漢文念都可以

念誦時，用藏文念⑨也可以，以前上師如意寶也說過。因此，能用藏文念最好，觀想的意義可以提前對應好。如果你覺得藏文不好念，再加上觀想也不方便，那

⑨這裡用藏文念，即念用漢文標注的藏文發音。

用漢文念也可以，應該是一樣的，而且念誦、觀想都比較容易。

因此，用藏文、漢文念都可以。像我們現在念的《二十一度母讚》，你用藏文念，那它有金剛語的加持；而用漢文念，也是僧眾用緣起咒加持過的，而且你在念的同時，也知道正在讀二十一尊中的哪一尊，甚至她的形象、功德等，也可以隨文入觀。所以，在念誦的語言上，我認為都行，根據自己的情況定就可以。

還有《普賢行願品》，我們有時用藏文念，有時就用漢文念。這樣做，一方面是在上師如意寶面前請示過，一方面我們也分析過，應該沒有什麼差別。其實這和翻譯的道理是一樣的。從印度梵語翻成藏文時，有些咒語是不譯的，直接取它的聲音；而有些就要翻譯出意義來，有兩種情況。

念誦的方式

將以上的全文完整地念誦三遍（有時間的話就念三遍；沒有時間，只念一遍也可以）之後，再從「當以強烈敬信心祈禱」到結尾念誦三遍，然後將末尾「願獲法身法界之佛地」這一句念三遍。在這些時候，一定要滿懷對上師怙主無量光佛的誠摯信心，一心專注在覺性自心所依的「舍（）」字上（這裡一定要觀藏文）。

自己修的時候就是這樣，自己觀為金剛瑜伽母，上面有上師，在對上師滿懷強烈信心祈禱的同時，心專注

在將自己的心識所觀成的「舍（ཧྲཱིཿ）」字上。

而如果是超度亡靈，那在前一段的念誦中（明觀金剛瑜伽母及體內中脈時）說的是「汝身觀為金剛瑜伽母」，而觀的時候，也是把亡者的心識觀想成「舍」字，並不是觀自己的心識了，有這個差別。因此，我們在屍體前念頗瓦時，首先要觀想亡者以金剛瑜伽母的形象來站著，並將他的心識觀想作「舍（ཧྲཱིཿ）」字。而此時也是一邊祈禱，一邊專注在「舍」字上。

修「舍（ཧྲཱིཿ）」字法[100]

然後，舌頭抵住上齶念誦五遍「舍」，念的同時，觀想覺性自心所依的紅色「舍（ཧྲཱིཿ）」字，隨著淡綠風團明點而起伏波動，並且越來越高，最後從頭頂梵淨穴出來，與此同時念一聲「吼嘎」，觀想這一「舍（ཧྲཱིཿ）」字如同勇士射箭般，融入無量光佛的心間。

接著又如前一樣明觀心間「舍（ཧྲཱིཿ）」字，專注所緣並誦七遍或二十一遍「吼嘎」。學院平時就念三遍，一般沒有念七遍或二十一遍，但修煉時可以多修這一「舍」字法。

「吼」字的後面，一般有個輕微的「嘎」音，「吼嘎」。雖然其他宗派有念「吼」時觀想上升、念「嘎」時觀想下降的傳統，現在個別寺院中還有，但自宗寧提派並沒有觀想下降的傳統。

---

[100]舍字法：從舍五次一直念到吼嘎。

其實在平時修煉時，不觀想下降，直接把心再次觀成「舍」字就可以。有些人可能想：「『舍』字已經融入阿彌陀佛的心間了，如果不觀想下降，怎麼樣再次地修呢？」但實際上，修煉只是對這個修法進行訓練，不一定是把真實的心送上去了。而如果真的要往生時，念一遍「吼嘎」，就已經融入阿彌陀佛的心間了。

念完「嘎」以後，再如前一樣念誦「頂禮供養……」祈禱文，並盡力念修「舍」字法，接著再念「頂禮供養皈依世尊善逝出有壞圓滿正等覺怙主無量光佛」七遍或三遍。

入草往生法

修完上述修法以後，就念誦由竹慶派所傳下、伏藏大師日月佛所造的《入草往生法》這一簡略祈禱文：

སངས་རྒྱས་འོད་དཔག་མེད་ལ་ཕྱག་འཚལ་ལོ། །

桑 吉 慪 花 美拉 夏 擦 漏

頂禮佛陀無量光

ཨོ་རྒྱན་པདྨ་འབྱུང་གནས་ལ་གསོལ་བ་འདེབས། །

慪堅班瑪 炯 內 拉 索 瓦 得

祈禱鄔金蓮花生

དྲིན་ཆེན་རྩ་བའི་བླ་མས་ཐུགས་རྗེས་ཟུངས། །

珍 親 匝 哦喇 咪 特 記 宗

大恩根本師悲攝

365

རྩ་བ་བརྒྱུད་པའི་བླ་མས་ལམ་སྣ་དྲོངས། །

匝瓦傑　波　喇咪　拉那　中

根本傳承師引道

ཐབ་ལམ་འཕོ་བ་འགྲུང་བར་བྱིན་གྱིས་རློབས། །

匝　拉　破　瓦　烔　瓦辛　記　漏

加持修成往生法

མྱུར་ལམ་འཕོ་བས་མཁའ་སྤྱོད་བགྲོད་པར་བྱིན་གྱིས་རློབས།།

涅　拉　破　為　卡　秀　畫　巴　辛　記　漏

依此捷徑趨空剎

བདག་སོགས་འདི་ནས་ཚེ་འཕོས་གྱུར་མ་ཐག །

大　瘦　的　內才　破　傑　瑪踏

吾等從此命終時

བདེ་བ་ཅན་དུ་སྐྱེ་བར་བྱིན་གྱིས་རློབས། །

得　瓦堅德吉瓦辛　記　漏

加持速生極樂剎

「頂禮佛陀無量光，祈禱鄔金蓮花生，大恩根本師悲攝」，首先是頂禮阿彌陀佛，其次是祈禱蓮花生大士，然後是祈求大恩根本上師慈悲攝受。

「根本傳承師引道，加持修成往生法，依此捷徑趨空剎」，接著祈求本傳所有的傳承上師引領修持，加持自己修成往生法，並在臨終時依此捷徑修法趨往空行密嚴剎土，其實也就是極樂世界。極樂世界在不同教言

中，也有不同的名稱。

祈禱時一定要真摯懇切：「祈禱阿彌陀佛、蓮花生大士、根本上師以及我的所有傳承上師們，您們一定要加持我修成往生法，並依此往生極樂世界！」

祈禱上師加持是很重要的。這個祈禱文主要是對本傳上師的祈禱，而前面的修法中，是在對上師與阿彌陀佛無二無別的觀想中，祈禱並作往生修持。

「吾等從此命終時，加持速生極樂剎」，我等在命終之時，願您們一定要加持迅速往生極樂世界。

這裡的「吾等」，根據你的念修對境，要作改變：如果是自己在修煉，就念「吾等從此命終時……」；如果你是幫著活著的人修頗瓦，就念「汝等（或此等、某某）從此命終時……」；如果是超度亡人，在屍體面前念頗瓦，那就念「亡者（或此等、某某）從此命終時……」。

這一祈禱文的末尾一句「加持速生極樂剎」，要念誦三遍（整個偈頌念一遍、三遍都可以）。之後再如前一樣，盡力念修「舍」字法，從五個「舍」字一直念到「吼嘎」。隨後也像前面那樣念誦「頂禮供養皈依……」。

大圓滿前行廣釋

天法往生法

接下來念誦由白玉派傳下的《天法往生法》儀軌[101]的祈禱文：

---

[101]此儀軌為化身不變金剛著。

ཨེ་མ་ཧོ།

唉瑪吠

ཤིན་ཏུ་ངོ་མཚར་འོད་དཔག་མེད་མགོན་དང་།

辛德慪擦 慪 花 美 滾 蕩

極其稀有怙主無量光

ཐུགས་རྗེ་ཆེན་པོ་ཕྱག་རྡོར་མཐུ་ཆེན་ཐོབ།

特 吉親波夏 鬥 特 親 透

大悲觀音大力金剛手

བདག་སོགས་རྩེ་གཅིག་ཡིད་ཀྱིས་གསོལ་བ་འདེབས།

大 瘦 漬 戒 葉 記 索 瓦 得

我等專心致志而祈禱

ཟབ་ལམ་འཕོ་བ་འབྱོང་བར་བྱིན་གྱིས་རློབས།

則 拉 頗瓦 炯 瓦辛 記 漏

修成往生深道祈加持

བདག་སོགས་ནམ་ཞིག་འཆི་བའི་དུས་བྱུང་ཚེ།

大 瘦 那 葉 切為 地 雄才

我等一旦出現死亡時

རྣམ་ཤེས་བདེ་ཆེན་འཕོ་བར་བྱིན་གྱིས་རློབས།

那 西 得親 破 瓦辛 記 漏

加持神識往生極樂剎

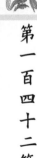

「唉瑪吠，極其稀有怙主無量光，大悲觀音大力金
剛手，我等專心致志而祈禱，修成往生深道祈加持」，

這是對西方三尊的祈禱：稀有啊！真實怙主無量光佛、大悲觀世音菩薩、大力金剛手（即大勢至）菩薩，我等在您們面前至心祈禱，願您們加持我快速修成這一往生法深道。

「我等一旦出現死亡時，加持神識往生極樂剎」，我等一旦出現死亡的時候，請您們加持我等的神識，令其不要再漂泊於輪迴中，而是迅速往生極樂世界。

這個念誦也是這樣的，自己念修時，就是「我等一旦出現死亡時……」；給別人念時，就是「汝等（或此等、某某）一旦出現死亡時……」；超度亡人時，就是「亡者（或此等、某某）此時出現死亡時……」。

這個祈禱文的末尾一句（「加持神識往生極樂剎」）同樣重複三遍，整個偈頌念一遍、三遍都可以。接著再像前面一樣，念修「舍」字法——「舍」、「舍」、「舍」、「舍」、「舍」，「吼嘎」、「吼嘎」、「吼嘎」，之後再念五個「啪的」。

在白玉派的寺院裡，有很多天法儀軌、藥師佛儀軌等，還有很多發願文，特別殊勝。《天法往生法》就是其中的一個。這是一個伏藏法，在藏傳佛教中，念誦修持它的人特別多。如果時間緊，有些人前面所有的儀軌都不念，只是把這段偈頌念三遍，然後念「吼嘎」、「啪的」，也有這樣修的。

學院很多活佛、堪布、上師，天天到屍體面前去念

大圓滿前行廣釋

颇瓦，但有些好像也不會念。不過我看你們念得還不錯，常住的道友都會念，可能也經常在家裡修吧。

《助念往生儀軌》在未來時代會更加興盛

我們學院修的頗瓦法，全部是遵循華智仁波切《大圓滿前行引導文》中所講的儀軌。不僅是學院，現在漢地大多數也都是這樣修的。因此，以後要超度的話，有了傳承，再加上很好的修煉，應該是可以的。

如果這個做不到，就用我們編的那個《助念往生儀軌》也很好。《助念往生儀軌》裡沒有單獨的往生法，只是節選了一些漢傳、藏傳佛教中具有殊勝加持的內容，這樣結合起來以後，大家都能接受。這個儀軌很多地方在用，用了以後，也出現了眾多瑞相和感應。

本來我想把這些感應收集起來編本書，讓大家生信心，不過到時候再說吧。其實這個《助念往生儀軌》弘揚的時間並不長，但確實有很殊勝的加持，這肯定與諸佛菩薩和傳承上師們的加持有關。因此，以後你們要助念或超度，用這個儀軌應該很方便。

按我的分別念估計，這個《助念往生儀軌》，在過了我們這一代以後，也許會更興盛。大家彼此都在的時候，也許互不承認、互不理睬，就像宗派與宗派之間的某些情形一樣。但是這個時代一過，有些法以其自身的價值，也許會更加興盛。

第一百四十二節課

我希望它在將來的漢傳佛教中更加興盛。不過那個時候，我們中的很多人，可能已經在極樂世界了。

後兩個修法的傳承問題

後面這兩個祈禱文，《入草往生法》和《天法往生法》，都不是龍欽寧提派的儀軌，因此並非持明無畏洲⑩所傳，是竹慶仁波切與貢欽仁波切等傳下來，一脈相續，一直傳到多哲仁波切。第一世多哲⑩仁波切——成利沃色，是智悲光尊者的大弟子，也是如來芽尊者的上師，他於1821年圓寂。

華智仁波切說：「我的至尊上師如來芽尊者（1765-1843），也曾按照他們的講法傳授過（以如來芽尊者、華智仁波切那樣的智慧，都是上師怎麼說，自己就怎麼記錄、怎麼傳講，可是我們後面的人，可能對上師的竅訣、教言都不重視）。本來，多哲仁波切也有塔波仁波切⑩所傳下來的噶舉派往生法引導的傳承，並編寫了念誦往生法的祈禱文，然而我的上師並沒有傳授。不管怎樣，所有不同傳承風範的觀想次第其實都沒有什麼差別，這一引導教授必將一脈相承。」

因此，是哪一個教派的法，這個不重要，關鍵看它

大圖滿前行廣釋

---

⑩持明無畏洲，也即智悲光尊者，龍欽寧提派的開創者，如來芽尊者講述、華智仁波切撰著的《前行引導文》，就是在解釋他《龍欽心滴》中的頌詞。
⑩也即多智欽仁波切。
⑩全名塔波拉傑.瑣南仁欽，也即崗波巴，塔波噶舉開創者。

是不是真的，看你能不能修。比如，食品的話，是哪一個廠生產的，是從誰的手裡傳來的，這個不重要，關鍵看它對身體是不是有利益，這個才重要。因此，一方面我們要重視傳承，因為你是從這條途徑得到的法；另一方面，只要它是真的，是可靠的佛法，哪一個傳承都可以。為什麼五明佛學院對藏漢所有的教派都接納呢？原因就在這裡。

可能你們也知道，其實上師如意寶是白玉派的，白玉派是很小的一個支派。在藏傳佛教中有八大教派，其中有寧瑪派，而寧瑪派又分八大派，白玉派是其中之一。上師如意寶以前也講過：「如果我只是弘揚白玉派的教法，那我的事業將會非常狹窄。」

因此，在座的各位，以後在大家弘法利生的過程中，以自己傳承上師的法為主的同時，也應該接納所有的佛法、所有上師的法，只要這些法的傳承清淨，是真正利益眾生的法，就應當接受、弘揚。最初建立學會的時候，我也祈禱上師如意寶：「不管是任何教派的法，只要是真正的、正規傳承的佛法，我都希望他們能夠得受。」其實，不管是弘法還是學法，我們都應該有一顆寬闊的、包容的心。

但不能一概而論的是，對那些懷有各種目的、思想不清淨、甚至想利用學會的人，我們是絕對排斥的。佛學院也是一樣，清淨的法門我們接受，但如果是外道，

或者是打著佛教旗號弘揚非法的，那他肯定不會有立足之地。

因此，接受不同傳承的法是正常的。而且華智仁波切也說：「我的至尊上師在多哲仁波切前聽受過多次，因此，從至尊上師處獲得過往生引導傳承的人，也就算是得受過噶舉派往生法傳承了，我想這些人念誦噶舉派所傳下的祈禱文，也完全可以。」

可見，上師們接的法，也都是各個教派的。而我們現在也是一樣，寧瑪、格魯、噶舉等，各個教派都沒什麼排斥的，這樣很好。

華智仁波切還說：「這兩個簡略祈禱文可能是多哲仁波切編寫的，反正與別的祈禱文稍有不同。這裡是遵照我的至尊上師的傳統而撰寫的。」

那麼，如來芽尊者修頗瓦法的話，就是依照上面這幾段儀軌了：

第一、自己觀為金剛瑜伽母等；

第二、祈禱頂上與根本上師無二無別的無量光佛；

第三、祈禱本傳上師：阿彌陀佛、蓮花生大士、根本上師以及所有本傳承的上師們；

第四、祈禱西方三尊。

這是一個非常圓滿的修法儀軌。這麼好的修法，淨土宗的人為什麼不能修啊？

其實西方三尊是一樣的，蓮花生大士是從阿彌陀佛

大圓滿前行廣釋

心間化現的，根本上師是你生起功德的源泉，有什麼接受不了的呢？如果你對蓮師不熟悉，因而不願意接受，那就多了解一下，但沒有必要排斥。我們連蓮師萬分之一的功德都沒有，有什麼資格呢？

作為地地道道的凡夫，如果你排斥藏地的大成就者，尤其是與佛無別的祖師，那是很可笑的。就像藏地一個愚癡的人，他要排斥漢傳佛教裡的六祖禪師、慧遠大師，那大家肯定會笑他，覺得他太可憐了。這個道理是一樣的。

因此，千萬不要排斥聖者、排斥他們所傳的法。聖者們的智慧、慈悲、功德，不論從哪個方面來講，我們都無法企及，處在這樣的狀態中，為何不學呢？為何不修他們的法來饒益自他呢？如果是一個笨人，他不知道黃金的價值，可能會撿來牛糞、扔掉黃金，而我們不知道取捨的話，也是一樣的。我們自己可能不知道，但在有智慧的人看來，確實是又可笑、又可憐、又可悲、又可歎啊！

此外，華智仁波切說，他的至尊上師依照白玉派《天法往生法》的傳承為他眾作超度時，上面祈禱文中的「我等一旦出現死亡時」，應該替換成「此等一旦現前死亡時」。可是，當時有些人沒有懂得這一點，而念成「此現一旦」或「從此一旦」等，對此，尊者認為不太妥當。

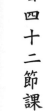

以上是華智仁波切對後面兩個祈禱文的傳承問題，以及當時的一些情況，作了一點解釋。

修煉往生法收座

剛才說到，念完《天法往生法》，還要反反覆覆地修煉「舍」字法，而在臨近最後收座時，

為了印持於五身法界，而念誦五次「啪的」。一般按我們的傳承，最後的一聲「啪的」，聲音要大一點。

在觀想上，前面心識已經融入到了阿彌陀佛的心間，而現在念「啪的」，就像用釘子把板子釘牢一樣，有一種印持的作用，讓我們的心不會返回來，一直住於上師阿彌陀佛的心間，與上師的心無二無別。

其實，這樣修是在建立一種緣起。有人可能想：「如果我現在修這個往生法，一念『啪的』，我的心就跟阿彌陀佛的心釘在一起了，那這樣的話，今後是不是就沒辦法生活了？」其實不用擔心，因為我們現在只是在修煉。

用五次「啪的」印持以後，於離戲實相的境界中入定。

之後觀想（這跟前面的觀想是連在一起的）：在自己（自身所觀的金剛瑜伽母）的頭頂上，諸位傳承上師融入三位主尊中，二位菩薩也融入無量光佛當中，無量光佛化為光融入於自身。

念長壽咒

由此自己一刹那間變成世尊怙主無量壽佛，也即長壽佛，身紅色，一面二臂，雙足以金剛跏趺安坐，雙手以等印托著充滿無死智慧甘露的長壽寶瓶、瓶口以如意樹嚴飾，周身由報身十三種服飾裝點。

長壽佛與阿彌陀佛有相同的地方，身色都是紅色，名字都是無量，無量壽、無量光。不同的地方，阿彌陀佛手上持的是缽盂，而長壽佛持的是長壽寶瓶，瓶口有如意樹嚴飾；阿彌陀佛是化身形象，就像釋迦牟尼佛一樣，而長壽佛是報身形象。報身和化身的差別很多，報身一般有十三種服飾：項鏈、手鐲等等。一邊觀想自己是長壽佛，

一邊念誦一百遍長壽咒：

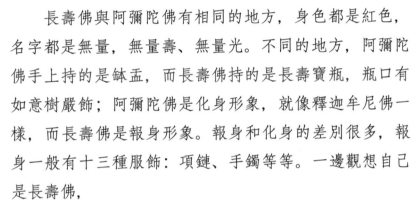

嗡啊瑪扄訥則彎德意梭哈

或者其他的長壽咒[105]。依靠念長壽咒，可以使壽命不受損害，並且憑藉緣起諦實力也可以消除壽障。

我們平時是在修煉，所以修了往生法以後，一般要再念一百遍長壽咒。而在超度亡靈或臨終者，或者自己死亡的時候，千萬不能念修長壽法。念的話，可能又長壽了。（眾笑）

---

[105]《喇榮課誦集》中的長壽咒是：嗡格熱阿耶色德吽舍，阿瑪呢則萬德耶所哈。

所以，上師們超度時，如果見病人病得非常嚴重、沒什麼希望了，後面的一百遍長壽咒就不念了；如果覺得還有希望，就給他念。

這一點，因為大家都了解，知道《大圓滿前行》裡是這麼講的，所以病人想知道自己的情況，就看上師念不念長壽咒。如果不念了，說明自己已經沒希望了，很傷心；如果還念，說明還有希望。

不過上師們也很慈悲，念完頗瓦以後，明明知道他已經沒希望了，但為了讓他寬心，不要絕望，顯現上還是給他念幾遍長壽咒。

讓佛教融入生活

上師的慈悲也好，臨終者的觀察也好，從這些細節裡，我們完全可以看到，佛教與藏族人的生活是非常貼近的。

可以說，不論出家人、在家人，他們對佛教的了解和信仰，與從小生活在這樣的環境裡，潛移默化的薰染不無關係。可惜我們很多道友不懂藏語，不然，當你接觸藏族的一些傳統時，也會自然而然地獲得佛法的教育。

這種教育，在漢地可能是沒有的。漢地的佛教徒，雖然能把佛教當作信仰，但這種信仰，是在自己平常生活之外的一種行為，要在生活中全部實行，是做不到

大圓滿前行廣釋

的。而藏地就不同了，不管你到了哪裡，所見所聞都是佛法，念經誦咒、供佛繞塔，佛教中的行為已經成了每個人的生活習慣，已經融入了整個民族的傳統和習俗中。

因此，將佛教融入生活是很重要的。就現在的漢地來看，讓所有人都建立佛教家庭是不可能的，但在現有的佛教家庭裡面，能把佛法融在生活當中，也是很大的成功了。別的不說，就是孩子的教育，如果能從小培養他對佛陀的信心、對三寶的祈禱，同時又把佛教的教義融入他的生活，那他將來對佛法的認識是不會動搖的。否則，只是在我們祈禱的時候，讓他也來念一念，平時的生活中就不管了，這樣對他的影響不大。

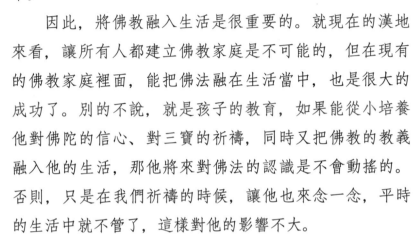

修往生法的驗相

那麼，修煉往生法已經達到純熟時，有什麼樣的徵相呢？誠如論典中說：「頭上出黃水，插入草等相。」這種驗相，有些人修個六、七天就能出現。還有些人感覺頭頂發癢，或者梵淨穴處特別痛，這時候，上師或道友在他的梵淨穴插入吉祥草，是很容易的。

其實，能否插入吉祥草並不重要。但是漢地很多人特別關心這個，而且聽說也有假的，說是草尖削得尖尖的，像牙籤一樣，然後直接插進去。這樣就太殘忍了，也沒有必要。其實，只要你在七天中很認真地修了，一

直念「吼嘎」、「吼嘎」，也觀想「舍」字從這裡運行、遷移，這樣到了最後，草入於梵淨穴是很容易的。

以前我也帶著修過。那時候人少，大概二十來個人吧，修了七天，後來一半的人已經開頂了，我親自插的吉祥草，很容易就插進去了。但一半不行，有些一插草就斷了。其中有一個老和尚，好像一點感覺都沒有。他一上來就說：「我業力深重、業力深重，肯定修不成、肯定修不成。」後來確實也沒有一點驗相，也不痛，也沒出黃水，吉祥草就更不用說了。

漢地有些人可能是喜歡學氣功的原因吧，非要頭上插個草拍照，然後說有多少人怎麼怎麼開頂……其實，對上師三寶、對往生法有信心的話，草能不能插入也不重要。有是有這種現象，但這個不是關鍵。我們修頗瓦法，太執著這個的話，也沒有必要。

不過，真正修成了，開頂以後頭蓋骨中間是有縫的。西方很多人修成頗瓦法以後，他們去做CT，確實看得到，這裡是有縫的，有些還有好幾個小孔。這種相實際就是一種緣起法，不可思議。

總之，如果你有了這種開頂的相，或者出黃水、疼痛等，都是修成往生法的相。而在沒有出現這樣的驗相之前，務必要再再修煉。

因此，各個班的道友，尤其是老年班，方便的話可以共修七天。要是所有的人在這裡修，可能會影響聞

思，各方面也有一定的困難。所以，其他的道友可以自己修，比如在晚上臨睡前，就可以念一遍。

不過聲音不要太大，免得影響周圍的道友。今天開會的時候，有人就提出來，說覺姆這邊有一個高音喇叭，每天都播放那些超度的念誦，聲音很大，影響有些修行人坐禪。最後我們決定，除了學院的共同念誦以外，對亡者念儀軌時，不能大聲地播放出來。

因此，大家在修行的過程中，要考慮別人，不一定非要大聲地喊。觀想能力是最重要的，聲音大小不重要，因為是心識出竅，也不是聲音出竅。有些人什麼觀想都沒有，只是很大聲地「吼嘎」、「吼嘎」，這也沒有必要。關鍵是看你的觀想，比如「舍」字的跳動等等，這個才重要。

總之，一定要修出驗相，沒有驗相之前，必須要再三修煉。

迴向

結尾迴向善根時，應當念誦廣的《極樂願文》，或者是上師如意寶的《願海精髓》，以及《略極樂願文》⑩等都可以。

---

⑩《略極樂願文》：「唉瑪吙！奇哉佛陀無量光，右側至尊觀世音，左側勇識大勢至，無量諸佛菩薩繞。稀有無量之安樂，名為極樂彼世界，祈願我等命終時，不隔他世即往生，面見彼佛阿彌陀。如是我發之此願，祈禱十方佛菩薩，加持無礙得實現。」

此往生法是不修便可成佛之法

這一深道往生法的教授，不需要像其他生圓次第那樣經過長期修煉，僅僅在七天當中修持熟練以後，一定會出現驗相。所以，在蓮花生大士的竅訣中，這個修法稱為「不修便可成佛之法」。

我們能遇到這樣的法，的確很幸運。我經常在想，不管是哪一個法，聞思上的五部大論或密宗法要，修行上的前行法或修心法，即生能遇到，即使不是在年輕的時候，是晚年時才遇到的，也非常幸運。如果像個別道友那樣，年輕時就遇到了這些法，等你到了晚年回憶起在喇榮求法的情形時，一定會有一種深深的感恩之情：「就是在那個山溝裡，我得到了許許多多的法，這些法的價值，遠遠超過了世間所有的金銀財寶⋯⋯」

現在就有這樣的道友，因為早些年在喇榮待過，雖然如今身處城市當中，但是經常修著這些法，心裡極其快樂，生活中什麼都可以面對，所以時時都懷著感恩之心。

因此，諸位道友理當將這樣的無上捷徑法作為主要修法。

大圓滿前行廣釋

結文偈：

最後，華智仁波切作了一個結文偈：

自尚未度超度諸亡靈，　自不實修巧言如撐傘，
我與如我狡詐種姓者，　願能精進修行祈加持。

華智仁波切謙虛地說：自己尚未得到解脫，卻整天念頗瓦法超度亡人；自己從來不實修，但整天誇誇其談，就像撐傘一樣。願我和像我這樣的狡詐者，能夠真實地精進修法，祈禱上師及諸佛菩薩賜予加持。

我認為這就是對我說的。自己還沒有得度，卻常常超度別人，自己不實修，卻天天給人講法，所以，不論講法還是超度，都很慚愧。

當然，最重要的還是要有悲心。華智仁波切在前面也說過，如果有虔誠的信心，也有大悲心：「這個亡者很可憐！他活著時可能也沒遇到佛法、沒行持善法，不知道他的靈魂現在漂泊在哪裡。不管怎麼樣，雖然我自己沒有能力，但我相信諸佛菩薩的加持不可思議，只要我祈禱阿彌陀佛、祈禱蓮花生大士，就肯定對他有利。而我今天來念經超度，來參加這個法會，也沒有什麼自利的心，就是希望這個亡者能獲得解脫，所以我現在就一心祈禱……」如果有這樣的清淨發心，就一定會饒益亡者。

否則，如果說得好、做得差，那就太慚愧了。

【不修便可成佛法──往生之引導終】

---

⑩撐著的傘總是在上面，不往下來，所以花言巧語就像這個。

附：堪布把今天所講的往生法帶修一遍，念的是藏文。

唉瑪吙　　　　　　唉瑪吙

內讓囊敦戒奧門納　　境為自現了義密嚴剎

耶達吉嘉格徹波隆　　百倍信心彩虹縈繞中

嘉根迪匝沃喇嘛呢　　皈處總集根本之上師

格塔瑪瑪因當摩利　　身非庸俗而為清澈身

華桑吉桑提歐沃耶　　吉祥無量光佛本體住

耶木給洞威所瓦得　　當以強烈敬信心祈禱

藍頗瓦炯瓦辛吉洛　　現前往生聖道祈加持

內奧門卓巴辛吉洛　　趨入密嚴剎土祈加持

央丘給嘉薩仁巴效　　願獲法身法界之佛地

（三遍）

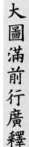

耶木給洞威所瓦得　　當以強烈敬信心祈禱

藍頗瓦炯瓦辛吉洛　　現前往生聖道祈加持

內奧門卓巴辛吉洛　　趨入密嚴剎土祈加持

央丘給嘉薩仁巴效　　願獲法身法界之佛地

（三遍）

央丘給嘉薩仁巴效　　願獲法身法界之佛地

（三遍）

舍 舍 舍 舍 舍

吼嘎 吼嘎 吼嘎

救單地得雲向巴扎救巴揚大巴奏波桑吉滾波慪花德美
巴拉夏擦漏秋鬥加色切慪（三遍）
頂禮供養皈依世尊善逝出有壞，圓滿正等覺怙
主無量光佛

桑吉慪花美拉夏擦漏　　　　頂禮佛陀無量光
慪堅班瑪炯內拉索瓦得　　　祈禱鄔金蓮花生
珍親匝哦喇咪特記宗　　　　大恩根本師悲攝
匝瓦傑波喇咪拉那中　　　　根本傳承師引道
匝拉頗瓦炯瓦辛記漏　　　　加持修成往生法
涅拉破為卡秀畫巴辛記漏　　依此捷徑趨空刹
大瘦的內才破傑瑪踏　　　　吾等從此命終時
得瓦堅德吉瓦辛記漏　　　　加持速生極樂刹
（一遍）

得瓦堅德吉瓦辛記漏　　　加持速生極樂刹
（三遍）

舍 舍 舍 舍 舍

吼嘎 吼嘎 吼嘎

敘單地得雲向巴扎救巴揚人巴奏波桑占滾波慪化德美
巴拉夏擦漏秋鬥加色切慪（三遍）
頂禮供養皈依世尊善逝出有壞，圓滿正等覺怙
主無量光佛

唉瑪吥	唉瑪吥
辛德慪擦慪花美滾蕩	極其稀有怙主無量光
特吉親波夏鬥特親透	大悲觀音大力金剛手
大瘦漬戒葉記索瓦得	我等專心致志而祈禱
則拉頗瓦炯瓦辛記漏	修成往生深道祈加持
大瘦那葉切為地雄才	我等一旦出現死亡時
那西得親頗瓦辛記漏	加持神識往生極樂剎
（一遍）	

那西得親頗瓦辛記漏	加持神識往生極樂剎
（三遍）	

舍　舍　舍　舍　舍

吼嘎　吼嘎　吼嘎

啪的　啪的　啪的　啪的　啪的

嗡啊瑪屌訥則彎德意梭哈（一百遍）

念誦之完迴向功德。

第一百四十二節課

第一百四十三節課

結文

　　最後，在本論的結文中，華智仁波切以他卓越的智慧，對全論的內容——共同加行、不共加行以及捷徑往生法，作了言簡意賅的總結。

對《前行》的十二個引導文分別作概括
外共同前行的六個引導文

　　第一、通過思維暇滿難得，使閒暇之身變得有意義。一個人要產生修法的意願，是很不容易的，非常難。只有了知暇滿難得，了知如《景德傳燈錄》所說的「一失人身，萬劫不復」，才願意踏踏實實地過一個修行的人生，不使人身空耗。

　　第二、通過思維壽命無常之理，來鞭策自己精進。如果這個人身能千年萬年不失去，那麼將來再修也不要緊，但人身的的確確是無常的。看看新聞媒體的報道以及身邊發生的事情，相信誰都會發現生命的脆弱及無常。而作為修行人，只有對無常生起堅定的信心，才會時時鞭策自己「我不能睡得太多了，不能天天散亂，不能做無意義的事……」，從而成就真實的精進。

　　第三、通過了知一切輪迴痛苦的本性，而生起出離

大圓滿前行廣釋

心及悲心。如果輪迴不是痛苦的本性，待在輪迴中流轉也沒事，但是，不管你轉到哪一道，惡趣就不必說了，就算是天上人間，也是苦多樂少，終歸要墮落。自己是這樣，其他眾生也是如此。明白了這個道理，誰還願意待在輪迴裡？誰不對可憐的眾生生起悲憫？

第四、通過明確因果的差別，而如理取捨善惡。「善有善報、惡有惡報」，善的種子成熟的是快樂，惡的種子成熟的是痛苦，而且絕無任何欺惑。明白了這個道理，一定會如理取捨的。

以上就是所謂的四種厭世心。

第五、通過憶念解脫利益，而使自己對佛果滿懷嚮往，並生起極大的信心。

第六、通過依止真正的善知識，來修學上師的意行。現在有很多人不重視依止上師，這就是沒抓到根本。其實，即使是人身難得、壽命無常等這些看似簡單的道理，離開了具相善知識的開導，也無法真實理解並修行。而且，所謂的修學佛法，無非就是修學上師的意趣和行為，所以一定要依止上師。

這以上是共同外前行的六個引導。

對每一個引導所作的簡單概括，就像我們打的廣告一樣，希望引起修行人的重視。

其實，現在的修行人很可憐！說實話，對這麼重要的引導文嗤之以鼻，而形象上的、對解脫絕對毫無意義

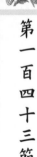

的事，很多人卻特別重視、特別有興趣，遇到了也是心花怒放並極力宣揚。那這是什麼呢？就是顛倒！

內不共加行的五個引導文

第一、依靠皈依三寶，奠定解脫道的基礎。一棟建築物有了地基，才會堅固，沒有地基，到了一定的時候就會倒塌。同樣，解脫道也要有基礎，而皈依就是這個基礎，只有具足真誠的皈依心，才能修成解脫道。

第二、依靠發殊勝菩提心，樹立起佛子如海行為的框架。在穩固的地基上，便可以修建建築物了，而修建時首先要建立的，就是建築物的框架。有了框架，建築就慢慢成形了。同樣，作為一個大乘佛教徒，當你要修建佛法的大廈時，最初一定要發起殊勝的菩提心，並依靠這一菩提心，樹立如海菩薩行的框架。這樣一來，自利利他的佛果便會自在現前。

第三、依靠念修金剛薩埵，通過四力來懺悔一切過患之根本的墮罪。我們今生乃至無始以來所造的罪業，是無量無邊的，如果不清淨這些罪業，修什麼法都不會成功。所以一定要念修金剛薩埵，通過四種對治力進行懺悔，令自相續得以清淨。

第四、供三身曼茶羅，可積累一切功德之根本的福慧資糧。建築物有了地基、形成框架之後，還要壘牆、裝修，然後把裡面打掃乾淨，陳設家具等等。同樣，一個佛教徒，在皈依、發心之後，光是清淨了自相續還不

大圓滿前行廣釋

夠，一定要積累資糧。而要積累資糧，供曼茶羅就是最殊勝的方便。

第五、一切加持的源泉——祈禱上師，可使自相續中生起殊勝智慧。上師的相續中有無量的智慧、悲心和功德，通過修持上師瑜伽，便可以一種強有力的方式，令自相續點燃智慧之燈。因此，修行人要作究竟的修行，就一定要祈禱上師。

以上是五種不共內加行的引導。

《前行》這內外十一種引導，是非常珍貴的修行方便，希望大家都要重視。不重視前行的人，對我個人無利無害，但我擔心的是，他肯定修得不成功。好聽的話容易說，兩三天吹噓一下，自己也覺得開心、有意義，但時間一長，結果會說明一切的。

這次講《前行》的時間比較長，但在講解的過程中，我詳詳細細地查找了很多相關的教證、公案、典故等，並很耐心地對每一個引導都作了力所能及的闡述。我只有這個智慧了，除此之外，也無能為力了。不過也還可以，我翻過以前藏地大德很多記錄、筆記，多數都比較略，而我把這些藏文、漢文的眾多資料都結合起來，也算是為大家作了一個我自己還比較滿意的講述。

講述的目的，並不是我有了很多講記以後，會贏得名聲、財富、什麼什麼……這些我從來沒想過。只不過我覺得，稍微廣說一下，以後有重視前行的人，或許對

他的修學是有利的。再說，這樣的因緣和條件，以後有沒有也不好說。

要知道，依靠上師如意寶和傳承上師們的加持，眼下在這塊寂靜地方，能聚集這麼多道友共同學習，是非常難得的，一定要珍惜、要利用好。對此，我本人一方面非常歡喜，一方面也覺得稀有，為什麼呢？在末法時代的狂風如此猖獗之時，竟然還有這麼多四眾道友，在長時間地潛心研習大乘佛法，實在是不可思議。我想這一定是傳承上師、護法神的加持，以及我們每一個人的善願力所致，否則，怎麼會有這樣的壯觀景象呢？

因此，希望大家珍惜這些引導文，不管是學院的人也好，城市裡的人也好，我們要學佛修法，那就沒有比人身難得、壽命無常、依止善知識、皈依、發心等更重要的事情了。如果對此一無所知，或者一知半解，那要修行恐怕是很難的。

不修便可成佛之往生法

如若修道尚未趨於究竟（未證悟以前），死亡便臨頭，則依靠不修便可成佛之往生法而往生淨土。

死期是不定的，在修行中，如果即生沒有成就，就應該運用頗瓦法（即往生法），趨入極樂世界。這是一個最快、最好、最方便的修法，是不修便可成佛的法。頗瓦法剛剛講完，各班的法師們可以帶著大家修一修。

加上這一往生法，總共就有十二個引導。

391

修行人要知道自己的身分

該傳的法，我已經傳了，傳了以後，你們要自己修。修頗瓦的話，我覺得學院是最好的地方。

最近聽說有些人要到別的地方去。當然，如果有更殊勝的傳法者，也可以，從成就者那裡得頗瓦法是最好的。不過，有些道友表面上信佛、學佛，比如學會裡的道友，在學會也待了好多年，但一聽他提出的問題，就是根本沒看書、也沒學習，讓我大失所望。學院的個別道友也是，待的時間也不短了，但行為上也是各種各樣，甚至有些事情都很讓人費解。

過兩天我們要休息幾天，就在這個時候，聽說有些上師邀請你們某些女眾去開光。當然，請你們去為上師的佛像開光，這個我不反對，但是真正要開光，是大德們來開光，不一定要女居士、女出家人參加。這幾年，學院也修了上億元的經堂、佛殿，但沒有邀請過漢地的居士或女眾來開光，都是請僧眾開光。

因此，當有些女眾來請假，說她的根本上師請她去為他的什麼建築開光時，我就有點不理解。開光是可以，大米也帶上，這個我不反對。但是，我希望你們，尤其是年輕的女眾出家人，一定要注意你自己是什麼樣的身分！出家多不容易啊！說實在的，在這個時代，女眾出家是不容易的，但出了家，弄不好的話，最後變成什麼樣子也很難說。

當然，也不管男眾、女眾，作為一個真正的修行人，自己該做什麼、不該做什麼，還是要明白的，正知正念就是用來觀察這些的。否則，說得好聽，實際上做起來都不如法，上師也好、弟子也好，一有過失就很難控制了。

《前行》涵攝一切顯密修要

剛才講的這十二個引導，進一步來說，其實已經涵攝了一切顯宗的要訣。

其他宗派的顯宗引導可包括其中

像共同加行裡的四種厭世心——暇滿難得、壽命無常、輪迴痛苦、因果不虛，修持以後，便可生起無偽的出離心。宗喀巴大師在《三主要道論》中說：觀修暇滿難得和壽命無常，可以使修行人放下貪執，對今生生起厭離心；而觀修因果不虛和輪迴過患，則會明白無論轉生何處，都不會有快樂，從而放下對來世的執著。當我們對今生來世都了無希求的時候，也就有了修行的動力。

而依靠觀修解脫的功德，生起嚮往之心，可以開啟諸道之門。諸道之門打開了，再依止一切功德的源泉——善知識，依靠善知識的指點，便可以創造聖道的緣起。

對一個修行人而言，如果他最初遇到的不是善知

大圓滿前行廣釋

識，或者即使是個上師，但上師的方向不準確，那麼緣起就壞了。而如果遇到的是真正的善知識，那麼他的人生，也就有了真實的方向，有了善妙的緣起。

法王如意寶曾在一首道歌中說，他在年輕時前往石渠依止托嘎如意寶，並從上師那裡得到最初值遇佛法的緣起，而這個美好的緣起，讓他一生的修行及弘法都非常圓滿。我想這裡的很多道友也很好，因為剛開始遇到的上師是真的善知識，緣起非常不錯，以後的修行也會很順暢的。

如果最初的緣起弄壞了，轉再多的彎兒，也進不了正道。有些人就是這樣，二十多年了，一直遇到這個、遇到那個，該花的錢花完了，精力也耗盡了，而如今卻一無所有。他也不是不想修行，也想正確地學、正確地修，但無奈緣起被破壞了，想入正途也做不到。即使去了正規的道場，待個兩三天，心又動了，又不由自主地走向了邪門外道，這種情況也是有的。

所以，上師是你學習佛法中最主要的緣起。而我自己的話，在1985年，那時候法王如意寶不像現在，有很多活佛、大德比法王還出名，但我依止了上師。現在想想，不管是前世的因緣也好，即生的福分也好，能遇到上師，遇到這個傳承法脈，的確是非常榮幸的。

道友們也是一樣，不管你最初遇到的是哪一位上師，只要是為你指點解脫道的上師，就是非常好的緣

起，值得自豪。

　　在依止上師以後，應當以皈依作為基礎，再經由發殊勝菩提心修學六波羅蜜多的途徑，可以將我們引入遍知圓滿正等覺的真實正道之中。

　　其實，像薩迦派的三現分、格魯派的三士道、噶舉派的大手印的顯宗引導等一切聖道的要訣，都完全可以包括在這部《前行》的引導文中。這個道理，《前行》的序言裡講得很清楚。當時我要翻譯《前行》時，先向上師如意寶請示了，請示以後，上師顯得非常歡喜，後來在譯的過程中，上師就作了這篇《序》：

序

　　大圓滿龍欽寧提是集廣大班智達派《龍欽七寶藏》及甚深古薩里派《四心滴》二者之密意於一體、即生可獲得金剛持果位之甚深正法。

　　此《大圓滿前行引導文.普賢上師言教》不僅完全包括了三士道次第，而且具有殊勝竅訣要點。因此，諸欲解脫者必須實修。尤其是當今時代許多人不經過前行修煉，卻首先高攀大手印、大圓滿等正行法，以致正法與補特伽羅背道而馳。所以，諸位首先唯一實修此前行至為重要。

　　此深法攝集了藏地興盛的薩迦、格魯、噶舉、寧瑪派的引導文

大圓滿前行廣釋

---

⑩三現分：修行薩迦派道果預備位。顯乘的共通三現分道：不淨現分、瑜伽景象現分和清淨現分。

及廣弘於漢地的淨土、華嚴、禪宗等一切顯密修要，並且具有持明傳承殊勝之加持。祈請三根本、護法神賜予如理修行此法之具緣者加持並普降成就甘露妙雨。

本法傳承：華智仁波切傳與樂喜堪布公美，彼傳給喇嘛羅珠仁波切，大恩上師羅珠仁波切傳與我。

對於此次譯成漢文、校訂並傳講，本人由衷隨喜。同時，祝願弘法利生事業吉祥圓滿！

釋迦比丘晉美彭措勇列致

於藏曆鐵龍年神變月初三自壽六十八歲之際

公元二〇〇〇年二月八日

上師的《序》，是2000年作的。我是1999年翻譯《前行》的，在去新加坡之前，先譯了前面共同加行的一部分，回來以後就全部譯完了。

《序》裡面，法王如意寶有一句話是：「祈請三根本、護法神賜予如理修行此法之具緣者加持，並普降成就甘露妙雨。」這是最關鍵的地方，非常重要！因此，我希望你們都能如理如法地修《前行》。只要你如理地去修，傳承上師、三根本及護法神就會恆時加持，有了這種加持的力量，修起來是完全不相同的，所以一定要重視。

我譯過很多經論，但由法王如意寶作序的，一部是

《直指心性》，還有一部就是《大圓滿前行》，就這兩部。如今看來，這兩篇《序》對我非常重要。因為自法王如意寶示現圓寂以後，在我翻譯漢文這件事上，有各種的說法，但上師如意寶當年在《序》裡的這一句話，讓很多人都啞口無言了。可見，智者對於未來，會提前說一些有密意的語言。

因此，希望四眾道友們都能珍惜這部《大圓滿前行》。法王的《序》語言不多，但很值得我們深思，能背的可以背下來。以前有道友發願把整部《大圓滿前行》背下來，但聽說是背了，只是不太熟，說是「差不多了」。但「差不多」的意思，不知道是怎麼樣的？

總之，這次廣講《前行》，對我來說是第一次，應該也是最後一次。以後傳的話，不可能像這次一樣了，最多兩三個月。因此，希望大家重視這部法！

念修金剛薩埵等是本派無上特法

這部法不僅能包括他宗的顯宗要訣，而且，依靠念修金剛薩埵和供曼茶羅的無上方便，可以淨除罪障、積累資糧，還有甚深加持之密道上師瑜伽，以及不修便可成佛的往生法教授，這些引導都是本派的無上特法。

修完五加行才可以聽受並修持無上密法

以上的這十二個引導，都是要修的。特別是五十萬加行，現場的道友，或者以後聽光盤的道友，都要修五十萬加行。修完以後，各方面因緣具足的話，我想為

大家傳一系列的密法。沒修完的人，不管你是什麼樣的身分，都不會傳的。因此，每一個人都應該重視加行。

修完五加行以後，想步入寧提（即心滴）金剛藏聖道不共正行之門的人，先要修持大圓滿中不共前行的三身引導，像《文殊大圓滿》中就有三身引導的特殊修法，以及心識與覺性的引導（區分有寂）等以後，獲得直指實相覺性妙用的灌頂，比如四灌頂或其他的大灌頂等，方可實修正行之義。

這個次第很清楚，希望大家不要搞亂了。也許有些上師是有密意吧，說有不用修加行、不用灌頂的特殊修法，對此本人並不反對。但我希望大家先要了解自己的根基，是頓悟者還是漸悟者？其實這一點也不難了解，自己是知道自己的。如果是次第性的根基，像絕大多數補特伽羅一樣，那就一定要先修加行。這樣修完加行以後，再進入密法的正行，是最可靠、最安全的。

在修密法的正行之前，還要修一些密宗的不共加行，像《文殊大圓滿》裡講的，包括上師瑜伽等念誦文，還有像這裡講到的幾種特殊加行。修完這些之後，再宣說本來清淨、任運自成的正行引導文，就一定會令你的相續獲得成熟。這就像打好基礎的建築一樣，一定會非常穩固的。

而如果你不打基礎，不按照傳承上師們的傳統去做，只是特別著急地修些高法，也是沒有用的。就像你

要修棟樓，再急也要打基礎啊！打了基礎，再一層一層地修上去——對建築管多了，現在我也基本上知道，一層樓完工以後，至少要停個十五天，才可以修第二層。前兩天我批評施工隊的老闆時，有人說我生氣了，其實也沒有，是真正的顯現，顯現時我說：「你這個工程的計劃是怎麼安排的？一層、二層，最後到第五層，你是怎麼安排的……」

其實修行是一樣的，也要一層一層的，這樣比較穩妥，可惜很多人不明白。有些人特別心急，來不及打基礎，來不及修加行，一上來就先「吃」一口正行。也許你覺得這樣很好「吃」，不用打基礎，以「開綠燈」的方式從上師那裡得到，但實際上不一定真的得到了；即使得到一些，這種境界也不會穩固。

因此，希望大家一定要按照其他傳承上師們所要求的那樣，好好修加行，之後再修正行。

《前行》如實記錄上師教言通俗易懂

華智仁波切在撰著《大圓滿前行》時，並不重視文辭，就像我們學過來所感受到的，尊者在闡述每一個引導的過程中，沒有著重在詞藻華麗、文法精湛上。而後面的偈文中也說了，過多詩學方式的修飾，是毫無助益的。本來華智仁波切很擅長寫作，看過《蓮苑歌舞》的就知道，但在《前行》的寫作上，他並不注重這些。

大圓滿前行廣釋

尊者說了，他是完全依照他的至尊上師的親口教授記錄的。

尊者在他的上師如來芽尊者面前，聽受了二十五遍《大圓滿前行》，就是根據這些，他記錄下來，並整理成書。以前還有一位意科喇嘛，他的《大圓滿前行口授》在整個藏地很出名，我以前得到過，講得並不廣。但是，不管是華智仁波切的《前行》，還是意科喇嘛的口授，當前輩上師們離開之後，他們親口傳講的本派傳承的教言，的確彌足珍貴。所以，華智仁波切在一五一十記錄如來芽尊者的教言時，都盡量避免摻雜自己的言詞。不過，即使是有，尊者的言詞也不是分別念，應該是非常殊勝的。

《大圓滿前行》，可以說是我最初學佛的緣起。剛從學校裡出來，在德巴堪布面前聽受的，就是這個法。學完以後就什麼都不想了，一心想依止法王如意寶。這也是我人生的轉變吧，是最難忘的一段。

現在法王如意寶已經前往清淨刹土了，雖然在我的相續中，還有很多的業和煩惱，但我不為這些痛苦，我所痛苦的，就是除了夢以外，再也見不到上師的尊顏了。常常有這樣的失落感。如果不是遇到德巴堪布、法王如意寶，我都不知道現在會是什麼樣子，未來人生的方向又是什麼？應該跟我的同學，或者其他世間人是一模一樣的，這些我是很清楚的。

那麼，華智仁波切的《前行》，完全是本著通俗易懂、利益內心的原則而撰寫的。這就是尊者的寫作原則。而我的講解，雖然說不上是如實記錄上師的教言，但因為長期依止上師，長期對《前行》、對上師的教言非常重視，所以，只要是心裡記著的，即便沒有一個一個地講「上師是這麼說的，上師是那麼說的……」，但也都盡己所能地在這次講述中，為大家做了匯報。

　　理成文字以後，也許這一代的人不一定很重視，但不管怎麼樣，菩提學會的人在學。雖然有些不太情願，只是為了考試、法本或種種待遇在學，我從「修學表」上也看得出來。但有些確實對《前行》有信心，是發自內心地在學，就像以前學《入行論》一樣。對他們，我也很歡喜。

　　另外在這裡，我也要特別感謝相關的發心人員：學院裡面的人，像攝像、錄音、做光盤、整理講記；外面的人，印法本、管理、跟大家結緣……有很多工作人員。因為大家的共同努力，才讓漢地相當一部分的人，對加行的次第有所明白了。在此，我以個人的名義，向諸位發心人員表示特別的感謝！

　　明天再講一天的話，我這方面算是善始善終了。今晚應該不會死吧？但死了也沒辦法。後面還有些工程，大約要四五個月以後才出來，就看大家的發心情況了。發心人員也不容易，許多人遇到了種種困難，流下了眼

大圓滿前行廣釋

淚，出了汗水……種種感受都嘗過了。不過，這些都是有意義的，為了眾生、為了解脫，是要付出一些的。

用《前行》的殊勝竅訣對治自心

剛才講到，《前行》的言詞易懂，但在這些易懂的言詞中，卻充滿了修行的竅訣。

尤其是，許多有針對性、直言不諱揭露過失的上師教言，華智仁波切說，凡是他能記住的，都在相應的場合裡，以旁述的方式羅列出來了。

當然，這種羅列，也不是處處「如來芽尊者說什麼、說什麼……」，這個我非常理解。因為我也經常講到上師如意寶的殊勝教言，但講的時候，不可能每次都「這裡上師說、那裡上師又說……」，總是這樣的話，雖然會讓大家生信心，但太多的重複，也許有人就生厭煩心了。

不管怎麼樣，對於這些言教，我們絕不能作為看他人過失的窗口，「這個人怎麼怎麼、那個人如何如何」，而要作為向內反觀、觀察自己過失的明鏡。並詳察細審自己到底是否有這些過失，如果有，就一定要正確認清、徹底斷除過患，使心自然趨入真實正道，自己來改變自己的相續。

學《前行》就是應該這樣，要針對自己，否則也就沒有意義了。重視《前行》的人，我相信他的修行一定

不錯；不重視的人，聽完了把法本一扔，這種人的修行，若不是佛菩薩化現的話，就很難講了。

這次《前行》的講記應該有八本，要全部看，可能誰都沒有這個精力。前兩天個別發心人員算了一下，六年以來，單單是我的講記就有三十多本了。這些講記，個別道友全都看了，但有些人可能一本都沒看。講記看不看也無所謂，但《大圓滿前行》這本書不過四五百頁，我希望你們一年能看一次，一年不行的話，兩年看一遍也可以，或者三年也行。

下面是阿底峽尊者的殊勝教誡，這些教誡特別好！尊者親口說過：「殊勝上師為揭露罪惡，殊勝竅訣為擊中要害，殊勝助伴為正知正念，殊勝勸勉為怨魔病苦，殊勝方便為無有改造。」

最好的上師，他在講課時能揭露你的過失和罪惡，天天說好話有什麼用？要揭露罪惡。

最好的竅訣，就是擊中你的要害。如果你每次聽課，都感覺上師不是說別人，就是在說自己、批評自己，「怎麼又說我」、「怎麼天天批評我」，有這種感覺，說明你每天都得到了很多竅訣。其實作為修行人，只有接受這種點擊要害的竅訣，才能認識自己的過失。

殊勝的伴侶是正知正念，正知讓你時時觀察自己的三門，正念讓你不忘失善法，這才是修行人最好的朋友。

大圓滿前行廣釋

最好的勸勉，其實是修行中出現的違緣。當怨魔來危害你、敵人來危害你、病苦來危害你的時候，你就會立即提起正念，認真地修行。這一點我深有感觸，比如，當我生病時，馬上會想起死亡無常的道理，但病一好就沒什麼感覺了；一出現違緣，就想起三寶了，趕緊祈禱，但違緣一過又放鬆了。因此，違緣、怨魔、病苦，這些才是最好的鞭策。

最殊勝的方便，是無有改造。在所有修法竅訣中，直指本性，令心無有改造、自然安住，是最為殊勝的。無上大圓滿中，有時是用水晶作表示，讓人認識無改的心性。

前段時間，澳洲菩提學會的人給我送來一個水晶，是八面的。以前這種水晶很難得，法王如意寶在新加坡、馬來西亞、美國等很多水晶店裡都找過，那時候不多，但現在多了。我把那個水晶擺在桌上，今天來了個領導，他看到了，他說：「這個水晶放在這裡是什麼意思？」

我說：「這表示無改自性。」

「什麼是無改自性？」

「大圓滿最高的灌頂，就是通過水晶來認識心的本性。」

「怎麼認識本性？」

我沒法再講了，只好說：「水晶能治心臟病，我的

心臟不太好，所以喜歡水晶。」

他這次好像聽懂了：「哦，原來『無改』是這個意思啊！」

《前行》中有很多這樣的教言，而華智仁波切將這些歸納起來說：竅訣擊中罪過要害、正法融入於自心、恆常提起正知正念而將一切錯亂歸於自身、包括生起一個惡分別在內的念頭也絕不能放任自流，而要以正法來調伏自相續，這是殊勝的要訣。

仁欽桑波閉關修行時有三道門，外面一道門上寫的是：「在此門內若生一剎那的貪戀世間之心，則護法神劈碎我頭。」中門、內門則是分別對「自利心」、「凡庸分別心」作的立誓，這種制止惡念的誓言，體現了一個真正修行人的修行決心。

對我們而言，前段時間我也講了，可能我們的上半生都造了很多罪業，希望在下半生有些改變。即使不能變成一個十全十美的修行人，也不能再做惡人了，應當在自己的晚年信仰三寶，為來世做個準備。就算煩惱深重還要發點脾氣、造點惡業，但是盡量地懺悔，盡量地行善，這樣的話，得個人身也是有意義的。

如果能掌握上面的殊勝竅訣，用正知正念來護持自己並真實地修行，那麼自己對自己實在有很大的恩德，對眾生也有恩德，這樣以正法利益自心，依止上師也可獲得實義。

大圓滿前行廣釋

如阿底峽尊者說：「殊勝饒益乃令入正法，殊勝受益是心入正法。」

在一切饒益中，最好的饒益是什麼？就是令他入正法。有些人認為，給我錢的人對我最好；有些人認為，對我有感情的人對我最好；有些人則認為，令我擁有地位、名聲的人是我的恩人……諸如此類，每個人的價值觀都不相同。但實際上，在你的生命中，如果有人讓你趨入正法，讓你皈依，讓你學習大乘佛法，這才是最大、最長遠的饒益。為什麼我們說要感恩上師、感恩善道友，說他們的恩德遠遠超過了親生父母？就是因為正法極為難得，而在這麼短暫的人生中，他們令我們進入了正法。

大家常說「受益匪淺」，有些人看了小說、電影、電視，相續中生了煩惱，還認為受益匪淺。何「益」之有呢？其實，真正的受益，是我們的心融入了正法。比如，當你聽了《大圓滿前行》，這些道理自己明白了，明白以後，便如理如法地修持，這是真正的受益。

華智仁波切引用的教言，可謂一針見血，對過失擊中要害，對正道也指示得清清楚楚，因此，希望大家都能掌握好這些竅訣，對治自心、圓滿修行。

珍惜暇滿人身精進斷惡行善

總之，如今我們已經獲得了暇滿人身，有幸遇到了

具相上師，得受了甚深竅訣，現在就具有實修九乘次第法門成就佛果的機會，可以說，未來生生世世的永久大業，成功在此時，不成功也在此時。

因此，大家一定要珍惜眼下的機緣。這並不是開玩笑，也不是在某些儀式上表表態，而是讓我們真真正正地了解：遇著佛法不容易，修習佛法的確具有大義。

常有人講：「現在是我事業最關鍵的時候，這幾天我要搞個項目，非常關鍵，我的一生就靠它了……」同樣，在我們漫長的生命旅途中，這一生是最關鍵的，生生世世也就靠它了。如果你這一生如理如法地修行，就為生生世世創造了殊勝緣起，這一世一過，未來就不同了；而要是錯過了這一世，再過多少生世才能遇到佛法？很難講。解脫就更不用說了！

這一點，相信因果、相信佛理的人，會明白的。如果將生生世世比作一生，孩提時代，六七歲到十幾歲應該是讀書學習的關鍵時間，但如果這個時候不學，那以後和知識、學問就無緣了，一輩子就荒廢了。而如果你把這個時候利用好了，一生都會受益於此。

所以，修行人為什麼重視這個難得的人身？其中有甚深的意義。這個意義，世間人是絕對不會懂的。不懂，所以他無所顧忌，但我們懂了，懂了就應該把握好。要知道，內心向善在此時，內心向惡也在此時，機不可失，失不再來，所以一定要抓住這個多少劫都難遇

大圓滿前行廣釋

的機緣。

我看有些人做得很好，他知道自己遇著佛法太晚了，實在不願意浪費時間，一心想在修行中度過晚年。其實這是很明智的。幾年、十幾年，最多幾十年的晚年，如果你真正用來修行、調整自心，一定也會有很大的收穫；甚至，稍微有點能力的話，還可以度化眾生，這樣的人生，多有意義、多有價值！

否則，一輩子就是轎車、房子，成功、不成功……這些從長遠來看，算什麼成就呢？不算什麼的。

要知道，如今就是計劃永善永惡的界限，相當於一百生世中的一次食物。一百生世中只有這麼一次食物，這種難得程度，不是每個人都能了解的。我們每天有課聽，每天有修行的機會，所以很多人提不起正知正念，覺得「聞法修行並不稀有啊」，其實不能這麼想。

《未曾有因緣經》中有這樣一個故事：

羅雲[109]出家以後喜歡玩耍，不喜歡聽法，

後來佛陀教誡他：「佛陀出世很難值遇，佛法難得聽聞，人的生命也難保長久，而要得道就更難。如今你已經得到人身，又值遇佛陀住世，為什麼要懈怠、不聽法呢？」

羅雲說：「佛法精妙，而我的心太粗淺，怎麼能聽懂世尊您的法呢？前面聽法時聽過就忘了，白費精神，

第一百四十三節課

[109]羅雲：即羅侯羅，佛陀出家前之子。

沒有任何的收穫。所以我想，趁現在年少時盡情地玩一玩，年齡大一點的時候，自然會堪能聽受了。」

佛說：「萬物都是無常的，人身也難保長久，你能保證自己長成大人嗎？」

「您說得對，世尊！羅雲不能。但佛陀您難道不能保住兒子的性命嗎？」

「無常是萬法的規律，我連自己都保證不了，怎麼保證你呢？」

「但我聽法也是白聽了，不能得道，聞法有何益處呢？」

佛陀告訴他說：「聽法的功德，即使今生不能得道，但在來世於輪迴五道中受生時，必定會有很多饒益。就像我以前講的，般若智慧也叫甘露，也叫良藥，也叫橋梁，也叫大船，難道你沒有聽過嗎？」

聽了佛陀的教誡，羅雲從此努力修行了。

大圓滿前行廣釋

從這個公案中，一方面我們可以了解，對學法者來講，應該有一定的紀律約束。出家人好得多，現了出家的形象，說明他至少願意接受佛法。但在家人的話，外緣也多、煩惱也多，這樣使得他的心態很不穩，修行上常常懈怠，所以，很需要一些紀律上的管束。

而另一方面，不論在家出家，自我教誡是最重要的。用什麼來教誡呢？就是暇滿難得、壽命無常，「人身太難得了，我不能用它造惡，一定要行善」、「我應

該現在就修，不然過兩天死了怎麼辦？誰都會突然死的，年輕人、老年人都會，我憑什麼不會呢？」……

因此，我們要夜以繼日精勤修法，恆時以死亡激勵自己，斷除追求現世利益之心，不惜生命精進修持，努力斷惡行善。

當一個人真正開始這樣修持時，再累、再苦、再怎麼遇著違緣，也都是能堅持下去的。想想前輩的大德，他們就為了四句偈子，是如何不辭千辛萬苦而努力的？因此，現在我們通過網絡、光盤把佛法都送到你的面前了，為什麼不好好聽受呢？散亂是沒完沒了的，但這些都是解脫的違緣。

依止上師獲得堅地度化眾生

因此，我們應當依止具足一切法相的上師，之後依教奉行，全心全意皈依三寶。

在修皈依時要認識到：自己擁有快樂，是三寶的大悲所致；而自己遭受痛苦，則是往昔所造惡業所感。

認識到這一點，苦樂也就轉為道用了。如無著菩薩在《快樂之歌》中說：如果患了病應當快樂，因為這樣可以滅盡往昔所積累的惡業；如果無病也應當快樂，因為身心舒適可以增上善行。因此，真正的修行人，他知道苦樂都是三寶的加持，而且始終都有這種心態。

依止上師、皈依三寶以後，應當在修持心地善良、

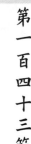

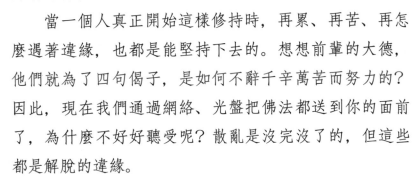

第一百四十三節課

菩提心的基礎上，精勤地積資淨障。而在所有的這些修持中，上師瑜伽應該作為自己修行的核心和重點。比如，早上起來，你要修人身難得、壽命無常，之前先修一個上師瑜伽；修菩提心，之前也要修上師瑜伽，乃至像前面所說的那樣，行住坐臥中都不離上師瑜伽。這樣一來，最終便以恭敬誠信、誓言清淨，而使自心與傳承上師的智慧成為無二無別。

這裡講到了誓言清淨，其實這是非常重要的。但有些人誓言受損，往往跟旁邊的人說三道四有關。因此，作為修行人，不要天天看別人的過失、說別人的過失。現在有一種迷亂現象很可怕，有些人學著學著，就對道友、對上師、對三寶生起種種邪念，這些邪念，就是旁邊有些人的言行不清淨所導致的。他一旦生起邪念以後，又克制不了，這樣便把自相續的真實善根毀壞了，相當可怕！

因此，從對自他負責的角度，就像華智仁波切剛才所講的，不要往外看，要多反觀自己。有些事是管理人員的事，其他人沒必要參與。否則，有些人愛講道友的過失，愛講他人的過失，但你這樣一講，自己就成了是非、罪業的來源。本來是無中生有，但一傳十、十傳百，最後都變得沒法收拾了。

真正的修行人是不愛講人過失的，也不願意交往那些是是非非的人，因為這種人什麼事都編造得出來。所

以，是修行人就好好地修行，修上師瑜伽，讓自己的心與傳承上師的智慧無二無別；修加行，不是為了暫時求大圓滿法才修，而是修一輩子，只要永遠不離開這些甚深的法，修行就必定會有進步。

而且，修這些法，一定會得到傳承上師的殊勝加持，還有本尊、護法神等的無形護佑，這樣一來，修行順利不說，甚至即生就能獲得像普賢如來一樣永不退轉的堅地果位。當一個人獲得真實的道相感應或某種成就時，便不會貪著自我的快樂，而一定會肩負起度化眾生的重擔，救度一切老母有情擺脫輪迴圇圇。

把這一節課作為《大圓滿前行》的廣告

《前行》結文的這一段文字，是本論的一個略義或總說，對此我也講了一節課。如果把這個放在開頭，也就成了一個廣告。

現在人喜歡簡單，如果你想以最簡單的語言了解《大圓滿前行》的所有內容，那就看這一段文字，想聽的話，那就聽這一節課。這一節課你聽了以後，有信心的話，那就再學再聽《大圓滿前行》的所有內容。

總共我們講了一百四十多堂課吧。這一百四十多堂課，如果能包括的話，就包括在今天的這幾十分鐘裡了。像華智仁波切所說的：「這以上的文字，歸納總結了所有教言的要點。」

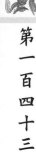

第一百四十四節課

今天講《大圓滿前行》的最後一堂課，是結文中的頌詞內容。

這個不廣說，不然，每天講三四個頌詞，那要講好幾天了。所以簡單從字面上過一下。

如是三傳竅訣甘露河，傳承上師口津精華液，
九乘次第修行精義要，無有錯謬悉皆攝於此。

如來密意傳、持明表示傳、補特伽羅耳傳這三大傳承教言與竅訣的甘露江河，從無垢光尊者、智悲光尊者開始，寧提派本傳上師口耳相傳的竅訣精華液，乃至九乘次第——從聲聞乘直至無上大圓滿之間，所有修行的精義要點，全都無有錯謬地攝集於這部《大圓滿前行引導文》裡了。

華智仁波切說得很直接，在這部《前行》中，無論顯宗、密宗，一切修法的精要都有；而且，無論從傳承上、竅訣上、次第上，都無與倫比，這樣的一部論典，絕對值得我們修學。我平時常常勸大家看《前行》、修《前行》，也就是這個道理。

以比喻說明此《前行》為善說

下面以幾種不同的比喻，說明《大圓滿前行》是一

部殊勝論典、美妙善說。

　　盡棄戲論言詞之糟粕，調合極深實修要訣味，

　　烹調親證口訣之精華，此善說如豐美之食物。

　　《大圓滿前行》如豐美的食物。

　　就像做飯時要先清洗掉糠秕等糟粕一樣，本論在撰著時，完全捨棄了空洞乏味的戲論言詞；就像飯菜要調味一樣，本論調合了極為甚深的實修要訣——從人身難得到往生法的一切美味；就像一道菜裡要有精華一樣，本論烹調了傳承上師們親自證悟的口訣，並以此為精要。所以，《大圓滿前行》這部善說，如同世間無可比擬的美味佳餚一般，誰去享用，都會滋益身心的。

　　現在世間很缺乏佛法的真理，精神飢餓的人找不到食物，很窮苦。他們渴望真理，也強烈希求真實的修行，但可惜的是，長久以來，他們連基本的修行次第都不懂。對於這種人，我想《大圓滿前行》就是你最好的食物，而且是美味，我希望你不要客氣，立即享用它。享用以後，一定會遣除你心靈的飢餓和貧困。

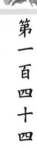

　　三毒劣性粗獷荒野上，除過竅訣金剛犁開墾，

　　善巧灌溉真實妙法水，此善說如靈巧之農夫。

　　《大圓滿前行》如靈巧的農夫。

　　我們的心野蠻粗暴，充滿貪嗔癡三毒，就像一塊低劣的荒野從未被開墾過，而《大圓滿前行》裡有很多竅

414

訣，這些竅訣就像鋒利的金剛犁一樣，用它來開墾你心靈的荒野，能迅速除去無量的過患；心被開墾了之後，再用《前行》裡的真實妙法水善巧灌溉，便可以生長善法的莊稼了，所以，這部善說就如靈巧的農夫。

靈巧的農夫是善巧種田的，再荒蕪的田地，經過他的開墾、灌溉，都會成為良田。而《大圓滿前行》就是這樣一位農夫，再荒涼、剛強的心田都不怕，因為這裡的犁不是普通的犁，而是竅訣的金剛犁；這裡的水也不是普通的水，不是名相上的佛法，而是真實的妙法水。用金剛犁開墾，用妙法水灌溉，那不管你是如何貧瘠的荒田，都一定能成為沃土的。

華智仁波切很擅長詩詞，他把《大圓滿前行》比作美味，讓大家品嘗，盡情地食用。又比作靈巧的農夫，讓我們開墾、灌溉自己荒蕪的心田，以備將來播撒善法的種子。這些比喻很貼切，很多人聽《前行》時，的確有一種從未有過的歡喜；而且聽完以後，以前再粗暴頑劣的人，相續頓時調柔了，因果取捨也非常謹慎，自己看看自己，也感覺是荒野成了良田。

可見，本論的確有強大的威力和加持。

出離心之肥沃良田中，巧妙播下菩提心種子，
以積淨法生長功德果，此善說如豐年之莊稼。
《大圓滿前行》如豐年的莊稼。

當心的荒野被開墾、灌溉之後，以四種共同加行成就了出離心的良田，在這片肥沃的良田上，巧妙地播下大乘菩提心的種子。種子有了，那如何讓它生長呢？通過供曼茶羅積累資糧，念修金剛薩埵淨除罪障，菩提心種子便可以發芽，並漸漸生長出種種功德妙果。所以，這部善說就如豐年的莊稼，五穀豐登、非常圓滿。

這麼圓滿的《大圓滿前行》，不管是誰，全部學完以後，我相信一方面他的相續會很成熟，了解了佛法的真諦；另一方面，在實地修持的過程中，也會真實生起出離心、菩提心，並通過積資淨障讓一切善法種子開花結果。

揭穿自罪且將其根除，以善巧語百般宣功德，
恆時精勤唯行饒益事，此善說如慈愛之乳母。
《大圓滿前行》如慈愛的乳母。

乳母因為慈愛孩子，所以會嚴厲地斷除孩子的惡行，告訴他這個能做、那個不能做，為他講解做人的道理，讓他學習，並且處處呵護他成長。同樣，這部《前行》就像乳母一般，揭露我們相續中的罪業和過失，將其一一鏟除；以善巧的語言，百般宣說種種善法的功德及佛理；同時對我們相續的成長唯一作饒益，所以，這部善說就如乳母一樣。

乳母這個比喻很好。現在你們是學《前行》，以後

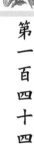

第一百四十四節課

也會講《前行》，講的時候，哪怕是一堂課，書中如慈母一般的教誨就會自然流入聽者的心裡，哪些事不能做、哪些事應該做，善法有什麼樣的功德……語言很簡單，但會讓每一個人都感受到真實的饒益。

因此，在藏傳佛教中，剛入門的人也好，老修行人也好，都要學《大圓滿前行》。《前行》的教言不像小學課程，學完以後，中學、大學就不需要學了，不是這樣的。你剛入門的那一天需要學，你離開世間的那一天也需要它，為什麼呢？因為這是一切佛法的修要。

當時我從學校「逃」出來的時候，首先學的就是《大圓滿前行》。昨天有個道友說他從學校出來時，父母、老師、同學都勸他，心情很矛盾，其實那時候的我也有同感。不過學了《前行》之後，就踏實了。從那時到現在已經二十多個春秋了，但我一直覺得，自己也好，他人也好，只要你想好好修行，這部法是不能離開的。我是有這種強烈的執著。

不管是誰，不重視《前行》的話，我也只能盡量「觀清淨心」了。（眾笑）

大圓滿前行廣釋

非僅詞佳意義亦深奧，無等上師口氣尚未消，
此善說如心中如意寶，諸獲得者定入真實道。
《大圓滿前行》如心中的如意寶。
《前行》的詞句極佳。所謂詞佳，不是說辭藻華

麗，而是說語句流暢、言詞懇切，誰都看得懂，智者也愛看，愚者也愛看。不僅詞句美，更重要的是意義非常深奧，而且，在這部論典的字字句句中，他的無等上師如來芽尊者的竅訣口氣尚未消失。所以，此善說不像外在的財富，或有利、或有弊，它是真正的內心的如意寶，任何人得到了它，聽聞、學習、修行它，不離開這個法本，那此人必定直接或間接地入於真實的解脫正道。

入於解脫道的人，他的煩惱遲早會滅除的，這種力量，就是來自於上師的竅訣。華智仁波切以他的智慧，將上師的竅訣記錄成文字以後，利益了無數的修行人，這就是我們常說的「上師的加持不可思議」。

的確，有些上師的加持特別不可思議。

《前行》易懂攝要義是無嗔阿闍黎

菩薩在弘法利生時有不共的特點，什麼特點呢？

專行利他修持聖教典，並非依於聲律詩韻詞，
而以俗語方言示正道，此乃一切菩薩之特點。

菩薩唯一行持利他，他修持聖教典籍中的甚深佛理，他在弘揚佛法時，並不依靠世間的聲律、詩學、辭藻、音韻以及艱澀難懂的詞句，而是以淺顯易懂老少咸宜的俗語方言開示正道，這就是一切菩薩的特點。

漢地的詩詞是很美，一句一句的，句尾還有押韻，很多人喜歡。中國在唐代等時期有很多詩人，他們的詩文讀起來很舒服，但是，這些能否消除相續中的煩惱、痛苦呢？很難說。

就像世間的老師，有的老師一開班會就說很多成語、詩詞，學生們聽著是很舒服，也覺得老師的口才好。但是講完以後，好像也記不住什麼，只是好聽而已。但有的老師不是很會說，用的語言也很淺顯，不過他直接告訴學生應該做什麼，不應該做什麼，早上要做什麼，晚上要做什麼，現在的關鍵問題是什麼……一週要做的事情都交代清楚了。語言很簡單，口才好像還不如學生，但是學生們喜歡，為什麼呢？因為他講完以後，大家都知道以後該怎麼做。

同樣，華智仁波切撰著《前行》時，用詞也很簡單，藏文上誰都看得懂。以前郭元興居士譯過《前行》，不過有點難懂，據說法尊法師也譯過，但我一直沒有見到。所以，後來我發心翻譯時，除了一些教證⑩以外，也想盡量地讓文句通俗易懂。但現在看來，還是藏文上更好懂，因為這是菩薩的特點，一般人是比不上的。

不管怎麼樣，《前行》譯出來以後，還是讓很多人得到了利益。中午我遇到幾個佛教徒，他們問：「在所

大圓滿前行廣釋

⑩教證通常要保持它自身的格式。

419

有的佛法中，我們應該看什麼？」我說：「就看《大圓滿前行》吧。」其實平常也是這樣，一有人問看什麼，我就推薦《大圓滿前行》，因為它的語言的確很淺顯。

因此，法師們講經說法或為人開導時，用直接的語言好一點，如果你懂當地的方言俗語，那用這種語言來說明佛理，是最適合的。如《時輪金剛》也說：「若以方言便能了知真理，其他的語言有何用？」

所以，法師也好，輔導員也好，以後你們在講課的過程中，不一定非要注重口才。太注重表達的話，可能有些甚深的竅訣，就挖不出來了。而用淺顯、平常的語言來闡述，可能會更好懂。

論典詞句雖繁極廣泛，卻難趨入愚者心室中，
深義見修雖用高調語，行濁慧淺之人難修持。

一部論典，如果它的詞句太繁瑣，內容太豐富廣泛，就很難趨入愚者的內心。尤其在末法時代，一般人都喜歡淺顯易懂的論典，詞句越簡單越好。大經大論，廣大的教義，就很難接受了，甚至有人對我講：「您以後不要講大論了，好不好？給我們講點簡單的，像《修心八頌》、《佛子行》……」

還有，如果對於意義甚深的見、修、行、果，像無上大圓滿、大手印、大威德，雖然以高深的語言來闡釋，但智慧淺薄、行為下劣的人，卻很難修持。

「您什麼時候傳大圓滿？傳大圓滿要叫我啊！」

「我正在傳。」

「啊，您正在傳？」

「是啊，《大圓滿前行》。」

「噢，那我不來了。」（眾笑）

其實，像大中觀、大圓滿這些高深的法，雖然大家喜歡聽，但聽完以後，很多人卻不修，有些也修不了。而《前行》的話，大都講得很實際，能解決你的切實問題，修行甚至生活中都用得上，因此，每個人多多少少都修得到。

有人說：「你們喇榮五明佛學院天天講《前行》，不講高法，太理論化了。」

但是我想，這樣先從基礎開始，有了一定的基礎以後，再講一些高深的法要，那時候你就能接受，而且能真實受益。否則，就像無垢光尊者在某些教言中講道：一上來直接學習大圓滿本來清淨等深奧之法，一般人不但不能接受，反而會生邪見。

因此，希望大家先打好基礎。基礎不好，直接進入最高的法，不但不能證悟，反而會出現各種違緣，有這種情況。

是故此論易懂攝要義，如淺慧者心室具金寶，
劣慧者意暗處有明燈，妙義自現無嗔阿闍黎。

所以，華智仁波切撰著《大圓滿前行》時，不僅詞句淺顯易懂，而且攝集了所有的修法要訣。而這樣的論典，即使是智慧淺薄的人讀了，也像是在他的內心中具足了珍貴的金銀珠寶一樣；即使是智慧下劣的人讀了，也像是在他陰暗的意識深處燃起了明燈一樣。因此，對任何人來講，這部論典都是遣除內心無明、妙義自然顯現的無嗔阿闍黎。

有人說：「以前我什麼都不懂，還覺得學佛很可笑，但學了《大圓滿前行》以後，『善有善報、惡有惡報』是明白了。」

為什麼這麼快就明白了呢？就是因為這部論典有許多殊勝竅訣，通過這些竅訣，佛法中的深妙意義自然而然顯現在你的心裡。你看，你一翻開《前行》，不管是哪一章，業因果也好，依止善知識也好，往生法也好，所有的意義，就像有一位阿闍黎在為你講解一樣，很容易就明白了。

你到哪裡找這麼好的「阿闍黎」呢？如果你想找個當下能讓你生信心的，那除非是獨覺，他一下子躍入空中結金剛跏趺坐，身上燃火、降下甘露，你就產生信心了。但現在到哪裡找這樣的人呢？如果是其他上師，可能在你的眼裡，怎麼看也是個凡夫，「你看他說的是什麼什麼，看東西怎麼怎麼，吃東西也是什麼什麼……所以這個上師肯定是凡夫」，反而生了一大堆邪見。

這樣的話，你不如看《大圓滿前行》。看的時候，佛法的真實意義自然呈現在你面前，任你怎麼看、怎麼讀，它都不會對你生嗔恨心，所以說它是「無嗔阿闍黎」，也就是沒有嗔恨的上師。因此，如果你隨身帶著《前行》，其實就和依止善知識沒有兩樣了。否則，有些上師太忙，而有些上師也不一定能滿足你的意願。

那天有個道友對我說：「我看見你就已經失去信心了。」

「為什麼？」

「我每次想問個問題的時候，你就忙忙碌碌地走了，我以後再也不來了！」（眾笑）

所以，不管是誰，如果你有些佛法上的問題想問，找哪一位上師、哪一位道友，也許都會有一定的困難。尤其是像我這樣性格不好、脾氣不好、身體不好、心情不好的人，問什麼樣的問題，都不一定能滿足你，因為我自己有很多的過失。但是《大圓滿前行》是完美的，它是無嗔的上師，而我是有嗔的上師。

當然，我也不是真正的上師，有時候看起來，連弟子的法相都不具足。這不是謙虛，我心裡的確特別慚愧，只不過已經坐到法座上，也就不得不裝模作樣了。但我非常希望，道友們都能把《大圓滿前行》當作自己的根本上師，經常翻閱，這樣它隨時都會給你一些指點。

大圓滿前行廣釋

這就是無嗔的上師，是末法時代的修行人最值得信賴和依止的上師。

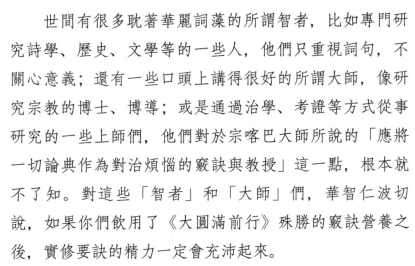

耽執推敲詞藻之智者，諸論未知教授之大師，
飲此殊勝竅訣營養後，實修要訣精力定充沛。

世間有很多耽著華麗詞藻的所謂智者，比如專門研究詩學、歷史、文學等的一些人，他們只重視詞句，不關心意義；還有一些口頭上講得很好的所謂大師，像研究宗教的博士、博導；或是通過治學、考證等方式從事研究的一些上師們，他們對於宗喀巴大師所說的「應將一切論典作為對治煩惱的竅訣與教授」這一點，根本就不了知。對這些「智者」和「大師」們，華智仁波切說，如果你們飲用了《大圓滿前行》殊勝的竅訣營養之後，實修要訣的精力一定會充沛起來。

現在有相當一部分人，實修的精力是不充沛的，甚至可以說非常憔悴。為什麼呢？每天都扎在乾巴巴的理論上，口頭上是會講，然而卻從來沒有真正地實修過。比如「色不異空、空不異色」、「萬法皆空」、「為利益一切眾生發無上菩提心」……這些道理，在很多學者或智者的眼裡，似乎再簡單不過了，也沒什麼可學的。但實際上，只是表面上了解還遠遠不夠，缺少實修的話，是很難生起正見和正信的。

因此，那些對佛教有相當研究的人，我希望你們好

第一百四十四節課

好看《大圓滿前行》，看了以後，相信你就不會單單把佛法掛在口頭上、放在書本上了。否則，能寫篇博士論文，能懂一點歷史，就覺得自己高高在上，別人面前也是不一樣的神態，這有什麼意義呢？看看內心熾盛的煩惱，就知道自己學得怎麼樣了。

不過，對於這些人，華智仁波切一會兒批評，一會兒又鼓勵。現在鼓勵他們說：你們一定要學習《前行》的竅訣，並如理如法地實修，這樣精力就會充沛的。

觀空如暗投石大修者，裝模作樣修善之行人，
自不量力冒充成就者，若見此道則如釘刺心。

有三種人見了此論所述的正道，會像釘子刺入心臟一樣痛苦。

首先，有些人天天閉眼盤腿坐著，說是觀空性、什麼都不執著，看上去也好像是一個大修行者。但實際上，他的修行就像在黑暗中拋石頭一樣，「咚」，不知道落到哪兒了，可以說，出離心、菩提心、無二慧等功德毫無增上，沒有什麼境界，只是盲修瞎煉而已。

其次，有一種人是裝模作樣地修善。在別人面前很會做這樣的佛事、那樣的佛事，跑來跑去；而且天天講「我今天念了多少經，看了多少書，如何如何」，但是他從來不觀察自己的內心，只是耽著在數字和形象上。

最後，還有一種是冒充成就者的人。這種人自不量

大圓滿前行廣釋

力，自己有多少功德根本不知道，為了一點利益，對佛法、對自己都不負責任。

以上的這些人，如果他們有機會看《前行》，從人身難得、業因果一直到發菩提心等所有竅訣、公案全部看完，那他肯定會非常痛苦，就像心裡刺入了釘子一樣，「這裡我犯錯了，那裡我也犯錯了⋯⋯」個別道友不敢聽、不敢學《前行》的原因就是這樣，因為他學了以後，感覺天天在挨罵，心裡很不舒服。不過，如果能從此改正了，修行也就上去了。

而有些人的問題不是這個，他是深入不了。有個人說：「我看過您的《大圓滿前行》，裡面有一部分是講故事，有一部分是說道理，也算是不錯吧，還行！」──評價不算很高，「還行」！

不過真正要修行的話，還是要深入地學，要懂得對治自己的心。

依師教言撰著《前行》，所言無錯謬

那華智仁波切是如何撰著這部《大圓滿前行》的呢？

吾雖多聞繁冗詞藻論，善巧繪畫詩韻彩虹圖，
然非大恩上師之言教，故此未雜自造之詞類。

華智仁波切說：我本人學習過許多繁冗的有關詞藻

第一百四十四節課

方面的論典，也善巧繪畫、詩韻以及彩虹圖等技藝，然而這些都不是大恩上師的言教，所以在寫作《前行》時，我沒有摻雜自己造作的詞類。

從華智仁波切的傳記中可以看出，尊者不僅是大成就者、大修行人，而且是學識淵博的學者、智者，是那個時代非常傑出的人物。尊者善巧繪畫，尤其擅長詩歌，從他的《蓮苑歌舞》就看得出來，他在詩詞，也包括印度的詩詞方面，是很有造詣的。假如《大圓滿前行》全都用詩歌的方式撰寫，從尊者本人來講是沒有問題的。但這裡尊者講了，這並不是以如來芽尊者為主大恩上師們的言教，所以，他沒有摻雜這種分別念的詞句，而是原原本本地記錄了上師的言教。

所謂原原本本，也不是上師打個呵欠、咳嗽兩下也寫進去。像現在有些上師的弟子，他在整理上師的法本時，一點都不敢動，上師打個呵欠，就寫上「哈」，上師咳嗽了，就寫上「喀、喀」，很怕加上自己的分別念。其實也不是這樣。

上師們在演講的過程中，不一定每一句話、每一個用詞都很圓滿，形成文字時需要有些恰當的處理。因為演講和造論畢竟是有距離的，如藏地有些格言中就說：「造論時要極為嚴謹，而傳法時則應視情境而定。」因此，要一個演講者在當場發揮的時候，遣詞達意完全準確，遠離因明三相推理中的所有過患，是不可能的。

　　那麼，會整理的人，他既能不違背上師的本意，又能在遣詞造句、甚至潤色上做得相當到位。所以，對那些做文字的道友，我希望你們以後在對各位上師發心的過程中，盡量不要偏墮。如果只是描繪自己心裡詩詞的彩虹圖，上師講的是這個，你潤色成了另一個，根本找不到上師的感覺，這樣不對；如果你根本沒有明白上師所講的意思，誤解了、寫錯了，這樣也不對；但是，如果太拘泥的話，上師說什麼，就一句一句原原本本地寫上去，這樣到了文字上以後，也不見得是上師的真實意思。因為上師在演講的時候，有時候意思說清楚了，也不一定特別注意詞句。

　　總之，現在有很多上師，尤其是藏傳佛教的上師，他們都有一些得力弟子，由這些弟子為上師做書、做光盤乃至做很多方面的資料，通過這些，就把上師善知識的教言留下來了。其實這是很有必要的。

　　而且，這樣的上師有一個不夠，兩個不夠，一百個也不夠。為什麼呢？因為所化眾生很多，而且每個上師的所化都不同。當這些上師們，尤其是有悲心、有智慧，真正有傳承上師加持的上師們，他的教言留到文字上以後，一定會對將來的眾生有利。你看華智仁波切，他把上師的教言理成文字之後，一百多年後的今天，我們還在受益。因此，如果現在也把很多上師們的教言做成文字、光盤，那麼到了未來，不同層次的眾生也必將受益。

當然，發心過程中也不容易。道友與道友之間的配合，思想理念上的碰撞等等，一做起事來就會出些問題。比如，如果是我整理的，你要修改的話，那我可能很痛苦，尤其知識分子，這種痛苦是無法對治的。有些道友甚至說：「如果還要某某再看一遍的話，我再也不會發心了！把我的稿子弄得面目全非……」很傷心、很痛苦，這個我是理解的。

但不管怎麼樣，如今的佛法也算興盛，很多上師弘法利生的緣起比較好，所以道友們還是應該認真發心。當然，發心的時候要注意，不墮兩邊是最好的。

　　無等上師真佛出於世，雪域世間增上善妙矣，
　　圓寂之時逝去尚未久，健在金剛道友可作證。

尊者接著說：我說如實記錄了上師的言教，這不是妄語。因為我的無等上師如來芽尊者是真佛出現於世，他為整個藏地雪域帶來無比的歡樂和利益，增上了善妙，而圓寂的時間還不太久，那麼，《前行》是否為上師的教言？是否摻雜了我自己的分別念？健在的很多金剛道友都可以作證。

從這裡看，可能上師圓寂不久，華智仁波切就造了這部論典。因此，在上師住世或圓寂不久時，能將他的教言理成文字、做成光盤，是很重要的。

上師如意寶的教言，我剛來學院時天天都拼命記，

429

但是到了後來，覺得「天天都有，沒事吧，以後再寫吧」，之後就再也沒記了。這樣一晃十幾年就過了。但學院裡有一個非常普通的僧人叫才讓滾波，他把上師每天講的全部記錄了下來，上師圓寂以後，就理成了文字。後來丹增活佛作了校對，幾年前印了出來，是藏文的，大概有兩百頁左右。

這一下，法王的所有弟子都特別地感恩他，特別歡喜。為什麼呢？因為當時即使是上師的一個普通的語言，他也都記了下來。看了這些文字以後，自然就想起了上師的音容笑貌，以及各個方面的一些事情。同時，還有很多大家根本不知道的教言，也都形成了文字，特別珍貴！

而我看了以後，感覺自己最遺憾的，就是沒能把法王的所作所為記錄下來。也包括法王在國外弘法時的一些情形，很精彩、很感人，但那時候總覺得以後會想得起來，所以最多寫幾個字就過了，沒有正式記錄下來。而到了後來，甚至連當時的筆記本也找不到了；憑著記憶記住的片段，一段時間以後，也都忘得一乾二淨了。

可見，依止上師時，將上師的教言理成文字是非常重要的。

是故結集真實聖教言，於此精進之因依師恩，
我以敬信善意造此論，道友天眾理應作隨喜。

 第一百四十四節課

因此，華智仁波切結集了上師真實的聖者言教，而在這上面精進的原因，就是為了報答上師的深厚之恩。尊者說：我以無比的恭敬心與信心，同時滿懷善心而寫作此論，對此，道友、天眾、護法神等理應作隨喜及護持。

　　其實很多發心人員也是這樣，一方面為了報答上師的恩德，另一方面，也覺得上師的教言對將來的芸芸眾生肯定有不可估量的利益，就是在這樣的善心中做事的。有些道友發心非常清淨，自始至終不和人爭什麼，也不為什麼其他目的，就是一心一意把法本整理圓滿，這樣的話，現世也好，未來的時代也好，應該能利益到很多人。

　　如果讓我自己來弄，不要說一本書，可能連一個教證、一段話，要寫好都是很困難的。其實一本書也是很大的工程，不是很容易的。所以，對於每一本書的完成，金剛道友們也都應該隨喜，天眾、護法神們也應該讚歎、護持。

　　我經常在想，前輩大德的確了不起，留下了這麼好的教言，不僅是《前行》，還有很多很多的論典。而這些在當時，像無垢光尊者、麥彭仁波切住世時，可能不一定受歡迎，但過了那個時代，幾十年、幾百年以後，人們才知道他們的智慧和悲心，才更加生起景仰。

大圖滿前行廣釋

未來出世有緣諸善士，若見此文理當心生起，

親遇師佛恭敬誠信心，自覺所言要訣無錯謬。

尊者造論以後，希望當時的金剛道友和護法神都隨喜、護持，而對未來的有緣善士——也就是我們了，我們肯定有緣，也包括來學院旅遊今天到場的人，雖然你們不一定有學的心，但你來了，也應該是這裡所說的「有緣善士」。當有緣善士見到《大圓滿前行》時，理當就好像親自遇到華智仁波切的如佛般的上師一樣，從心裡生起歡喜心、恭敬心以及誠摯的信心。而尊者他自己認為，在論中所說的要訣沒有任何錯謬。

以前，當我最初看到這個偈頌時，才真正明白如來芽尊者是什麼樣的人，華智仁波切是什麼樣的境界，他們的確是真正的佛陀，是佛以人的形象來到世間。其實，這從他們的所作所為，以及所留下的教言文字等各方面都看得出來，他們的確是特別偉大的修行人。因此，我們對作者及作者的上師們，對這部《大圓滿前行》，都應該生起不共的信心。

現在藏地有很多活佛轉世，華智仁波切有很多轉世，如來芽尊者有很多轉世，麥彭仁波切有很多轉世，無垢光尊者也有很多的轉世……世間有佛菩薩的化身，我們不否認，不要說是人，就連飛禽走獸中都有。但是，就像頗瓦法中所講的，有些「轉世者」在顯現上，與昔日的大德是無法相比的。

因此，如果你要依止，要生信心，就對《大圓滿前行》生信心，這是不會錯的。假使你在當年見到了如來芽尊者，他對你饒益的方式，也無非是為你宣講他的教言。因為他的教言是從大悲菩提心中流露的，是完全能利益你、利益眾生的，而除此以外，也不會有別的了。那到了末法時代，如果你不會區分人，就在法上作個選擇也可以。

我並不排斥任何的化身或轉世，但是用智慧觀察時，前和後，還是應該有一些相似性的。比如說六祖，他的法是經，人也是真佛，這是歷史上公認的。但如果他的轉世是個一般的和尚，甚至行為上也是顛顛倒倒，不僅沒有給佛教增光，反而染上了污點，誰願意承認這是六祖的化身呢？

所以，我希望大家對《大圓滿前行》生信心，就像你遇到了真實的如來芽尊者、智悲光尊者一樣。他們都非常了不起。在華智仁波切的傳記中說，智悲光尊者有五位化身，而華智仁波切是其中之一。還有種說法是，華智仁波切的外相是寂天菩薩的化身，內是印度大成就者夏瓦熱，密則與觀世音菩薩無二無別，所以他是三重化身⑪。

為什麼華智仁波切特別喜歡《入行論》，天天帶

---

⑪《華智仁波切略傳》云：「外即佛子寂天論師者，內即大成就者夏瓦熱，密行聖者觀世音菩薩，祈禱晉美秋吉旺布尊。」

著？因為這是他的前世造的，比較執著吧。（眾笑）

你們也可以，如果今世造了論典，後世就常常揣在懷裡。

迴向

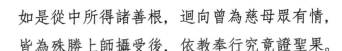

如是從中所得諸善根，迴向曾為慈母眾有情，
皆為殊勝上師攝受後，依教奉行究竟證聖果。

尊者說：現在將造論等所得的一切善根，迴向於曾經成為自己慈母的無邊一切有情，願他們在被殊勝善知識攝受以後，依教奉行，並最終證得無上聖果。

願見無等上師圓滿佛，其言甘露所育之諸眾，
一同現前無上正等覺，踏上引導眾生事業程。

尊者發願：願能現見依靠他與他無等上師的教言甘露所培育出來的所有弟子同時現前無上正等覺佛果，往生極樂世界或其他剎土，並且踏上引導無量眾生走向解脫的事業旅程。他願自己能見到這一切。

我們也應該發願：願能見到法王如意寶培育的所有四眾弟子，自在往生極樂世界，圓滿地道功德，成就佛果，利益無量無邊的眾生。願所有這些精彩的場面，我們都能一一見到。當然，我們自己也是其中的一員。

其實，這樣發願是很有必要的。

你看，極樂世界有這麼多比丘僧眾，他們都在共同修學，將來也都會走向利益眾生的旅途。世間也是一樣，在同一所學校一起讀書的同學，共同完成學業之後，便各自進入社會，開始了自己的生活。

因此，在學院共同學習的道友也應該發這樣的願，願能見到自己的同行道友一同成佛，以及利益眾生的一切景觀。

願凡享用善說甘露汁，教言歡歌吸引善緣士，

大恩上師所有諸法子，彼等悉皆長久而住世。

華智仁波切發願：願凡是享用此《前行》善說的甘露汁，被上師的教言歡歌所吸引的善緣之士，以及大恩上師的所有法子（這裡面包括一般的弟子，也包括活佛、堪布、法王等等），願他們全都長久住世、常轉法輪。

尊者當時為之發願的這些人，現在肯定都圓寂了，但發願的方式可以借鑒。比如，我們也可以發願：願法王如意寶（或你自己的根本上師）所攝受的弟子，以及在他的教言甘露滋潤下成長的所有高僧大德、弘法利生之士等，全都長久住世、常轉法輪。

願我自此生生世世中，成為師尊隨學之奴僕，

一切謹遵師言依教行，令其歡喜恆時得攝受。

尊者發願（我們也可以跟著默默發願）：願我從現在開

大圓滿前行廣釋

始乃至在生生世世中，都成為如佛陀般上師的隨學奴僕，一切時處都謹遵上師的言教，上師如何吩咐都依教奉行，令上師時時生起歡喜心，並恆時得到上師的攝受。

華智仁波切對上師有特別的、不共的信心和恭敬心，正因為這樣，所以他在結文中的所有偈頌，提到的全都是上師，而並沒有說某某佛或某某菩薩。如果一個人對上師有如此大的信心，那他的事業也一定會很廣大。

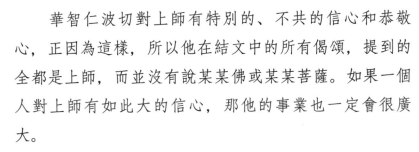

願我度盡輪迴眾生前，捨棄自身受用一切善，
甘為一切可憐老母僕，彼等受持圓滿佛妙法。

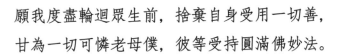

願我在度盡所有輪迴眾生之前，能捨棄自己所珍愛的身體、受用乃至一切善根，全部施於眾生，心甘情願地成為一切可憐老母有情的僕人，讓他們享受圓滿佛陀的教法和證法。

這樣的發願，我們應該也做得到。比如，當你在發心的過程中，稍微累一點、辛苦一點、有點煩惱不開心的時候，就可以這樣發願：現在我發心做事，就是為眾生做奴僕，在服務眾生時，即使我要感受各種的痛苦，要作出種種的犧牲，我也心甘情願，願我所做的一切，能讓眾生自在、無勤地享受佛法。

有這種大乘發心的人，是很了不起的。像有些道友

就說：「我稍微累一點不要緊，只要其他人能好好聞思修行，為他們創造一些條件和因緣，我願意付出一切。」

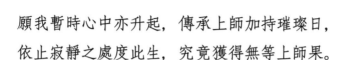

願我暫時心中亦升起，傳承上師加持璀璨日，
依止寂靜之處度此生，究竟獲得無等上師果。

願我在獲得佛果之前，心中暫時也能升起傳承上師加持的璀璨日光，依止寂靜地方度過此生，並於究竟上獲得無等上師的果位。

其實我們很需要上師的加持。有了上師的加持，修行就會很順利，不費力，也不會那麼艱難，因為你始終會感受到上師的加持。不管是夜裡還是白天，是修行還是做事，當你遇到再大的困難，身體出現再嚴重的疾病，甚至遇上世出世間最大的磨難，只要有上師的加持日光在，那種溫暖、那種無形的力量，就會讓你做什麼都有動力，克服什麼都能堅忍。所以，單憑著上師的加持，你也絕對不會離開修行或弘法的崗位。

而如果沒有上師的加持（當然這是你自己不想祈禱、不想親近），甚至背道而馳，上師說一句，就對著幹，那緣起就破壞了，不可能得到加持。得不到加持，做什麼都很困難。這是我從多年依止善知識的經驗、體會中總結出來的。

當然，個別發心人員跟上師之間，偶爾有一些口角

或者小的得罪，我想這個不要緊。比如，在管理上，上師讓你這麼做，而你有自己的考慮，沒有這麼做，這個不算得罪，也算不上是違背。但有些人因為這些小事，就不敢發心了，甚至連待都不想待了：「哎，天天讓上師不歡喜，不如我走算了！」其實也不需要這樣。一般來講，在管理過程中，道友和道友之間，法師或管理者與道友之間，偶爾有一些摩擦，也不會構成罪惡的。

但有些人動不動就：「我給你傳過法，你是我的弟子。你對我態度不好，就破誓言了，破戒律了……」這樣是絕對不行的！事情本來很簡單，弄得太嚴重了也不好。因此，我希望道友們都能和睦相處，平時大家在佛法上互相交流，如果有了什麼事情，當面說出來比較好。比如你說「你做得不對」，我當時可能會生氣，但過了以後就沒了。

前段時間，慈誠羅珠堪布和我商量事情時，他說了一句話，我覺得這句話很好。他說：「雖然金剛道友之間不能互相生嗔恨心，但為了弘法利生和管理學院，有些事情上也不得不互相得罪，甚至生氣。但事情一過，離開這個門以後，心裡也就沒什麼了，誰也不會執著的。」

所以，有一點小摩擦也不算什麼，不要放在心上。如果幾年後還耿耿於懷，因為當時對方說了什麼，所以到現在你還是有一種態度，這樣就不好了。大乘佛子，

尤其是金剛道友之間，千萬不能這樣。法師和道友之間也不能這樣，否則，法師也就不具足法師的法相了。因此，如果不是有意去得罪，出現一些小小的問題，上師也不會不歡喜，也不算嚴重的罪過。

上師歡喜不歡喜，有時也要結合上師的密意來了解。比如，我自己在依止上師的過程中，有時上師確實是顯得不歡喜了，是有這樣的。但我始終認為，上師對我從總體上應該是歡喜的，應該是樂意攝受的，不會對我有什麼看法。因為在我依止的過程中，上師的任何教言我都努力去做，可以說是依教奉行的。

因此，在座的每一個道友，以後在你們依止任何一位法師的過程中，一方面一定要好好依止，而另一方面，一個小小的事情，比如大家的見解不同，然後就「我現在完了，得罪上師了」，這樣也大可不必。

回到這個發願上來。總之，在我們修行的過程中，要祈願上師的加持日光，能夠照耀自己的相續，這樣就不會天天散亂了。城市裡的人，如果有機會的話，也應該依止寂靜地修學。如《大寶積經》中講：「若有在家菩薩，以一切樂具，在恆河沙數劫中供養一切恆河沙數諸佛及比丘眾；而如果有出家菩薩，向阿蘭若寂靜地邁上七步，後者的功德勝過前者太多太多，為什麼呢？因為後者必將迅速獲得大菩提。」所以，來喇榮山溝以後，即使待個兩三天就下山了，功德也是非常大的。

而尊者在這裡發願：要依止寂靜處度過此生，並最終獲得無等上師的果位。上師是大成就者，得到上師的果位，也就是最究竟的果位了。

結文小字

　　華智仁波切說：此龍欽寧提共不共內外前行引導文，是依照我的無等殊勝上師之口傳而撰寫的。

　　當時撰寫的緣起，是有幾撥人來勸請尊者。首先是如來芽尊者的親傳弟子——精進持戒的卓瑪澤讓（我在看到、讀到這些人名時，常會感到無常迅速），將自己所記得的內容，整理成筆記交與他，並誠摯地勸請說：「以此為基礎，無論如何請您撰著一部完全遵照至尊上師教言的引導文。」

　　尤其是，繼承至尊殊勝上師密法傳承的法王子——大活佛普賢勝乘金剛（根桑特秋多吉），親自為華智仁波切提供紙張等，並再三勸請。

　　以前藏地紙墨很難得，只要你提供筆、提供紙、提供墨，有些老上師就馬上造論。像德巴堪布，前幾天有些居士給他提供紙，好幾本特別厚的日記本，請上師造論，上師也答應了。當時我開玩笑說：「現在紙都不稀有了，但在古代是很難得的，所以上師們常說『某某弟子給我提供了紙，那我一定要造論，紙張很少，但智慧還是很多的』。」

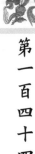

相反，現在的話，紙張雖然很多，但能造論的上師不多，因為智慧少，沒辦法。像我桌子上就有很多紙條，都是請求寫這個、寫那個，翻譯這個、翻譯那個，但我也寫不了。因為我沒有智慧，只有紙。

後來，繼承眾生怙主尊師竅訣傳承的意長子——圓滿教法的主尊活佛利他無量（洋彭塔意）仁波切也說：「如果上師的口傳教言寫成文字，則有憶念上師，並起恭敬誠信的必要，因此，無論如何請您一定撰寫。」如此賜予安慰。這是第三位勸請者。確實，如果整理得善巧，一方面會有上師的感覺，一方面文字又不囉嗦，很精要，不會讓人讀起來覺得厭煩。

尊者接著說：此外，乃至獲得菩提果之間必定猶如燈光與燈芯般和睦相處，或如雙目般慈愛的諸多金剛道友，也給予了「善哉」的安慰及智慧的鼓勵，使我深受鼓舞——「你在寫《普賢上師言教》，不錯不錯，好好好！」這種鼓勵很重要。如果反對的聲音太多，寫的人就沒有力氣了。

像我以前翻譯《弟子規》時，藏族的幾位法師都說：「可以可以，有必要！這個內容很好。」這樣我就有勁兒了，很快譯成了藏文。如果沒有他們的安慰，我也很猶豫：「到底有必要嗎？」所以，鼓勵很重要。

說到自己時，尊者說：雖然百位成就之頂飾持明者無等菩提金剛，曾親賜我鄔金無畏法自在（晉美秋吉旺

大圓滿前行廣釋

波）的美名冠冕，但事實上，自己只是一個五毒烈火熾燃、叫做啊哦舍波、行為下劣的人。當然，這是華智仁波切的自我謙虛。

那《大圓滿前行》是在哪裡撰寫的呢？此文撰寫於鄔金薩旦秋朗（禪定法洲）寂靜處（佐欽寺附近），由完美無瑕的飾品莊嚴、雄偉壯觀的大威德宮殿（是一個山洞）

中。此靜處環境幽雅、景色宜人，各種各樣的樹、藤、條、段，頂端吸取和暖的陽光，根部吸收涼爽的甘露，枝繁葉茂、百花盛開、碩果累累，好似懸垂的瓔珞一般，從中間縫隙中可見碧藍的晴天宛如倩女一般展露笑顏（那裡的森林特別茂密，洞口有很多樹，從縫隙中可以看見藍天，所以作者把藍天比作美女），從而猶如為甘露滋潤一般令

人舒心悅意。

願所得一切善根，成為無邊眾生依此勝道於本來怙主基界中得解脫之因。

譯於色達喇榮五明佛學院

二〇〇〇年元月二十七日終

重校於二〇〇七年四月十八日

薈供、感言及迴向

至此，《大圓滿前行》已講述圓滿了！

這部法我講過幾遍：剛開始譯時講了一遍，譯完以後講了一遍，2007年講過一遍，這次就是第四次了。

按照上師如意寶的傳統，一部大法講圓滿以後，要作一個薈供，感謝所有的三根本、護法神、天地神等，同時我也非常感謝所有的金剛道友。這裡有一些簡單的薈供品，網絡上的道友雖然得不到，但依靠三根本的加持，你們可以觀想享用薈供品，如此，同樣也能得到薈供品的力量和營養。

除了薈供以外，一般還要休息幾天，一天、兩天的都有。但明天我們繼續上課，過兩天再有放鬆和休息的時間。

總的來講，《前行》講了這麼長時間，期間所有的發心人員都特別努力，對此我再次地表示感謝。《大圓

滿前行》的講記——《前行廣釋》，應該有八本，第七
本已經印出來了，剛剛有人放在法座這裡。這個緣起很
好！現在，我自己很努力地把《大圓滿前行》講完了，
講記還剩下一本，到時候做完以後，發心人員的發心也
就圓滿了。

這部法確實有很大的加持。所以，在座的也好，網
絡上收聽的也好，以後學習光盤的也好，不管是誰，以
後聽到、看到這部法的人，我希望你們都能把《大圓滿
前行》的原文好好地翻閱。有時間的話，也可以看看講
記。

我在講解中運用的一些上師的教言，一些藏地、漢
地的教證，以及我自己平時的感受，都落到講記上了。
《前行廣釋》的文字、《藏傳淨土法》的文字，還有光
盤，這些我基本上都看了，整理製作得都特別好。我是
很愛挑毛病的，但對他們做的，我非常滿意。不過我也
希望，大家應該繼續認真地發心，不要心情好時就認真
做，心情不好了就隨便做，這樣不好。一旦幾百年後這
個成了歷史，這些文字就成了我們的「形象代言人」，
因此，發心人員一定要善始善終。

其實，發心的人也需要一些鼓勵和支持，像剛才講
的，哪怕是一些精神的安慰，一句「善哉、善哉」，對
他們也很有幫助。他們非常不容易。我的話，長年講下
來，講什麼課也都比較習慣了，但發心人員們還是需要

道友的鼓勵，你從旁邊說一句「善哉、善哉」、「你做得很好，謝謝你啊」……一句話，他們也會覺得很安慰、很溫暖。

當然，外面很多人能夠看到、聽到《前行》，也跟菩提學會很多道友的努力有關。所以，對這些相關的發心人員，我也很感謝你們！

最後，再次特別地感謝：對我們講聞佛法給予加持的所有三根本、護法神、天尊、地神，以及肉眼見不到的眾多非人等各類有情！

同時，以此講聞圓滿的善根，迴向於一切眾生，願他們真正生起菩提心，依靠傳承上師們的加持，獲得暫時的安樂與究竟的解脫！

並迴向於現今正住世的所有高僧大德，願他們長久住世、廣轉法輪！

願佛法的甘露傳遍於全世界！

願無量無邊的眾生真正得到解脫！

大圓滿前行廣釋

2012年9月25日

完稿於虹身聖地喇榮

第一百四十四節課

《前行廣釋》思考題

『上師瑜伽』

第126節課

475、在頂禮句中，華智仁波切是怎樣讚歎自己的上師的？

476、對於「視師如佛」，你是怎麼理解的？你做得怎麼樣？試著經常用教證來調整自己的心態，生起並增上這種信心。

477、為什麼上師瑜伽是最深的修法？請用教證說明。

478、在修持上，試著為自己規定念上師瑜伽的次數，並嘗試觀想一切都是上師的幻變與遊舞。

第127節課

479、沒有敬信則不得加持，對此你是如何理解的？

480、請結合幾位成就者的公案，談談你對「上師瑜伽」的理解及體會。

第128節課

481、在「明觀福田」時，對自己應如何觀想？

482、如何觀想蓮花生大士？請從本體、形象、衣

著、冠冕、手印、裝飾等方面，細緻描述。

483、上師瑜伽的三種修法是什麼？

第129節課

484、在三門頂禮中，身、口、意頂禮的各自含義是什麼？

485、五體投地頂禮的功德是什麼？頂禮應該注意什麼？

486、對於「依止上師應隨學上師的行儀」，你是如何理解的？

第130節課

487、你對依止上師即模仿，是如何理解的？

488、用教證說明如法頂禮的功德。

489、用自己的體會，說一說共同修善與獨修的差別。

490、在詞句上解釋一下「普賢雲供」的修法，並盡量修持。

491、所懺的罪業都有哪些？

第131節課

492、修持「隨喜支」時，所隨喜的功德有哪些？

493、在貧女隨喜勝光王的公案中，你都學到了什

《前行廣釋》思考題

麼？請詳細地講一講。

494、請以教證說明隨喜的功德。

495、請認真修持這三支。

第132節課

496、如何理解「迴向廣大菩提因」？

497、迴向人天安樂，與迴向究竟菩提有何差別？請用教證或公案說明。

498、什麼是三輪體空的迴向？在凡夫位，可以什麼樣的迴向方式代替？

第133節課

499、我們應當以「五種了知」修持視師如佛，請詳細說明這五種了知的內容。

500、「上師的功德不可測」，請列舉幾點以說明。

501、請解釋將一切顯現觀作「上師的遊舞」的含義。你對此有何體會？

第134節課

502、怎樣在一切威儀中修上師瑜伽？

503、應該如何將一切苦樂轉為道用？你對此有何感觸？

504、灌頂的二因四緣是哪些？請詳細說明。

大圓滿前行廣釋

505、什麼是基、道、果三種灌頂?

506、什麼是如來密意傳?

第135節課

507、請簡單講一講佛在《勝樂後續》中授記無上密法出現於世的情形。了解這些有何必要?

第136節課

508、請簡單講述補特伽羅耳傳的歷史（到松贊干布這段）。明白佛教歷史，對自己有何幫助?

第137節課

509、請仔細了解赤松德贊王時代興盛佛法的歷史。

510、請在日常的行住坐臥中，精進修持上師瑜伽。觀察自己，你做得怎麼樣?

『往生法』

第138節課

511、請簡單解釋華智仁波切的頂禮句。

512、什麼是法身往生法?

513、什麼是報身往生法?

《前行廣釋》思考題

514、什麼是化身往生法？

515、不墮惡道的方法有哪些？你在這方面有把握嗎？今後有何打算？

第139節課

516、請仔細分析平凡者需要具三想往生法的道理。

517、請解釋不修成佛法中「不修」的含義。這對你有何啟示？

第140節課

518、請詳細解釋臨終時的三種隱沒次第。

519、什麼時候是往生的最佳時刻？

520、你對助念是如何理解的？你給別人助念時，有什麼收穫？請跟大家分享。

第141節課

521、請完整講述觀修往生法的四步次第。你從中得到什麼受益？

第142節課

522、請熟悉並修持整個往生法。

523、面對死亡，你平時都有哪些準備？請交流一下這方面的心得。

大圓滿前行廣釋

『結文』

第143節課

524、《前行》這十二個引導文，每一個的意義是如何概括的？

525、為什麼說《前行》涵攝了一切顯密修要？

526、竅訣是用來對治自心，你如何理解？請用教證等說明。

527、「如今就是計劃永善永惡的界限，相當於一百生世中的一次食物」，對此你如何理解？

第144節課

528、作者如何以幾種比喻說明此論為善說？對此你有哪些體會？

529、通過學習《前行》，你最大的收穫是什麼？請與大家分享。

530、這次學完《前行》之後，你能盡量每年看一遍嗎？

前行實修法

全知無垢光尊者　著

索達吉堪布　傳講

丁二（思維行菩提心學處）分六：一、布施度；二、持戒度；三、安忍度；四、精進度；五、靜慮度；六、智慧度。

戊一、布施度：

前行：皈依、發心。

正行：觀想對於布施的對境——一切眾生，我應盡己所能以財、法、無畏作真實布施，以自己的身體、受用、善根作意幻布施。

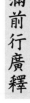

（以前學《修心七要》時講過，訓練布施時，如果自己的慳吝心太重，實在捨不得將東西施給別人，那麼，可先將左手的東西送給右手，再把右手的東西送給左手……如此反覆練習，直至捨心生起為止。然後慢慢修持自己的捨心，到了最後，就算布施身體，也會跟布施蔬菜沒什麼差別。）

總之，應當真實或意幻進行普通布施、大布施、極大布施，盡力真實或以等持力意幻供養三寶。同時，還應以食子、淨水、燒煙等，布施魔鬼、非人與餓鬼。

一方面要這樣觀想，一方面有條件的話，也要實地去做。比如，當我們遇到眾生時，講一句佛法，也是法布

施；路上看到一個小蟲生命垂危，把牠放在安全的地方，也是無畏布施；見到一些乞丐，在沒有吝嗇心的情況下，哪怕拿出一分錢、一毛錢、一塊錢，也是財布施。乃至這麼微小的布施以上，平時也要盡量行持以積累資糧。

後行：於無緣中迴向善根。

第七十七修法終

戊二（持戒度）分二：一、本體；二、差別。

己一、本體：

前行：皈依、發心。

正行：所謂的持戒，即是以斷除罪行之善心護持自相續。

前行實修法

如果是出家菩薩，則應嚴格守護曾受的沙彌戒、沙彌尼戒、比丘戒、比丘尼戒等聲聞乘戒律，並且在懺前戒後、依對治力的基礎上，護持願菩提心、行菩提心，反覆以儀軌受菩薩戒。

即使是在家菩薩，至少也要受一分居士戒，並在此基礎上，同樣每天受持菩薩戒。

總之，無論出家還是在家，皆應護持自相續（攝集善法戒），不要造惡業（嚴禁惡行戒），盡量利益他眾（饒益有情戒），並反覆以儀軌受菩薩戒。

按菩薩戒的一些儀軌所講，一般需要白天三次、晚

上三次。但對於比較忙的人而言，即使做不到這一點，至少也要一天受一次菩薩戒，邊念誦邊觀想，對以前所犯的罪業盡量懺悔，以令將來的功德不斷增上。

後行：於無緣中迴向善根。

第七十八修法終

己二（差別）：一、清淨行境；二、觀修大士八大發心。

庚一、清淨行境：

前行：皈依、發心。

正行：《華嚴經》云：「菩薩進入房屋時，

當發心願一切眾生到達解脫城；睡眠時，發心願眾生獲得佛陀法身；做夢時，觀想願證悟諸法如夢；繫腰帶時，發心願一切眾生皆結善緣；坐於墊上時，發心願獲得金剛座；

點火時，發心願焚毀煩惱薪；火燃起時，發心願燃亮智慧火；飯熟時，發心願眾生獲得智慧甘露；進餐時，發心願眾生獲得禪定食；

外出時，發心願眾生從輪迴城中解脫；下梯階時，發心願趣入輪迴利益有情；開門時，發心願開啟解脫門；關門時，發心願阻塞惡趣門；上路時，發心願趣入聖道；上行時，發心願一切眾生享受善趣安樂；下行時，發心願斷

大圓滿前行廣釋

絕三惡趣；遇到眾生時，發心願親睹佛陀；落腳時，發心願饒益眾生；抬足時，發心願拔除輪迴；

看到佩裝飾品者時，發心願獲得相好之飾；見無裝飾品者時，發心願具足清淨功德；見滿器時，發心願功德圓滿；見空器時，發心願過患空無；見喜愛之眾生時，發心願喜愛正法；見不喜愛之眾生時，發心願不喜有為法；見安樂之眾生時，發心願獲得佛之安樂；見苦難眾生時，發心願遣除有情之一切痛苦；見到患者時，發心願擺脫疾病；見報恩者時，發心願報答諸佛菩薩之恩；見不報恩者時，發心願不報邪見者之恩；見反對者時，發心願能消滅一切外道；見到讚歎之情景時，發心願讚歎諸佛菩薩；

見他人說法時，發心願獲得佛之辯才；見到佛像時，發心願無礙面見諸佛；見到佛塔時，發心願見眾生之應供處；見人經商時，發心願獲得聖者七財；見人頂禮時，發心願獲得人天導師佛之無見頂相。」

按照《華嚴經》的觀點，日常生活中的每一個行為，都應當為眾生或解脫而發願。修行比較好的人，往往會這樣觀想；修行不好的人，聽了以後，可能只是剛開始一天兩天想想而已。

後行：迴向善根。

前行實修法

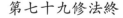

第七十九修法終

庚二、觀修大士八大發心：

（這個發心非常大！我們平時應專門抄在筆記本上，或者寫在自己能看得見的牆上。有些現在可能難以做到，但慢慢地，哪怕經常發裡面的一個願，也有無量的功德。）

前行：皈依、發心。

正行：觀想但願我有朝一日，能遣除一切眾生的痛苦；

但願我有朝一日，能令苦難眾生具有大財富，不管是精神財富、還是物質財富，只要有苦難眾生，我都能賜予他們這些；

但願我有朝一日，能像佛陀在因地時那樣，以自己的血肉之軀利益眾生；

但願我有朝一日，能饒益長久墮於地獄中的眾生；

但願我有朝一日，能以世間、出世間的廣大財富，滿足眾生希求；

但願我有朝一日成佛後，定能去除眾生身心的一切痛苦；

但願我生生世世中，斷除一切損害眾生之行，不唯住勝義之一味寂滅，不言令眾生不悅之語，不行不利他眾之事，不轉成有害於眾生的身體、智者、富翁，不喜損害他眾；

但願我有朝一日，能令一切眾生罪業果報成熟於自身，自之善果成熟於眾生令彼等享樂。

大圓滿前行廣釋

後行：迴向善根。

戊三（安忍度）分二：一、有緣之安忍；二、無緣之安忍。

己一、有緣之安忍：

前行：皈依、發心。

正行：修持正法過程中，雖有苦行之安忍、承受他苦之安忍、不畏廣大正法之安忍、忍受自心痛苦之安忍。然而，此處主要修的是，對於他人加害自己，不生嗔心，修持安忍。

即當遭受眷屬的邪行，或有義、無義的一切損惱時，皆不生計較之心，而以智慧作如是觀察：眾生的本性即是損害者，就像火的本性是熱性一樣，所以他們這樣加害我，也是情有可原的，我不應報仇，當修安忍。

眾生害我，也不是無緣無故的，往昔我也一定造過如此惡業。若忍辱負重，則可獲得殊勝福德，由此也當安忍。

如果不是我自己的業力，那麼，他人不管怎麼損害我，也不能使我變得高貴或低劣，所以理應忍辱。

若能令對方改正錯誤，則想方設法去做；如果實在無法改變，那麼生起無法堪忍的計較之心，也只會令自

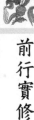

前行實修法

己苦惱而已，無有實義，並且他人會更進一步損害自己。因此，我應當斷除一切計較瞋恨之心，心態平靜，悠然放鬆。

【提示語】：

我們在生活中接觸各種人時，經常會需要修持安忍。《入菩薩行論》的「安忍品」中，對此講得比較廣，通過對敵人、自己、瞋心一一觀察，當下可以止息瞋心，或者通過空性來修安忍也可以。而此處，則是從另一個角度，對很多方面加以分析，提供了修安忍的殊勝竅訣。

後行：以三輪體空作迴向。

第八十一修法終

己二、無緣之安忍：

前行：皈依、發心。

正行：觀想加害者與自己的身體皆可分析為微塵，最後成為無分空性；分析語言之顏色與可識別性，結果自然消失無跡；觀心可識別之本體，結果無有實體，它沒有顏色、形狀，沒有本體、來源、去處等等。

也就是說，作害之敵、損害之不悅耳語以及損惱、不快等心情，從對境和自身上一一觀察時，都無餘變成了空性，於無生空性中放鬆安住。

大圓滿前行廣釋

【提示語】：

平時你沒遇到什麼大的痛苦時，不一定修得很好；而一旦遇到了別人的不理解、陷害、冤枉，自己特別失望時，這樣一觀想，還是有比較深的感受，覺得一切確實是空性的，自己對自己有一種安慰，心也有重新復活的機會。

其實，只不過我們沒有修而已，要不然，僅僅這一個修法，也能真正解決生活中的很多痛苦和困難。

後行：迴向善根。

第八十二修法終

戊四、精進度：

前行：皈依、發心。

正行：觀想我若這般懶惰、懈怠，自利尚不能成辦，何況說是利他了？

因此，我為利一切有情，必須精進修法，盡力勤修十法行：抄寫佛經、供養佛菩薩、布施可憐眾生、聽聞正法、受持法理、看書學習、傳講佛法、諷誦經文、思維法義、實地修行，以及修持十度、頂禮、轉繞等正法。尤其應當修七支供，及念誦《三聚經》（即《三十五佛懺悔文》）。

總之，作為修行人，在善法方面要比較精進，在惡法方面要盡量遠離。

前行實修法

有些道友特別愛學，這從很多方面也看得出來。當然，每個人前世和今生的緣分不同，有些人一看書、一學習，就開始頭痛，或者心臟不舒服，這可能也是前世的業障，值得好好懺悔。

對我們來說，最關鍵的是，不要把學習始終當作一種壓力，而應當成一種享受。不管你學得怎麼樣，還是應該經常看書、經常學習。否則，一說看書，心裡就特別難受，表情也鬱鬱寡歡，而一說去看電視，馬上就精神抖擻、興致勃勃，那麼從這個小小的行為中，也能發現你到底是什麼樣的「轉世活佛」。

要知道，每天若能學習、聽法，對內心也是一種充電，每天可以增加一點點動力。以前聽法王如意寶和其他法師講法時，對我來說，哪怕只聽了一堂課，這種加持好長時間也不會消失。比如上師當時講《釋尊廣傳》，每一次講到釋迦牟尼佛的悲心，我好長時間對佛陀的信心都不會退；上師講戒律的時候，我好長時間對自己的行為也非常注意；一講因明的時候，自己每天都練習辯論，晚上也睡不著在思維：「萬一他說什麼什麼，我應該要用這種理論來辯駁他……」自己一個人就開始練。所以，一堂課有很大的作用。但現在因為沒有上師傳法，我的思想似乎一直停滯，有時候看了一點書，也好像沒有那麼大力量了。

大圓滿前行廣釋

所以，希望法師們講課時，最好不要只是為了完成任務，而應該給大家內心一種觸動。包括我們這裡講考時，有些人只是稍微看一下，然後拿著書讀一遍，這個力量不是很大；有些人雖然很想發揮，但有時候卻發揮偏了，明明講的是「精進」，他卻在「懈怠」上發揮很多，這樣也不行。

講考，其實是一種培訓、一種訓練。你們看看別人是怎麼講的，自己也應該學一學。別人講得特別好，自己不如他，就應該見賢思齊，向他學習；別人講得不太好，自己則應避免他的問題，盡量有各方面的準備。

後行：於三輪無緣中迴向善根。

第八十三修法終

戊五（靜慮度）分六：一、思維變化無常之自性；二、思維貪欲之過患；三、思維與凡夫交往之過患；四、思維憒鬧之過患；五、思維靜處功德；六、真實修持靜慮。

己一、思維變化無常之自性：

前行：皈依、發心。

正行：觀想生際必死、聚際必散、積際必盡、高際必墮，一切興盛終將衰亡，那些貪執漂動無常、無有實質的今生事物之人多麼悲慘！

前行實修法

我也必將迅速死亡，明早或今晚不死的把握也沒有，此生迷現的一切有何用呢？死亡時必定有利的，是甚深竅訣。日夜、剎那、瞬間、須臾都是變化的，我們正在一步步邁向死亡。因此，我必須修持禪定。

【提示語】：

為什麼要修禪定？因為一切都是無常的，來不及了，要趕快修。明日死也不知，明年死也不知，我們沒有時間拖很長時間。

很多人常說：「等我頭髮白了、牙齒掉了，我就怎麼怎麼……」還有很多人抱怨：「我沒有兒子、女兒，等我老了，80歲以後怎麼辦哪？」想得倒是比較多，但實際上，我們的壽命不一定有那麼長。

後行：迴向善根。

第八十四修法終

大圓滿前行廣釋

己二、思維貪欲之過患：

前行：皈依、發心。

正行：思維貪欲有許多過患，諸如為積累、守護、增長財產而忙碌，增長不善業，與眾人爭論，有財仍不知足，增上慢心、慳吝，又擔憂財產用盡、被人拿去、被人掠奪、與盜賊等共同分享。雖然積累，可到死時必

須放下、遠離一切，有多少財富就會有多少痛苦，痛苦總是多於安樂，並且與聞思修行、持戒等解脫法相違，受到諸聖者呵責。

之後於無生空性中安住。

【提示語】：

財富積累得再多，到了死的那一天，也只能全部留在人間，就像酥油裡拔出一根毛一樣，自己一點都帶不走。我常會想到喬布斯，他那麼多財富、那樣的智慧，最後這些都用不上。雖然到過印度，喜歡禪修，但有沒有以菩提心或空性攝持，也不知道。沒有攝持的話，什麼都不觀想，也沒有斷除輪迴根本的智慧，那也只是坐坐而已。

所以，我們在財富上、住處上，最好不要特別計較。不然，這方面越執著，自己離修行越遠。作為真正的修行人，基本的住處、飲食、穿著，沒有確實不行。但有了以後，也不要太貪了，今年修一個房子，明年又修一個，看到更好的再修一個……這樣一直下去，最後修行不知會變成什麼樣。我原來說過，有個道友每年都修一個房子，十年修了十個，修完後就離開了學院。

所以，大家應當懂得知足少欲。

後行：迴向善根。

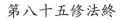

第八十五修法終

己二、思維與凡夫交往之過患：

前行：皈依、發心。

正行：無論與出家還是在家的凡夫眷屬、親朋好友、怨敵、不親不怨者相交往，都是無法忍受的。因為他們秉性惡劣、忘恩負義、恩將仇報、貪欲強烈、不知滿足、粗暴嗔恨、惡語傷人、唯求私欲、自然害他、薄情寡義，自己衰落時他們便會棄之不理，不知羞恥，對於正法誓言及因果報應毫不在乎，瑣事繁多，難以滿意，經常以爭執、危害及嫉妒等非法手段欺惑他眾，虛度人生。

只要與這些凡夫交往，就會減少善法，增長不善，諸聖者也是遠離彼等。因此，為了斷除修持解脫正法之違緣，我也不應交往任何凡夫，而應獨自修持寂靜等持。

後行：迴向善根。

第八十六修法終

己四、思維憒鬧之過患：

前行：皈依、發心。

正行：總的世間事物，尤其是今生的一切瑣事，無有完結終止之時，恆常徒勞無義地忙忙碌碌，散亂度日。

（現在世間人，天天都忙忙碌碌，念一遍《普賢行願品》的時間也沒有，不知道在忙什麼。我認識的個別居士，也說天天忙得

很，但也沒有做出什麼。如此一輩子忙碌，當你死的時候，才算是終於忙完了，現在開始閒了，只有到中陰法王那裡去休息了。）

無論如何精勤也無有實質，伏怨護親永無休止，無論從事農、工、商、文化中哪一種行業，都只是為了溫飽而已，實際上絲毫沒有趨向正法之道，夜以繼日這樣漫無約束地虛度時光有什麼意義呢？因此，現在我必須捨棄今生，修持禪定。

【提示語】：

有些居士一聽到這些，馬上就要出家，什麼都不管了。結果過一段時間，生了很多煩惱，

又開始還俗了。這樣變來變去不太莊嚴，也沒有必要。你們在城市裡，給自己創造條件好好修行，這還是很重要的。

後行：迴向善根。

第八十七修法終

己五、思維靜處功德：

前行：皈依、發心。

正行：觀想昔日諸佛菩薩都是通過在寂靜林中修持，獲得了甘露法義，所以，我也願意前往寂靜林間。

那裡既無有憒鬧、散漫、忙碌之瑣事，也無需經

前行實修法

商、務農、與凡夫來往，與鳥獸為伴，充滿安樂。以淨水、樹葉為飲食而苦行，住臥於山間岩洞中，與正法相應，無有任何熟人、親友，自然而然增上善法，內心清淨使智慧明清。

寂靜之處——寂靜的森林、寂靜的寺院、寂靜的山間、寂靜的山洞等，有許多諸如此類的功德。因此，我從現在起應當住於靜處。

【提示語】：

大城市裡的多數人，今生要前往森林中修行，可能不太現實。但即便如此，自己也應該想些辦法，除了必要的工作、與親友的交往以外，盡量空出一定的時間，修一下自己所得過的法。

畢竟人生很短暫，今天在座的人，誠如法王在《無常道歌》中所說，再過100年，人間一個也不會留下。不要說100年，就算再過80年，大多數人也會「你一堆、我一堆，全部都變成了灰」。

所以，來世並不是很遙遠。我們在臨死之前，每天哪怕抽出短短的時間，靜下來思維、修行，這也很重要。否則，光是停留在理論上、文字上，到死的時候也用不上。

後行：迴向善根。

第八十八修法終

己六、真實修持靜慮：

前行：以毗盧七法而坐，皈依、發心。

正行：不分別、不執著任何法，於此境界中毫不散亂、坦然安住。外境顯現不滅，生起無分別執著之等持。

【提示語】：

我們的心從無始以來，一剎那都不停留，始終在胡思亂想。現在好不容易讓它靜下來，剛開始可能有點麻煩，但通過五種階段的訓練，心慢慢就可以坦然安住。

安住的時候，外境什麼都顯現，但你卻沒有任何執著，這叫做勝觀和寂止無二無別的等持。這種修行很重要，且不說相關修法中講的修禪定的功德，即便是世間人一天特別勞累，通過禪定也能完全休息過來。

現在許多佛教大德，法務非常繁忙，有很多事情要做。按理來講，他們應該勞累過度，身體吃不消，但由於懂得調整，早晚在空歇的時候會禪修，疲憊不堪、非常浮躁的身心，依此就可以恢復過來。

這一點，對心來講非常重要！否則，前段時間一個報道說，現代人猝死的比例越來越高了，單單是中國，每年就約有55萬人猝死，平均每天有一千人以上。這是什麼原因導致的呢？就是心情非常疲勞、壓力特別大，在這樣的心態中，人突然就死了。

相比之下，佛教的大德、出家人就不會這樣。他們

雖然要面對很多事情，不是像有些人認為的，剃了光頭以後，整天就無所事事。佛教徒的責任，比世間人還要重，因為入了大乘佛教以後，要度化天邊無際的一切眾生，人和動物全部要度，不像世間人，只管好自己的家庭、工作，就萬事大吉了。真正的出家人，比在家人要累無數倍，他的壓力也不是只有一個兩個，而是要考慮天下這麼多眾生的痛苦。既然如此，那發了大乘菩提心的人，會不會因勞累過度而猝死呢？不會，反而他們更加長壽，甚至很多大德可以活100多歲，這就是禪修的力量。

後行：迴向善根。

第八十九修法終

戊六（智慧度）分三：一、顯現觀為幻化八喻；二、觀察法性空性；三、安住於離邊中觀之義中。

己一、顯現觀為幻化八喻：

前行：皈依、發心。

正行：觀修色聲香味觸五境之一切現相，皆是於迷亂者前無而顯現，故如夢境；

因緣緣起聚合而驟然顯現，故如幻相；

（電影、電視都是幻相。現在城市裡的大多數人，都是以看幻

469

大圖滿前行廣釋

相而虛度人生的，很可憐！包括我們有些出家人，千萬不要在這些迷亂的現象中過生活。如今學院裡手機、電腦、無線網卡都可以用，完全用戒律來約束每個人，也有一定的困難。尤其是一些年輕人，假如經常上網看世間的連續片，修行道相就會全部失毀，自己的人生也就浪費了。所以，希望大家盡量不要有這方面的習氣！）

　　無而現有，故如眼花；

　　現時無實有，故如陽焰；

　　顯現內外不存在，故如空谷聲；

　　無有能依、所依，故如尋香城；

　　現而無自性，故如影像；

　　無而顯現一切，故如幻城。

　　如是正在顯現時，也是虛妄無實的空色。

　　後行：迴向善根。

第九十修法終

前行實修法

　　己二、觀察法性空性：

　　前行：皈依、發心。

　　正行：將外境的粗大顯現（如山河大地）與自己的身體分析為微塵，從而斷定無境空性；將內在執著之心分析為無分剎那，從而斷定為無執空性。如是證悟無有任何能取所取之義，於此無依空性境界中入定。

將因明跟中觀的分析結合起來修大圓滿，這是無垢光尊者比較推崇的。

我們學佛剛開始時，應該有個系統的聞思，先觀察修，再安住修，這樣邪見、懷疑才不容易產生。否則，沒有一點聞思，就要安住在大圓滿的境界中，這是不現實的。

對很多人來說，外境根本不空，柱子、瓶子都在顯現；內心也不空，各種分別念此起彼伏。只有通過中觀的觀察，才會明白萬法確實是空性，這個時候，對外境也沒有什麼執著，對內心也沒有什麼執著，能取所取全部消失，不得不安住在真正的空性中。

所以，這是一種特別強有力的觀察。

後行：迴向善根。

第九十一修法終

己三、安住於離邊中觀之義中：

前行：皈依、發心。

正行：身不動搖，語不說話，心不分別，

身口意三門一直安住。

此時，外境的一切顯現，不管是聽到的聲音、眼睛看到的色法，雖然在六根前不滅，但執著外境的分別

念，卻統統息滅，你不跟隨它，不執著它，也不去分別它。

內在明空清澈之覺性，滅盡一切執著之戲論，中間無有身心所依，而自然顯現法性，於如虛空般的明空覺性、不可言思大智慧、離意中觀之真如性中乃至能安住之間一直入定。這種境界，沒有執著、顯現不滅、不可思議、不可言說，你能安住多久，就安住多久。

【提示語】：

這個修法是很深的，可以說是般若的最高境界、中觀的最高境界，也可以說是大圓滿本來清淨的最高修法。

當一切分別念完全消失，沒有任何執著，

你內心的光明部分，就會顯現出來。去年我們講《大幻化網光明藏論》時，也專門講過。光明跟空性是不相同的，如果心的本性只有一個空性，那光明部分——如來藏，就沒辦法了知了。禪宗經常講「明心見性」，「見性」見的到底是什麼？除了空性以外，還有一個心的光明。當然，這種光明，並不是實有的東西。

因此，我們特別需要將顯宗和密宗結合起來，這樣才能真正認識心的本性。否則，像現在有些人，對密宗的光明一點都不去探索，只是抉擇顯宗的空性，這樣的話，你的竅訣是不完整的。

因為心的本體既是現、又是空，這種現空遠離了一切世俗，用語言很難表達，用分別念也很難想像。只有修行境界高的人，通過一種安住、通過祈禱上師，反觀內心時，才知道這到底是什麼。而證悟了這一點，也就會明白眾生和諸佛菩薩沒有什麼差別。

後行：於顯現如夢如幻中迴向善根。

第九十二修法終

顯宗部分，總共有九十二個引導文。如果一天修一個，基本上是三個月完成。《三處三善引導文》最後的文字中也講了，略修是一天修一個，中修是三天修一個，廣修是七天修一個。

這次我在傳講的過程中，可能有些人修了，有些人沒修。希望你們以後把這作為修行的一種功課，每年至少抽出三個月，一天修一個引導文，若能如此，你的心態決定會有很大變化。

包括我們學院的藏族尼眾好幾千個人，也開始修《三處三善引導文》了，效果非常好。在座金剛降魔洲的很多道友，還有城市裡學會的道友，相當一部分人也修了，對人身難得、壽命無常、發菩提心等道理，還是有不同的體會。

否則，一個法如果沒有修，光是口頭上誇誇其談，

遇到關鍵時也用不上。就像一個醫生，嘴巴特別會說，理論講得特別好，但一點也不會開藥，那是根本沒有用的！

此乃法相之因乘，三世諸佛之遺蹟，
自成二利大事業，圓滿暫時究竟利。
一切經論精華義，歸納撰著實修法，
願眾皆入解脫道，身智事業任運成。

大圓滿心性休息實修法菩提妙道中初因相乘品終

前行實修法

蓮花塔

菩提塔

轉法輪塔

神變塔

八大佛塔

天降塔

和合塔

尊勝塔

涅槃塔